Lothar Borbe

bei der MARINE

1954 – 57
als Freiwilliger in den
Seestreitkräften der DDR

Bearbeitet und herausgegeben
von Erika Welter

Novitäten & Raritäten
NoRA

Bilder und Faksimiles sind aus dem Privatarchiv von Lothar Borbe zur Verfügung gestellt worden. Leider konnten nicht alle Urheber der Fotografien ermittelt werden. Berechtigte Urheberansprüche bleiben gewahrt.

ISBN 3-86557-068-2

1. Auflage

Torstr. 145, 10119 Berlin
Tel.: 030 20454990 Fax: 030 20454991
E-mail: kontakt@nora-verlag.de
Web: www.nora-verlag.de

Druck: GGP media on demand, Pößneck
Printed in Germany

Inhaltsverzeichnis

Obermatrose Lothar Borbe
im Jahre 1956

Zur See!

Ich bin im Jahre 1934 in Hamburg geboren. Solange ich denken kann und seit ich in der Lage war, Berufswünsche zu formulieren, gab es auf die Frage, was ich einmal werden wolle, nur eine Antwort: Ich will Seemann werden!

So habe ich in meinen Kindheitserinnerungen »an ELBE, MEMEL und KRAINKE« natürlich auch schon über diese Sehnsucht geschrieben.

Im Jahre 1950, fünf Jahre nach dem II. Weltkrieg, als ich die Grundschule in Neuhaus/Elbe beendet hatte, war an eine Handelsflotte in der DDR (Ostdeutschland) noch nicht zu denken. Die allgemeine Lage in Deutschland verlangte, meinen Berufswunsch vor mir herzuschieben.

So kam mir die Oberschule Boizenburg/Elbe gerade recht. Diese vier Jahre Oberschule sollten nur ein Aufschub bei der Realisierung meines Berufswunsches sein. Nach bestandenem Abitur im Jahre 1954 zog es mich folgerichtig, wie ich es auch in meinem Boizenburg-Buch »auf der PENNE« beschrieben hatte, aufs Meer.

Die Möglichkeiten dafür waren aber fast genauso schlecht wie vier Jahre zuvor. Es gab kaum deutsche Handelsschiffe. Bei uns im Osten sah es besonders schlimm und aussichtslos aus. Zwar existierte eine volkseigene Reederei, die Deutsche Seereederei in Rostock (DSR). Doch das war eine Reederei ohne Flotte, ohne ein einziges Schiff.

Also noch einmal Jahre warten, noch einmal Zeit vertrödeln? Das wollte ich nicht.

Deshalb plante ich, nach dem Abitur erst einmal bei der Hochseefischerei unterzukommen. Logger und Fischkutter wurden ja überall in den Werften hierzulande genug gebaut, meinte ich. Seit dem Jahre 1950 liefen auch auf der hiesigen Elbewerft in schöner Regelmäßigkeit Fischereifahrzeuge vom Stapel. Wenn auch der übergroße Teil davon als Reparation in die Sowjetunion ging, blieben doch einige für die beiden aufblühenden Hochsee-Fischereibetriebe in Rostock-Marienehe und Sassnitz übrig.

Also, ab zur Fischerei!

Erst einmal.

Im »Fisch« zu versauern, wär' mir dennoch nie in den Sinn gekommen. Selbst die sagenhaften Verdienstmöglichkeiten bei der Hochseefischerei hätten mich nicht für immer halten können.

Mein Lebensziel waren ferne Gestade und unbekannte Häfen. Ich will nicht verhehlen, dass mich nicht nur die Sehnsucht nach Weite der Meere und nach fernen Ländern trieb. Es waren auch Abenteuerlust und die Neugier auf fremde Mädchen ...

Zwar hatte ich mir auch vorgenommen, nach bestandenem Abitur irgendetwas ganz Großes zu leisten. Ich wollte meinem Staat danken für all das, was er mir in den vier Jahren Oberschule gegeben hatte. Uns war (und mit recht) immer wieder eingeschärft worden, diese Zuwendung des Arbeiter- und Bauernstaates für die Jugend zu würdigen.

Damals war ein »DIENST für DEUTSCHLAND« gegründet worden, eine Organisation, ähnlich dem früheren Reichsarbeitsdienst. Durch ihn sollten Freiwillige an den Brennpunkten des Aufbaus eingesetzt werden.

Auch daran dachte ich.

Aber dann platzten die Offiziere für Nachwuchsgewinnung in meine Zukunftsplanungen. Diese Werber für die Volkspolizei-See, die heimliche Kriegsmarine der DDR, hatten ein leichtes Spiel mit mir. Ihre Argumente gegen das Fischefangen waren ja so einleuchtend. Ganz nebenbei klärten sie mich auch darüber auf, dass der »DIENST für DEUTSCHLAND« längst nicht mehr existierte. Er war nach den Ereignissen des 17. Juni 1953 aufgelöst worden.

Diese schneidigen Offiziere versicherten mir, dass nach Beendigung der Seeoffiziersschule auch die DDR eine eigene Handelsflotte haben würde und ich ohne Widerstände dorthin wechseln könnte. Das würde eine Kaderkommission für mich schon regeln. So einfach ginge das. Ich war überzeugt! Warum sollte ich nun noch in der Fischerei von der Pieke auf und langwierig lernen, wo sich mein Lebensziel doch so bequemer verwirklichen ließe?

Ich entschied mich für die dreijährige Seeoffiziersausbildung bei der Volkspolizei-See, die sie mir so schmackhaft gemacht hatten. Mir blieb eigentlich gar nichts anderes übrig als zuzustimmen. Ich unterschrieb. Wie auch Hellmut Krause und *KWS* (Klaus-Wilfried Schulz). Hellmut wollte in Leipzig (später in Greifwald) Militärmedizin studieren. Mein Freund *KWS* hatte sich für die Verwaltungsakademie der Volkspolizei in Erfurt, der Offiziersschule des Rückwärtigen Dienstes, begeistern lassen.

Eigenartig – die drei »Schlimmsten« unserer Klasse zeigten nun gegen Ende ihres nicht nur lobenswerten Wirkens an der Schule solch ein vorbildliches, staatsbürgerliches Verhalten! Zu spät, um noch hier in Boizenburg zu ihrem Vorteil gewürdigt zu werden.

Die Versprechungen und Voraussagen der Soldatenwerber waren für mich wie ein Fünfer im Lotto. Ich war bereit für diesen Weg. Jedenfalls schien ich nun meinem Berufswunsch ein gutes Stück näher gekommen zu sein.

Auch an anderen Oberschulen waren die Werber erfolgreich. Besonders im Binnenland.

Schulen und Betriebe schmückten sich gerne mit den Namen derer, die sich zum Dienst in den bewaffneten Organen verpflichtet hatten. So auch im Jahre 1956 die Heinrich-Heine-Oberschule in Gadebusch.

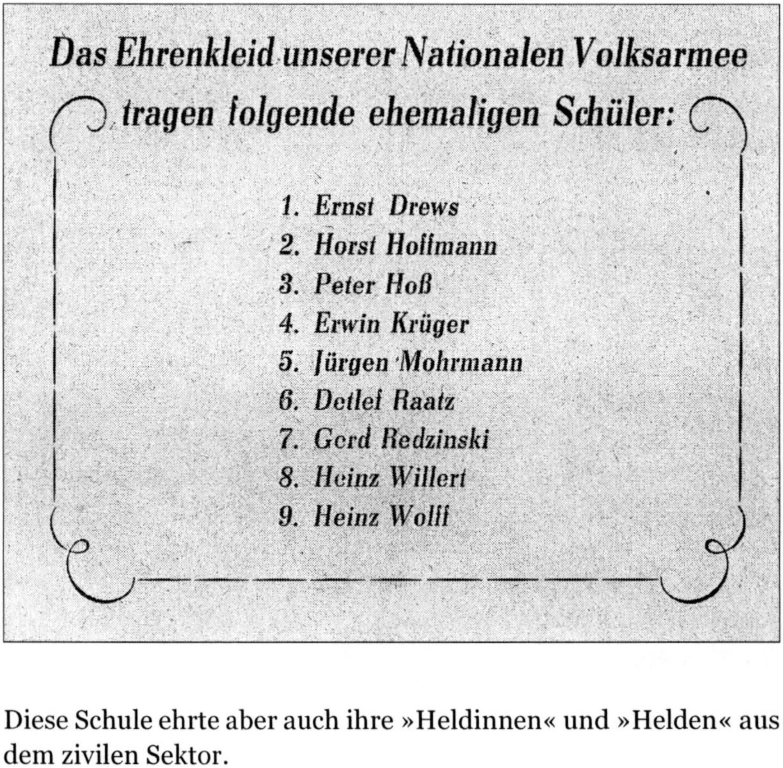
Das Ehrenkleid unserer Nationalen Volksarmee tragen folgende ehemaligen Schüler:

1. Ernst Drews
2. Horst Hoffmann
3. Peter Hoß
4. Erwin Krüger
5. Jürgen Mohrmann
6. Detlef Raatz
7. Gerd Redzinski
8. Heinz Willert
9. Heinz Wolff

Diese Schule ehrte aber auch ihre »Heldinnen« und »Helden« aus dem zivilen Sektor.

Träger des Literaturpreises unserer erweiterten Oberschule

Schuljahr 1953/54 – ***Christa Neuhof und Wilfried Voß***
Thema: „Heinrich Heine – ein Sänger der deutschen Freiheit"

Schuljahr 1954/55 – ***Marianne Galster***
Thema: „Der Freiheit eine Gasse!" – Der Ruf der politischen Dichtung der Achtundvierziger.

Schuljahr 1955/56 – ***Rosemarie Seebauer***
Thema: „Heines Reisebilder – meisterliche Schriften revolutionärer Kritik."

Schuljahr 1956/57 – ***Erika Welter und Hans-Joachim Demmig***
Thema: „Die Humanitätsidee Gotthold Ephraim Lessings – ein ernster Weckruf für das wahre Menschenbild."

Schuljahr 1957/58 – ***Fritz Walter***
Thema: „Rufe in die Nacht" (Der Kampf gegen den Faschismus im Spiegel der Literatur.)

Nach dem Abitur habe ich drei Jahre regulär bei der Marine gedient.

Meine wundersamen Erlebnisse während dieser Militärzeit, wichtige, prägende Eindrücke, eingeschlossen mehrere Reserveübungen zwischen 1959 und 1962, warteten schon lange darauf, zu Papier gebracht zu werden. Aber nicht nur sie.

Auch einige, heute kaum noch gesungene Lieder will ich mit meinen Aufzeichnungen vor dem Vergessen bewahren. Der »Lola« gebührt darin ein Ehrenplatz. Mit ihr begann für mich und für meine Kameraden ein ganz neues Stück deutscher »Musikgeschichte«.

Kaum zu glauben, solche Lieder wie die »Lola« haben wir in den Jahren 1954 bis 1956 bei der Marine gesungen! Alles »Marschiererlieder«, offiziell Marschlieder genannt. Ich habe sie bisher in keinem Liederbuch wiedergefunden. Vielleicht habe ich mich nur nicht intensiv darum bemüht. Wie es auch sei. Über Wert und Sinn oder Unsinn solcher Lieder, wie ich sie während meines Soldatenlebens erlebt habe, möchte ich nicht urteilen. Sie gehören nun einfach zu meinem Leben.

Damit sich auch nach mir dieser oder jener an diesen Liedern erfreuen kann, will ich sie hier aufschreiben. Zum Teil auch nur »ansingen« für den, der sie einstmals gekannt hat. Zum Nachsingen, heimlich oder vor Publikum. Zum Vergessen sind sie mir zu schade. Und so gestehe ich, dass dies auch ein Grund dafür ist, dieses Buch zu schreiben.

Parow

So hatte es damals angefangen:

Am 11. August 1954 trafen sich die Offiziersbewerber aus dem Kreise Hagenow am Bahnhof Hagenow-Land. Darunter auch Lothar Heldt aus Zarrentin sowie die Hagenower Schefe und Wagner. Drei sympathische Jungs, die zu mir zu passen schienen.

Von dort ging es weiter nach Schwerin. Hier stiegen wir in den aus Leipzig kommenden Sonderzug. In Schwerin kamen dann die übrigen Mecklenburger hinzu.

Gegen Abend lief er auf dem Stralsunder Hauptbahnhof ein.

Beim Aussteigen merkte man erst, welch gewaltige Menschenmenge in diesem Zug mitgefahren war. Zumeist waren es Sachsen und Thüringer. Auch Berliner. Sie ließen sich allein schon durch ihre Lautstärke nicht »übersehen«. Sie strahlten großstädtisches Selbstbewusstsein aus. Im Laufe der Zeit aber wurde so manche Berliner Großschnauze als Randberliner »entlarvt«.

Vor dem Stralsunder Bahnhof wartete eine Anzahl überdachter Militärlastkraftwagen. Dicht gedrängt fuhren wir nun unserer künftigen Wirkungsstätte, der Seeoffiziersschule auf der Schwedenschanze, entgegen. Zu unserer Überraschung fuhren alle LKW aber daran vorbei. Es ging einige Kilometer weiter, nach Parow.

Vor den Erfolg haben die Götter den Schweiß gesetzt, vor das »Schlaraffenland Schwedenschanze« aber den Berg von dickem Hirsebrei in Form einer sechswöchigen Grundausbildung.

Seit 1935 schon ist Parow Militärobjekt. Ursprünglich befand sich dort ein Seefliegerhorst der Kriegsmarine. Nach 1945 fanden Umsiedler und Flüchtlinge in den Kasernen Unterkunft.

Im Jahre 1950 begann die DDR-Regierung mit dem Aufbau von Seestreitkräften und reaktivierte auch den Standort Parow für die Seepolizei. Sie änderte ihren Namen noch oft: Volkspolizei-See, Seestreitkräfte und zuletzt Volksmarine. Unter diesen wechselnden Namen operierte die Marine des ersten Arbeiter- und Bauernstaates bis zur Wiedervereinigung.

Ab 1990 ist Parow Heimstatt der Marine-Technik-Schule der Bundesmarine.

Das riesige Marinegelände der Flottenschule Parow, das wir nun ab 11. August 1954 näher kennenlernen sollten, war die Dienststelle mit dem Decknamen »M 9«.

Obwohl es schon ziemlich spät am Tage war, erfolgte auf dem Appellplatz vor unserer Unterkunft ein Antreten, nach Bezirken geordnet. Da wurde die personelle Überlegenheit der »Südstaatler« augenscheinlich.

Wir paar Hanseln aus dem Mecklenburgischen sahen da schon ein wenig verloren aus und kamen uns an diesem Tag verlassen vor.

Dann wurde die Aufteilung in Kompanien und Züge vorgenommen. Unsere Vorgesetzten stellten sich vor. Erste Hinweise zum militärischen Reglement. So ist uns mitgeteilt worden, wie am nächsten Morgen der Lehrgangsleiter zu begrüßen sei. Auf seinen Morgengruß »Guten Morgen, Genossen!« sollte ein einheitlicher Schrei: »Guten Morgen, Genosse (Dienstgrad)!« folgen.

Das Wichtigste für uns allerdings war, dass wir unsere Unterkünfte beziehen konnten. Die lagen ganz am Ende der Dienststelle M 9. Dort war eine neue Dienststelle unter dem Decknamen »C 11« eingerichtet worden. Hier befand sich nun unser »Heim«. Das war ein zweistöckiger, weiß verputzter Neubau, der sich in der Ansammlung großer, alter Backsteinblöcke aus Wehrmachtszeiten wie ein Fremdkörper ausnahm.

Der erste Neubau in dem alten Wehrmachtsobjekt allerdings war der von der Seepolizei im Jahre 1951 errichtete Signalturm.

Die 1. Kompanie bezog die obere Etage. Wir, das waren die drei Züge der 2. Kompanie, erhielten das Erdgeschoss zugewiesen. Entsprechend ihrer Körpergröße waren die Leute zuvor den Zügen und Gruppen zugeteilt worden. Jede Kompanie bestand aus drei Zügen. Die Durchschnittsgröße nahm im Gegensatz zur wachsenden Zahl eines Zuges rapide ab. Die »Zwerge« fanden sich schließlich im 3. Zug wieder. Eine Ausnahme war der 4. Zug, der SHD-Zug. In diesem sollten Kader für den seehydrografischen Dienst ausgebildet werden.

Alle zusammen bildeten den 7. Seeoffizierslehrgang (7. SOL).

Der sympathische blonde Wolgaster Junge Adolf Witt gehörte ebenso zum SHD-Zug wie auch der spätere *Moot Ruust* (Maat

Rost). Er kam aus einer eigenwilligen deutsch-thüringischen Sprachfamilie. Es war lustig, ihm zuzuhören.

Hier in Parow schienen sich wirklich alle »ostgermanischen Stämme« versammelt zu haben. Selbst die Sorben waren vertreten. Paul Knebel schrieb seine Liebesbriefe in die Lausitz auf Sorbisch. Das fanden wir schon spannend, zumal er seine Briefe offen liegen lassen konnte. Ohne Gefahr um sein Briefgeheimnis. Wer sollte sie denn lesen?

Von den unterschiedlichen ostdeutschen Mundarten wiesen die Leipziger eine Besonderheit aus. Ihre Schriftsprache machte keinen Unterschied zum Hochdeutschen. Aber mündlich zeigten sie eine eigentümliche Merkwürdigkeit. Sie kannten im Mündlichen kein *P*. Dafür zweimal den Buchstaben *B*. Um diese beiden *B* zu unterscheiden, bezeichneten sie das originäre *B* als »babsches« (weiches) *B*. Das andere *B*, das eigentlich für den Buchstaben *P* stand, hieß bei den »Leibschern« dann »hordes« (hartes) *B*. In der Praxis nahm das gelegentlich kuriose Formen an: Dicke Bretter sind *B*ohlen. Eine Ansammlung polnischer Bürger ebenfalls ...!

Und dann verwendeten die Leipziger auch noch das »Escha!«. Was dieses genau beinhalten sollte, ist mir nie ganz klar geworden. Gelegentlich frozzelten wir Nichtsachsen und fragten unsere Leipziger Kameraden: »Sagt man in Leipzig immer noch ‚Escha'?« Dann bekamen wir zur Antwort: »Escha!«

Nun zur weiteren Auf- und Einteilung der Massen: Jeder Zug hatte drei Gruppen. Jede zehn Mann stark.

Ich war 2. Kompanie, 1. Zug, 1. Gruppe und gehörte mit meinen 1,78 m bereits zu den Längeren. Die Spitzen reichten aber haarscharf an die zwei Meter heran.

Der riesige Schlafsaal mit doppelstöckigen Metallbetten und je einem Spind für zwei Personen davor sollte nun erst einmal für ein paar Wochen unsere Heimstatt werden. Bettwäsche, Wolldecken, Kopfkissen lagen auf jedem Bett. Bettenbeziehen und dann nur noch eins: Schlafen! Und wie so oft nach großer Anspannung – man war gar nicht mehr müde! Aber das legte sich schnell ...

12. August 1954

Der Morgen dämmert schon durch die verhängten Fenster in den riesigen Schlafsaal. Ruhe – aber nicht Stille. Atmen, Stöhnen. Hier und da ein Schnarchen. Plötzlich ein leises Piep, Piep, Piep, das von draußen näher zu kommen schien. Gedämpft vorgetragenes Gemurmel:

»Seemann, mach die Socken klar,
die letzten 100 Meter sind da.«
Piep, Piep, Piep.

»Die eine Hand am Sack,
die and're Hand am Socken.
Seemann, bleib liegen,
es ist ja erst Locken«.
Piep, Piep, Piep.

Nach jedem Piep, Piep, Piep aus der Bootsmannsmaatenpfeife kam ein neuer Spruch und nach jedem weiteren Spruch ertönte wieder das eindringliche Piep, Piep, Piep:

»Erhebet Euch, Ihr müden Leiber,
die Pier steht voller nackter Weiber!«
Piep, Piep, Piep.

»Ein jeder weckt den Nebenmann,
der letzte stößt sich selber an
und schläft dann ruhig weiter.«
Piep, Piep, Piep:

»Laboe, Laboe, Laboe in Sicht,
Seemann, prüf' dein Sackgewicht!«
Piep, Piep, Piep.

»Seemann, mach die Socken klar,
die Waschfrau von Laboe ist da.«
Piep, Piep, Piep.

»Der Adler in die Lüfte steigt,
nach unten seine Eier zeigt.«
Piep, Piep, Piep.

Das Piep, Piep wird immer lauter, die Sprüche des »Weckers« werden immer deutlicher und eindeutiger:

»Auf jedem Schiff,
das dampft und segelt,
ist einer, der die Waschfrau ... frühmorgens weckt.«

Zwischen diesen Sprüchen werden die sich ständig verringernden Längenangaben eingestreut:

»Seemann, mach die Socken klar,
die letzten 90 Meter sind da.«

Dann 80, 70, ..., die letzten 10 Meter. Schließlich:

»Ein jeder weckt den Nebenmann,
der Letzte stößt sich selber an –
und schläft dann nicht mehr weiter!«

Das Ganze schaukelte sich dann auf zu einer schrillen Befehlskette:

»Nachtruhe beenden!«
»Seemann, komm hoch!«
»Heraustreten zum Frühsport!«

Der Ernst des Lebens hatte begonnen!

Raus aus den Betten! Strümpfe, Turnschuhe, Turnhose an und mit freiem Oberkörper hinaus in die taufrische, bereits herbstlich kühle Morgenluft. Und:

»Zugweise antreten!«
»Arme anwinkeln!«
»Im Laufschritt, Marsch!«

Und die Züge setzten sich in Bewegung. Jeder in eine andere Richtung. Dann: »Halt! Auseinanderziehen!«.

Es folgten Armkreisen, Kniebeuge, Hüpfen auf der Stelle. So, wie wohl überall auf der Welt ein gemeinsamer Frühsport zelebriert wird. Dann: »Zugweise einrücken!« Im Laufschritt und mit angewinkelten Armen ging es zurück zur Unterkunft.

Danach blieben ein paar Minuten im überfüllten Waschraum für Zähneputzen und Katzenwäsche. Selbstverständlich nur kaltes Wasser! Sollte ja in zweiter Linie auch abhärten.

Nun Spinde einräumen und Betten machen. Das wird bald »Kojenbauen« heißen. Dann anziehen. Und immer wieder dieses Pfeifen!

Kommando vom Spieß: »Heraustreten zur Morgenmusterung!«

Im Karree standen dann die Kompanien der ehemaligen Oberschüler angetreten. Zum allerletzten Mal in Zivil.

Vor uns der Lehrgangsleiter, ein Oberleutnant: »Guten Morgen, Genossen!« »Guten Morgen, Genosse Dienstgrad!«, brüllte es ihm entgegen. Kurzes Stutzen. Erst einzelnes, dann brüllendes Gelächter. Jetzt hatten auch wir militärischen »Greenhörner« unsere Dummheit bemerkt.

Die Belehrung vom Vorabend hatten wir in unserer nahezu kompletten kollektiven Einfalt wortwörtlich befolgt. Dann wurde das Ganze noch einmal wiederholt und wir antworteten militärisch exakt und vorbildlich: »Guten Morgen, Genosse Oberleutnant!«

Einer aus unseren Reihen musste vortreten. Ein Krause. Hatte er es doch gewagt, seinen Schritt, zu den bewaffneten Organen zu gehen, über Nacht noch einmal zu überdenken. Er war zu dem Schluss gekommen, dass dies doch wohl nichts für ihn sei. Vor versammelter Mannschaft wurde er von einem Politoffizier regelrecht auseinandergenommen. Erschwerend kam für ihn noch hinzu, dass er SED-Mitglied, also ein »Genosse« war. Und »so einer ist zu feige, seine Heimat zu beschützen«. Krause ließ sich nicht erweichen. Noch am selben Vormittag zog er mit seinem »Persilkarton« wieder ab. In Schande, wie man uns sagte. Monate später hat sich manch einer an Krause erinnert. Dann aber voller Bewunderung. Schade, dass man nichts Näheres über seinen weiteren Werdegang weiß. Nicht einmal seinen vollen Namen kennt man noch.

Nach dem erheiternden wie beklemmenden Morgenappell hieß es: »Heraustreten zum Backen und Banken!« Das war in diesem Falle der geordnete Marsch zum Frühstück. Zugweise. Und der Zugführer: »Gruppenweise, Gruppe 1 einrücken!«

Dann rannten die zehn Mann der ersten Gruppe hintereinander in Richtung Eingangstür zum Speisesaal. »Letzter Mann«, brüllte der Letzte der Gruppe. Das galt als Startsignal für die 2. Gruppe. Und die machte es dann ebenso.

An den Tischen Aufstellung. Erst nachdem der gesamte Zug eingerückt war, kam das Kommando »Setzen!«. Über Servierwagen erfolgte die Essenausgabe. Milchsuppe mit Sago, große Brötchen, ein Sternchen Butter, ein Sternchen Margarine. Marmelade stand in Schüsseln auf der Back. Sie war nicht rationiert. Da konnte man sich üppig bedienen!

So sollte es sich auch ohne nennenswerte Abweichung in den kommenden Wochen wiederholen. Gelegentlich gab es auch Nudelsuppen. Sago war aber vorherrschend. Dafür aber nicht immer ganz gar. Das machte die Abwechslung.

Das frugale Essen in einem solchen Massenumfang erlebte besonders beim Mittagessen seinen kulinarischen Höhepunkt. Meist gab es Pellkartoffeln. Auch sie waren oft nicht ganz durchgekocht. Und doch schlangen wir auch sie mit Heißhunger und ohne Murren in uns rein.

Schnell hatten die vorlauten Berliner Lästermäuler neue Wortschöpfungen für das angebotene Essen parat: »Marine- Vernichtungsfraß«, »VP-See Einheitskuchen«.

Die allgemein nicht besonders beliebte Rot- oder Blutwurst sollte uns nun für die nächsten Jahre als »Tote Oma«, »Toter Obermaat« oder »Toter L.I.« (L.I. = Leitender Ingenieur) verfolgen.

Die Teilnahme am »Werkessen« war Pflicht. »Essen ist Dienst« wurde uns eingebläut. Ein Offizier fragte einmal leutselig: »Schmeckt's, Genosse?« Der Befragte, es war Alfons Taube, antwortete keck: »Zu Befehl, Genosse Oberleutnant!«

Nach unserem ersten Frühstück und dem geordneten Rückzug in die Unterkünfte begann das Einkleiden. Zugweise Marsch in die Kleiderkammer. Einzelabfertigung. Höchstens fünf Minuten pro Mann. Das war aber schon viel. Jeder bekam nach Gutdünken des »Kammerbullen« einen Seesack, Unterhemden, lange und kurze Unterhosen und Unterhemden, schlabberige graue Socken, Brotbeutel, Kieler Hemd, Exkragen, Bordpäckchen blau und weiß, das blau-weiss quergestreifte Zebrahemd, Kolani, hohe Schuhe und Langschäfter (»Knobelbecher«) aus grobporigem schwarzem Schweineleder zugeteilt. Auch Ausgehuniform. »Erste Geige«, wie sie umgangssprachlich genannt wurde. Das betraf nur die Kieler Blusen. Blau für die Zeit zwischen dem 1. Oktober und dem 1. Mai, weiß in den Sommermonaten zwischen Mai und Oktober. Je ein blauer Troyer oder Isländer (Pullover) für die bevorstehende kalte Jahreszeit rundete die Kollektion schließlich ab. Die Mützenbezüge weiß und blau harmonierten mit den entsprechenden Blusen. Die

Uniformhose war – unabhängig von den Jahreszeiten – blau. Der Begriff *Bluse* entsprach deutscher Marinetradition. Sie war in unserem Falle ein derber, fester Wollstoff, hatte außer ihrem Namen keine Ähnlichkeit mit einer Bluse im herkömmlichen Sinne.

»Passt!« – war das Zauberwort des Kammerbullen beim Aushändigen der Kleidungsstücke. Ohne Anprobe, nur nach Augenmaß. Passte natürlich nicht. Lediglich Käppi und Bändermütze wurden nach Kopfumfang und Mützengröße zugeteilt. Ich: 56 cm. Die Bändermütze bestand vorerst aus dem Gestell (Mützenrand), den Mützenbezügen blau und weiß und den Mützenbändern mit der Aufschrift *Volkspolizei-See*. Das Mützenband musste in den Rand durch vorhandene Schlaufen gezogen werden. Mützenbezug obendrauf und fertig! Zur Mütze gehörten die vorgeschriebenen ungeliebten blechernen Mützenbügel. Sie sollten die Bezüge auf den Mützen tellergleich machen. Aber einen solchen »Parteihut« haben nur ein paar ganz Bewusste getragen. Der normale »Seemolli« trug die Mütze legerer. Bei Langgedienten, offiziell »Längerdienende«, sah der Mützenbezug manchmal wie ein Omelett aus und hing ihnen keck schräg auf dem Kopf.

Zu guter Letzt kam ein schwarzes Lederkoppel, einschließlich blankem Koppelschloss. Ohne Text! Einfach nur mit Hammer und Zirkel in einem Ährenkranz. Das war neu. Ich kannte noch das Koppelschloss *Gott mit uns!* und erinnerte mich auch an *Mit Gott für Kaiser und Vaterland!*

Einen Stahlhelm gab es damals allerdings noch nicht. Wir galten ja offiziell nicht als Armee. Wir waren Polizei, und die trug keinen Stahlhelm.

Mit einem vollen Seesack (oder war es eine Zeltbahn?) ging es in die Unterkunft zurück. Untereinander wurde nun getauscht. Schließlich passte es tatsächlich. Ein paar gänzlich »unpässliche« Über- oder Untergrößen sind dann abschließend in der Kleiderkammer in Einzelaudienz bedient worden. Auf den Buden war Putz- und Nähstunde angesagt. Das Laufbahnabzeichen, ein fünfzackiger weißer Stern auf blauem, rundem Untergrund, war auf dem linken Ärmel der Kieler Bluse aufzunähen.

Dieser Ausgehuniform wurde aber auch freiwillig große persönliche Aufmerksamkeit zuteil. Die Kieler Hemden, blau wie weiß, hingen lappig am Körper herunter. So wollte und konnte man nicht nach draußen. An beiden Innenseiten wurde so viel abgenäht, bis die Hemden sich hauteng an unsere durchweg schlanken Körper anpassten. Dann wurde das Kieler Hemd rundherum gleichmäßig aus dem Hosenbund herausgezogen und etwa 10 cm über den Hosenbund geklappt.

Die blauen Latzhosen! Viel zu gewöhnlich. Sie hatten keinen Schlag, wie man so sagt. Sie hingen wie Schlauchhosen an den Beinen. Dem wurde abgeholfen, indem wir Keile aus Sperrholz zum Weiten in die angefeuchteten Hosenbeine reinpressten. Das zeigte nach langem Ziehen und Pressen erstaunliche Wirkung. Ein toller Schlag. Richtige Seemannshosen!

Zwar lag der erste Landgang noch in weiter Ferne, aber wir waren gerüstet!

In der kleinen Poststelle im Objekt holten wir uns die praktischen und stabilen Postmietbehälter. Alles, was zivil war, wurde im Laufe der nächsten Tage nach Hause geschickt. Zum einen war es uns ja sowieso verboten, Zivilkleidung zu tragen, zum anderen hätte uns auch nichts – beim Anblick unserer schmucken Matrosenkleidung – zu solchem Tun verführen können.

Ein Paar schwarze Halbschuhe, Turnschuhe, Kamm, Zahnbürste, Sockenhalter, Schuhputz- und Schreibzeug blieben als einzige Beweise aus dem zivilen Sektor zu unserer Verfügung und in unserem Besitz. Schwarze Handschuhe, ungefüttert und gefüttert für den »Winterkrieg« hatten wir uns umgehend zu besorgen. Handschuhe gehörten zur Ausgangsuniform im Herbst und Winter.

Bei dienstlichen Angelegenheiten innerhalb wie außerhalb des Objekts konnten die Knobelbecher zur Ausgehuniform getragen werden. Beim Postenstehen, auf Wache generell. Dann wurde der Hosenaufschlag zweimal umgeschlagen. Ich erinnere mich, dass ich sogar einmal so in den Urlaub gefahren bin.

Unmittelbar nach unserem Einrücken erfolgte die Einweisung in Spind- und Kojenbau. Diese Übungen wurden täglich zelebriert und von den Vorgesetzten in den kommenden Wochen und Monaten beargwöhnt oder begutachtet. Bei dem gezeigten Eifer konnte man zu dem Schluss kommen, dass sich darin die Überlegenheit unserer Streitkräfte ausdrückte. Der nächste Krieg würde bestimmt mit dieser »Waffe« geführt werden, orakelte ich. Ich hatte allen Grund dazu, bei meiner Lässigkeit und Nachlässigkeit und Kritikwürdigkeit meines Einsatzes an diesem »Frontabschnitt«.

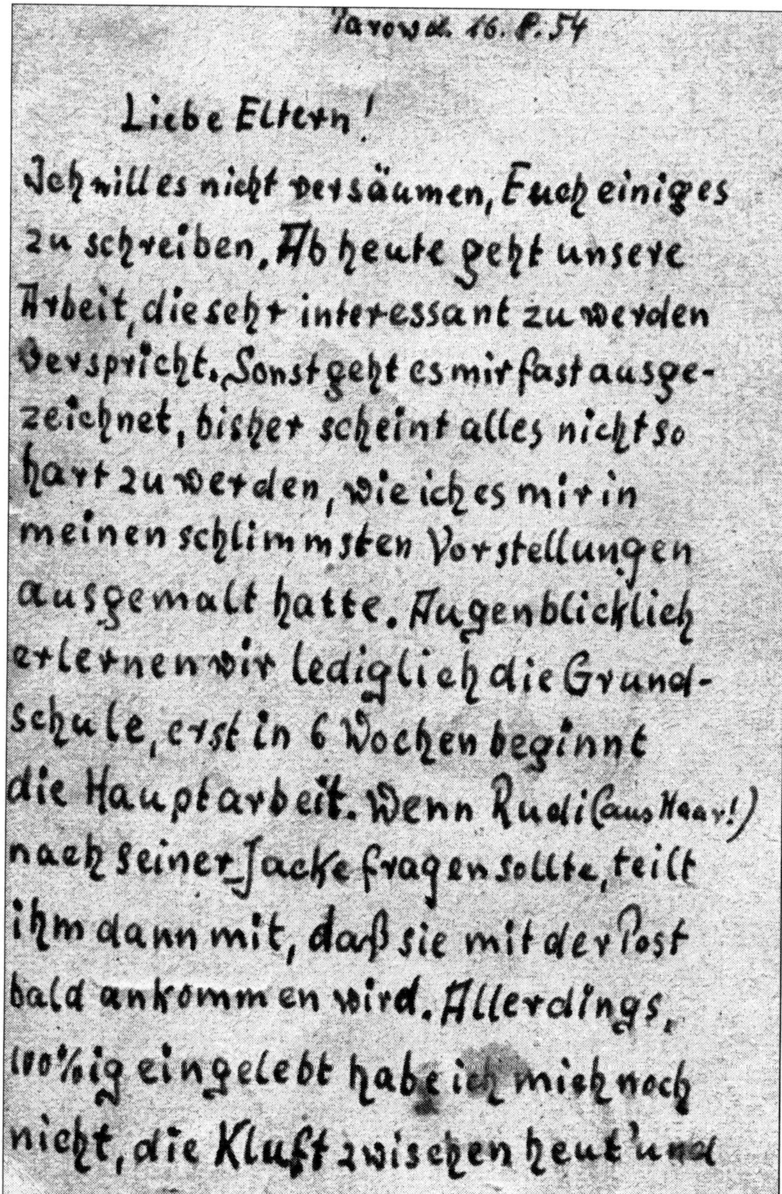

Jarowa 16. 8. 54

Liebe Eltern!

Ich will es nicht versäumen, Euch einiges zu schreiben. Ab heute geht unsere Arbeit, die sehr interessant zu werden verspricht. Sonst geht es mir fast ausgezeichnet, bisher scheint alles nicht so hart zu werden, wie ich es mir in meinen schlimmsten Vorstellungen ausgemalt hatte. Augenblicklich erlernen wir lediglich die Grundschule, erst in 6 Wochen beginnt die Hauptarbeit. Wenn Rudi (aus Haar!) nach seiner Jacke fragen sollte, teilt ihm dann mit, daß sie mit der Post bald ankommen wird. Allerdings, 100%ig eingelebt habe ich mich noch nicht, die Kluft zwischen heut und

Erstes Lebenszeichen an die Eltern

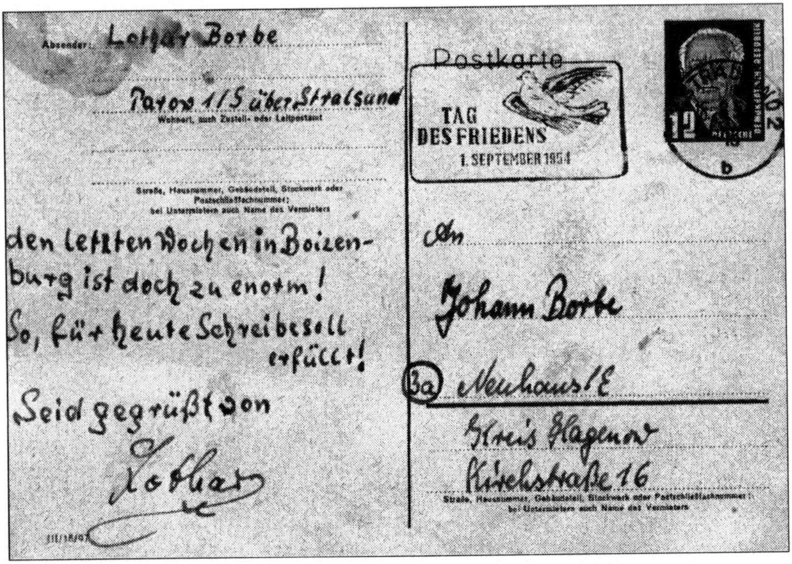
Absender: Lothar Borbe
Parow 1/5 über Stralsund
Wohnort, auch Zustell- oder Leitpostamt
Straße, Hausnummer, Gebäudeteil, Stockwerk oder Postschließfachnummer; bei Untermietern auch Name des Vermieters

den letzten Wochen in Boizenburg ist doch zu enorm!
So, für heute Schreibesoll erfüllt!
Seid gegrüßt von
Lothar

Postkarte
TAG DES FRIEDENS
1. SEPTEMBER 1954

An
Johann Borbe
(3a) Neuhaus/E
Kreis Hagenow
Kirchstraße 16
Straße, Hausnummer, Gebäudeteil, Stockwerk oder Postschließfachnummer; bei Untermietern auch Name des Vermieters

Unsere Diskussionen auf dem Zimmer drehten sich häufig um Marinetradition und um die Bedeutung unserer Uniformteile. Die drei Streifen sollten die drei wichtigsten Seeschlachten in der Marinegeschichte symbolisieren: Aboukir (1798), Trafalgar (1805) und Skagerrak (1916). Die schwarzen Bänder der Bändermütze galten als Trauer über Nelsons Tod. Der britische Admiral war im Jahre 1805 in der zwar siegreichen Schlacht vor Trafalgar tödlich verwundet worden.

Andere deuteten den Exkragen als Relikt aus der frühen Segelschiffszeit. Er diente dazu, die Kleidung nicht durch die geteerten Zöpfe der Seeleute zu verunreinigen. Die Mützenbänder seien eine Erinnerung an diese Zöpfe.

Als Kenner der Marinematerie erwies sich damals bereits Gerd Peters aus Berlin. Klaus Semisch und Gerhard Matthes aus Templin hatten in Rechlin bei der GST in der Sparte Seesport auch schon an dieser Materie geschnuppert und konnten ebenfalls eine Menge an seemännischem Wissen beisteuern.

Unser tatsächlicher Status als Marinesoldaten sollte, so gut es ging, verschleiert werden. Offiziell galten wir nun als »Behördenangestellte«. So jedenfalls hatten wir es unseren Eltern zu vermitteln. Auch die Anträge auf Fahrpreisermäßigung und unsere Urlaubsscheine enthielten diese Bezeichnung.

Die folgenden Tage verliefen im Wesentlichen immer gleich: Marschieren! Es war auch nicht einfach, uns eine einheitliche Schrittlänge beizubringen. Normalerweise scheint ja jeder Deutsche bereits mit dem Gleichschritt auf die Welt zu kommen. Durch Hitlerjugend, FDJ-Märsche und Maiumzüge sollte diese Eigenschaft bei jedem DDR-Bürger so weit gefestigt worden sein, dass es als Grundwissen fürs Soldatenleben genügen könnte: An der Seite, an der das Bein nach vorne geht, schwingt der Arm zurück. Das Prinzip ist einleuchtend und entspricht wohl auch der Natur des wandernden Menschen. Im Allgemeinen erfüllten wir auch diese Anforderung.

Bis auf Willi Gehrmann. Willi war wie ich ein ausgebombter Hamburger. Ihn hatte es nach den Hamburger Bombennächten im Juli 1943 ins Anhaltinische verschlagen. Willi war »Passgänger«. Wenn Willi seinen linken Fuß vorsetzte, schwang er auch seinen linken Arm nach vorn! Braucht ein Seemann überhaupt den Gleichschritt, mag er sich gedacht haben. Er erhielt Einzelunterweisung und erreichte bald auch unser Gleichschrittniveau.

Richtig Gefallen scheint er dennoch nicht daran gefunden zu haben. Bereits nach einigen Wochen war er weg. Wie ihm das gelungen war, weiß ich nicht. Er war, nach jenem Krause vom Einstellungstag, der erste offizielle Abgang. Ich habe Willi zwei Jahre später in Zinnowitz getroffen. Er war Student geworden in einer zivilen Einrichtung.

Abgänge waren anfangs allerdings die Ausnahme.

Einer der zukünftigen Offiziersschüler aus der 1. Kompanie, Fischer mit Namen, schickte während des ersten »Freigangs« seine Uniform mit der Post an die Dienststelle Parow zurück. Absendeort: Westberlin. Dieser Fischer war »abgehauen«. Desertiert also, nach streng militärischen Maßstäben.

Ein solcher Fall von »Fahnenflucht« ist nach meiner Erinnerung allerdings nicht wieder vorgekommen. Erst im Laufe der Zeit sollten sich die Abgänge mehren.

Andere schieden infolge Krankheit aus. Bei einigen fand man schwarze Stellen in der Kaderakte: Westverwandtschaft oder Westkontakte. Es kam auch vor, dass Eltern sich in den Westen abgesetzt hatten. Dann war ebenfalls Schluss auf der Schanze.

Manch einem war die Begeisterung für die VP-See bald abhanden gekommen, so wie auch mir die Lust an dieser Art Seefahrt schnell verging.

Das alles lag zu diesem Zeitpunkt noch in weiter Ferne und nahm noch keinen Raum in unseren Gedanken ein. Wir befanden uns am Anfang unserer Grundausbildung und lernten erst einmal ordentlich marschieren.

Die wissenschaftliche Grundlage dafür stand schwarz auf weiß in einer Dienstvorschrift, der DV 10/1. Darin waren alle Regeln der Exerzierordnung nachzulesen. Durchweg alle Tätigkeiten und Verrichtungen waren durch Dienstvorschriften geregelt, so z.B. der Innendienst durch die DV 10/3. Selbst der Urlaub – seine Gewährung und Durchführung – war mit einer Urlaubsordnung bedacht. Und dann gab es auch eine DV 10/9, welche die Geheimhaltung regeln sollte.

Ihr wahrer Name war kaum geläufig und ist deshalb auch heute nicht mehr zu ermitteln. Aber ihren inoffiziellen Namen, wie er im »Volksmund« gebräuchlich war, kennt man noch als »Geheimhalte- und Westkontaktvermeidungsordnung«.

Wenn wir bei den Marschierübungen anfangs gelegentlich in einen Trippelschritt verfielen, dann hieß es: »Laufen Sie nicht wie die Makkaroni-Soldaten!« Damit waren die Italiener gemeint. Der deutsche Militärschritt entsprach dem preußischen Exerzierreglement. Auf Zentimeter genau vorgeschriebene Schrittlänge.

Unterbrochen wurden diese Übungen nur durch die drei Hauptmahlzeiten sowie durch Frühsport, Belehrung und Politinformation.

Jeder Zug bekam einen »alten Hasen« als Zugführer. Mit einer Ausnahme waren das Unteroffiziere. Einige schienen nur unwesentlich älter als wir. Diese Zugführer verkörperten einen echten Marinegeist. Wir mutmaßten, dass sie noch in der KM (Kriegsmarine) gedient haben könnten. Mit Sicherheit aber kamen sie aus der Marine-HJ. Sie waren zackig, aber nicht ohne Humor und verstanden es, Leute wie uns zu motivieren.

Die Ausnahme ein Gefreiter, der bereits dreimal Unteroffizier gewesen war. Nach irgendwelchen Eskapaden immer wieder degradiert, war er also wieder einmal Gefreiter. Aber was für ein toller Bursche! Das war ein Mann! Den haben wir vergöttert.

Die Marschübungen gingen natürlich nicht ohne Gesang vonstatten. Ein paar Lieder brachten wir ja aus dem »zivilen Sektor«, also von Zuhause mit. Dazu gehörten:

Spaniens Himmel breitet seine Sterne ...,

Auf, auf zum Kampf, zum Kampf,
zum Kampf sind wir geboren ...

Von den Bergen rauscht ein Wasser ...

Doch neue, uns völlig unbekannte Lieder sollten jetzt gesungen und gelernt werden. Das ging unproblematisch während des Marschierens im Gleichschritt.

»Die Lola!« – befahl Zugführer Unteroffizier Hinz. Lola? Nie gehört. Niemand nicht. Machte nichts. Während das Lied angestimmt wurde, rief er uns den Text zu, Brocken für Brocken: »In des Gartens dunkler Laube!«

Und wir sangen »In des Ga-har -tens, dunkler La-hau-be«.

Hinz:«... saßen beide, Hand in Hand!« Wir: »... saßen beide Hand in Hand.« Und so dann immer weiter: »...saß ein Se-e-e-emann, bei seiner Lo-o-o-la, schmiedeten ein festes Band.«

Und noch einmal: »...saß ein Seemann bei seiner Lola, schmiedeten ein festes Band.«

So lernten wir mit Genuss marschieren. Auch die weiteren Strophen gingen zu Herzen: *Liebe Lola, lass das Weinen,*

Lola, lass das Weinen sein.
Übers Jahr, mein Schatz,
ja, wenn die Rosen blüh'n,
werd' ich wieder bei dir sein.

Und der Seemann zog von dannen,
kämpfte für sein Vaterland.
Oftmals denkt er an seine Lola,
wenn er nachts am Ruder stand.

Als es blühte der Holunder
und die erste Rose brach,
denkt der Seemann an seine Heimat,
die in weiter Ferne lag.

Jetzt weitere dieser neuen Lieder:

Am Ausgang eines Dörfeleins
da steht ein kleines Haus,
umrankt von wilden Rosen
schaut es vergnügt heraus.
Und droben am blauen Himmelszelt
die Abendsonne lacht.
Die kleinen Vöglein auf der Welt,
sie zwitschern: Gute Nacht!
Grüß mir die Heimat,
grüß Karin, mein Glück,
sag' meinem Madel,
bald kehr ich zurück.

...

Kleines Madel von der Ostsee
bleib mir treu, denn ich bin Dein,
wenn ich heute auch an Bord geh',
(gelegentlich: wenn ich heut' auch über Bord geh)'
bleibst du immer doch mein Schätzelein.

Auch nur noch als Rest in meiner Erinnerung. Wie mag das Lied heißen? Wie mag es weitergehen?

Auf der Ostsee sind wir gefahren
in dem wunderschönen Monat Mai.
Hübsche jungen Madel haben wir geliebet,
in der Nacht von zwo bis drei.

Und die Eine von den beiden,
wollt so gerne, gerne mit mir gehen,
doch sie konnte vor lauter Weinen
ihren Heimweg nicht mehr sehn.

Liebes Mädel, lass das Weinen,
denn der Weg, der ist doch gar so weit.
Und der Morgen fängt schon an zu tagen,
Schatz, was sagen da die Leut'?

Lass sie sagen, was sie wollen,
was geht das die andren Leute an,
denn ein jedes blutjunges Madel
schafft sich einen Seemann an.

Die letzten zwei Zeilen einer jeden Strophe werden als Refrain wiederholt.

Bei einigen Liedern wurde über deren Herkunft gemunkelt. Die »Karin« könnte von Görings Ehefrau und von seinem Sommersitz »Karin Hall« herrühren.

Das kleine Madel von der Ostsee sollte ursprünglich ein kleines Madel von der Nordsee gewesen sein ...

Einige von uns hatten sich schon während ihrer Schulzeit in Marinestützpunkten der GST seemännisch betätigt und neben Segeln und Kutterpullen auch Lieder gelernt, mit denen sie nun unser Repertoire bereicherten.

Schwer mit den Schätzen des Orients beladen,
ziehet ein Schifflein am Horizont dahin.
Sitzet ein Madel am Ufer des Meeres,
flüstert der Wind (Freund?) ihr ganz leise was in's Ohr:
Frage doch das Meer, ob es Liebe kann scheiden,
frage doch das Herz, ob es Treue brechen kann.

Das war auch wieder ein so traurig endender Gesang:

Teure Irene, so hat er geschrieben,
teure Irene, so nannte er sie stets.
Ewige Treue gelobten sich beide,
aber das Schicksal hat anders es gewollt.

Schifflein, sie fuhren, und Schifflein, sie kamen,
eins brachte Nachricht vom fernen Heimatstrand,
aber es waren nur wenige Zeilen,
dass einen andern sie sich auserkoren hat.

Wozu gehören folgende Fragmente?

Steh ich einst in finstrer Mitternacht,
Vater, Mutter, da in der Ferne,

wäre bei euch ja so gerne,
doch ich steh für euch auf Wacht.

Aber das hier ist garantiert eine Schöpfung der Neuzeit:

Sonnenuntergang
an der schönen blauen Ostsee,
nur ein Sternlein lacht.
Seepolizei, die hält Wacht

Ein weiteres unvollständiges Lied aus meinem »musikalischem Erbe«:

... und als die Abschiedsstunde kam,
er traurig von ihr Abschied nahm.
Sie aber leise zu ihm spricht:
»Spartakusmann, tu deine Pflicht!«

...

Bei Leuna sind viele gefallen,
ja, bei Leuna floss Arbeiterblut,
da haben zwei junge Sozialisten
sich einander die Treue geschwor'n ...

...

Blutrot sank die Sonn' am Himmelszelt.
Eine Amsel, die hört' ich singen.
Aus der Ferne hört' ich's klingen.
Schlafe wohl, du schöne Welt.

Andere steuerten ebenfalls ihre Lieder bei.

Erstaunlicherweise sind keine eigenen Verse, ist nichts Gereimtes aus meiner Feder aus dieser Zeit überliefert. Ich kann mich auch nicht an Derartiges erinnern. Bemerkenswert ist das schon, denn aus allen Lebensabschnitten vor und nach der Armeezeit haben Daktylus und Jambus mich umgeben, sind kleine Gedichte oder lustige Verse entstanden.

Vor einem Jahr hatte auch ein Offizierslehrgang begonnen. Der 6. SOL. Davor auch. Neben unserem marschierte sogar noch für eine

Weile der 4. SOL auf der Schwedenschanze. In diesem Lehrgang war auch der spätere Admiral Theodor Hoffmann, letzter Verteidigungsminister der DDR. Die sangen noch andere Lieder:

Rio de Janeiro,
ahoi, Caballero,
Hamburger Madel leb wohl, leb wohl ...

Und:

Spieß voran, drauf und dran,
setzt aufs Klosterdach den Roten Hahn ...

Lutz Reimann gehörte zu einem dieser Jahrgänge. Als junger Offizier war er aus gesundheitlichen Gründen früh aus der Marine ausgemustert worden. Als Direktor des Fährhafens Sassnitz ist er vielen noch in guter Erinnerung.

Auch Gerhard Strübing aus Ribnitz, Fritz Hinderer und Benno Schwarz gehörten dazu.

Von den meisten dieser Lieder habe ich in den Jahren nach meiner Marinezeit nie wieder gehört. Ihre Texte sind deswegen oft nur noch rudimentär in meinem Gedächtnis.

Mit einer Ausnahme. Im Jahre 1988 besuchte ich meine Mutter anlässlich ihres 75. Geburtstages in San Gabriel, in der Nähe von Los Angeles. Sie sang im deutschen Damenchor »Frohsinn«, der mit dem Männerchor gleichen Namens gemeinsame Übungsstunden veranstaltete. Ich war zu einer ihrer Proben eingeladen. Was sangen die amerikanischen Sangesbrüder und Sangesschwestern?

Schwer mit den Schätzen des Orients beladen!

Nicht als Marschlied, aber immerhin. Da alle gemeinsam sangen, brachte auch ich mich mit lauter Stimme ein. Aber mein »Marschierlied« von Parow. Meine Umgebung stutzte. Ich wusste aber meinen Ton zu begründen und zu verteidigen.

Bei anderen neuen Liedern wie den »Matrosen von Kronstadt« und dem »Partisanenlied« war deren sowjetische Herkunft nicht zu übersehen. Diese Lieder hatten Themen aus den Revolutionskriegen in Russland nach 1917 zum Inhalt.

Sie dokumentierten den Siegeszug des internationalen Proletariats und die Unbesiegbarkeit der Sowjetarmee.

Tragt über den Erdball, tragt über die Meere
die Fahne der Arbeitermacht!

Das Partisanenlied »*Durch's Gebirge durch die Steppe zog uns're kühne Division ...*« endet mit den Worten:

Und so jagten wir das Pack zum Teufel!
General und Ataman.
Unser Feldzug fand sein Ende
erst am Stillen Ozean.

Es gab auch ein Lied vom Kreuzer WARJAK. Darin wurde das Heldentum russischer Matrosen beim Untergang der russischen Kriegsflotte im russisch-japanischen Krieg von 1904 besungen.

An Deck! Auf die Plätze!
Wir grüßen den Tag!
Zum letzten Gefecht, Kameraden!
Die Waffen streckt nie unser stolzer »Warjak«,
hier singen nicht Memmen Balladen.

Die Wimpel heraus! Noch Granaten herbei!
Die Anker! – Schon rasseln die Winden.
Zum Kampf seid bereit! Die Geschütze macht frei!
Mag Unheil die Sonne auch künden.

Ob gesungen werden sollte und wann, das bestimmte der neben der Einheit marschierende Kommandeur, Zugführer, Kompaniechef oder dergleichen »Hohes«. Die vorne Marschierenden, generell waren es die Gruppenführer oder der Stellvertretende Zugführer, beratschlagten dann untereinander und der linke Flügelmann verkündete es laut. Zum Beispiel: »Die Lola!« Wenn vorn dieses Lied angesagt wurde, dann ist es bis nach achtern weitergesagt worden. Der letzte Mann in der dritten Gruppe, zu Anfang war das unser *Theo*, quittierte das allgemeine Einverständnis mit: »Lied achtern angepiekt und bemust!«. Später ist *Theo* Gruppenführer geworden und marschierte an der Spitze.

Man konnte unsere Lieder schön laut singen und gut nach ihnen marschieren. Gesungen wurde nur in größeren Verbänden, ab Zugstärke.

Die meiste Zeit des Tages wurde in Gruppen zu 10 Mann mit Gewehr im Gänsemarsch exerziert. Dabei brauchte nicht gesungen zu werden. Das ginge auch nicht bei den ständig wechselnden Kommandos.

Unsere Gewehre waren aus sowjetischen Beständen. Zum Unterschied zu den deutschen Waffen hatten sie ein spitzes, etwa 30 cm langes, sich zur Spitze hin verjüngendes, klappbares Bajonett mit vier Blutrinnen. Man mag sich nicht einmal vorstellen, so etwas im Bauch zu haben! Sollte man ja auch nicht. Dem Feind, dem »Klassenfeind«, war diese Spitze zugedacht.

Die Übungen mit dem Gewehr wurden im Stand, aber auch in der Bewegung ausgeführt. Bei diesen Übungen galt die Anzugsordnung: Bordpäckchen blau mit Käppi.

»Präsentiert das Gewehr!« gab es nur im Stand.

»Gewehr zur Hand!«, »Gewehr über!«, »Gewehr umhängen!«.

Einmal marschierten wir mit »Gewehr zur Hand« mit aufgeklapptem Bajonett. Dann: »Gewehr ab!« Dabei fasste man sein Gewehr am Lauf und schleppte seinen »Schießprügel« neben sich her.

Bei dem Kommando »Gewehr über!« zappelte *Keule* Montags Käppi auf dem Bajonett seines Hintermannes! Dessen spitze Waffe war haarscharf an *Keules* Hinterkopf entlang geschrammt und hatte dessen Kopfbedeckung aufgespießt. Nichts passiert. Glück gehabt.

Und dann immer und immer wieder: »Im Gleichschritt – Marsch!«, »Abteilung (Gruppe, Zug, Kompanie) – halt!«, »Rechts um!«, »Links um!«, »Ohne Tritt – Marsch!«, »Ganze Abteilung kehrt! Links schwenk – Marsch!«, »Rechts schwenk – Marsch!«.

Jeder Befehl war in Ankündigung und Ausführung gegliedert. Ein Beispiel: »Im Gleichschritt!« – Pause zum Überlegen, was nun kommen kann, und es kann ja nur kommen »Marsch!«. Beim Kommando »Kehrt – Marsch!« konnte eine Gruppe oder ein Zug während des Marsches in die Rückwärtsbewegung gebracht werden.

Spannend! Unglaublich, welche Möglichkeiten, aber auch (fast) Unmöglichkeiten, im Exerzier-Regelwerk zu Formeln gefasst worden waren. Bei »Auf der Stelle!« marschierte man tatsächlich ohne auch nur einen Zentimeter Geländegewinn. Bei dem Kommando »A-a-ach – tung!« erfolgte der Exerzierschritt, auch Stechschritt genannt. Dann schossen beim Marschieren die gestreckten Beine, einschließlich der gestreckten Füße, in die Höhe.

Wichtig war für den Kommandierenden, seine Kommandos auf dem richtigen Fuß zu geben, um den Ausführenden genügend Bedenkzeit für die Ausführung zu lassen. Bei »A-a-a-ch – tung!« kam das »tung«auf dem linken Fuß. Der rechte setzte noch normal auf. Und der nächste Schritt erfolgte mit gestrecktem linkem Bein und gestrecktem Fuß im Exerzierschritt. Nun folgten beliebig viele Ex-Schritte. Bis zum »Halt!«, das beim Aufsetzen des rechten Fußes gegeben wurde. Wenn der linke Fuß aufsetzte, musste der rechte darangeschlagen werden und alles stand.

Das Kommando »Kompanie!« oder »Zug!« erzielte die gleiche Wirkung. Um immer den Gleichklang zu erzielen und den »Verein« in den gleichen Schritt und den gleichen Takt zu bekommen, kam immer einmal wieder das »Links, Links, Links, zwo, drei, vier!«. Auch das wurde ständig wiederholt.

Geübt wurden selbstverständlich auch »Augen rechts«, »Die Augen links«, »Vortreten!« und »Wegtreten!«.

Und dann das Grüßen. Wie grüßt man? Dazu gehörten erst einmal »Gruppe – antreten », »Auf Armlänge auseinander ziehen«. Nun galt es für unsere Vorgesetzten, uns Laien dieses wichtige Element der militärischen Ordnung und vor allem Unterordnung verständlich zu machen. *»Da stelle mer uns mal ganz dumm ...«*

Also, das Grüßen besteht aus drei Phasen: rechten Arm gestreckt mit gestreckter Hand 90 Grad anheben, Handfläche nach oben drehen, Arm anwinkeln, bis Fingerspitzen die Kopfbedeckung berühren, Augen und Kopf in Richtung des zu Grüßenden drehen.

Im richtigen Leben schleifen sich diese Phasen ab, wie die Schritte bei der Tanzschule, und die Hand wird nur noch locker zur Kopfbedeckung geführt.

Alle höheren Dienstgrade ab Maat (Unteroffizier) hatten wir nun ständig zu grüßen. Und es gab viele hier. Uns brauchte niemand zu grüßen. Auf der militärischen Stufenleiter waren wir mit Dienstgrad *Matrose* ein Nichts, »Schütze Arsch im letzten Glied«, um es salopp zu sagen.

Ein weiteres Kapitel, mehr ein Unterkapitel, behandelte das Grüßen ohne Kopfbedeckung. Ein Zustand, der recht selten war und im Wesentlichen nur in geschlossenen Räumen auftreten konnte. Falls jemand ohne »Hut« einem Vorgesetzten begegnete, hatte sich der Körper zu straffen, Hände an die Hosennähte und den Kopf ruckartig kurz in Richtung des zu Grüßenden. Dann wieder geradeaus und Körper schlaff!

Nach dem peinlichen Vorfall mit dem »Verweigerer« Krause am ersten Arbeitstag in Parow hielten es unsere höheren Vorgesetzten für geraten, sich rechtzeitig unserer Loyalität und Treue zu Partei und Regierung zu vergewissern. Wir hatten eine Verpflichtung zu unterschreiben. Auf 25 Jahre Dienst! Einzeln wurden wir in das Zimmer des Politstellvertreters (PV) gerufen, um den vorgefertigten Text zu unterschreiben. Schließlich war ich dran. Mein Herz pochte. Ich wollte doch nicht mein ganzes Leben mit Marschieren und Kriegspielen verbringen. Ich wollte in die Welt hinaus! Leise und mit zittriger Stimme sagte ich: »Ich möchte noch nicht unterschreiben. Ich habe noch einige Fragen.«

Ich wurde auf später vertröstet und ging mit hochrotem Kopf und Verwunderung über meinen Mut wieder aus dem Raum heraus.

Nach Abschluss dieser Verpflichtungsveranstaltung wurde ich noch einmal zum PV gerufen. Diesem erklärte ich, dass ich unbedingt zur Handelsmarine will und dass mir die Werber damals in Boizenburg das auch zugebilligt hätten. Ich möchte die Bestätigung, dass ich nach drei Jahren Offiziersschule zur Handelsmarine gehen kann. Als mir der PV die Richtigkeit der damals versprochenen Zusagen bestätigte, unterschrieb auch ich.

Gewiss wird den Oberen nach diesem Fischzug mancher Stein von ihren Herzen gefallen sein. Erst im Nachhinein ist uns klar geworden, mit welchem Eifer sie in den vergangenen Tagen versucht hatten, »schädliche« Einflüsse von uns fernzuhalten.

So war es den Leuten aus anderen Objekten untersagt, uns zu besuchen. Uns selbst war strengstens verboten worden, sich mit Bekannten aus anderen Blöcken zu treffen. Nach erfolgter Unterschrift waren wir aus diesen Zwangsmaßnahmen entlassen.

Nun erinnerten wir uns auch an den Tag unseres Eintreffens in Parow, als uns beim Passieren des Schlagbaumes zugerufen worden war: »Haut wieder ab!«, »Macht nicht auch so'n Scheiß wie wir!« Selbstverständlich fürchtete die Obrigkeit solche Einflüsse vor der Verpflichtung.

Da wir jetzt unsere Seelen quasi verkauft hatten, konnte ja keiner mehr zurück und wir durften uns frei im Objekt bewegen. So nach und nach »gestanden« auch einige meiner Kameraden ihre Zweifel beim Unterschreiben der Verpflichtung. Sie waren auch von den Werbern auf der Oberschule »gelinkt« worden. Wer ursprünglich Mathematik studieren wollte, dem war ja garantiert worden, dass genau dies' das Richtige sei. Physik und Chemie wurden von den Werbern damals ebenfalls mit Begeisterung aufgenommen. Ganz allmählich wurde jedem klar, dass es mit seinem ursprünglichem Studienwunsch hier doch wohl nichts werden würde.

Und leider auch nichts mit meiner Seefahrt ...!

Ich bin ein Seemann, Gott sei Dank,
man sieht's von weitem schon an meinem Gang,
drum bleibt an Land mir stets der Seegang treu,
ich bin ja nur ein Seemann, weiter nichts – Ahoi!

Landgang gab es noch lange nicht für uns. Dass wir dennoch keine Langeweile schoben, lag daran, dass wir vom Morgen bis zum Abend in Bewegung gehalten, »geschliffen« wurden. Für die wenige Freizeit gab es Kino. Jeden Sonntag. Wenn dann im Vorfilm eine Folge aus der kritisch-satirischen Serie »Das Stacheltier« gezeigt wurde, dröhnte lauter Applaus aus dem regelmäßig voll besetzten Kinosaal.

In prall gefüllten Sälen wurden uns auch Grundregeln allgemeiner wie politischer Art nahe gebracht. In Erinnerung habe ich eine Lehrgangsbelehrung zur Hygiene.

Ein massiger hoher Sanitätsoffizier referierte in lockerer Weise über alle Seiten dieses Metiers, von der morgendlichen Körperpflege bis hin zu den Geschlechtskrankheiten. Er gebrauchte klare Worte und ließ auch nicht den geringsten Abschnitt aus. Seine Mahnung, weshalb Obst immer gut zu waschen sei, trug er fesselnd und einleuchtend vor.

Wir sollten uns vorstellen, wie auf den Weinfeldern Bulgariens schwarzhaarige, rassige, junge Mädchen die Weintrauben ernteten. Da sie auch von den süßen Früchten naschten, machte sich das bei der Verdauung bemerkbar. So kam es, dass jede hin und wieder am Feldrand verschwinden musste. Ohne fließend Wasser ...

Mir ist dieses in Fleisch und Blut übergegangen. Noch immer wasche ich jede Weintraube, jeden Apfel mit Akribie unter fließendem Wasser ab. Auch an meine Kinder und Enkelkinder habe ich diese Lehre weitergegeben.

Es gibt immer noch keinen Landgang. Viel Zeit zum Briefeschreiben:

Parow, 26. 8. 54, 7.10 Uhr

Deinen Brief, lieber Vati, habe ich am 24. 8. erhalten. Ich hatte gerade Wache u. war sehr erstaunt, als ich erfuhr, daß für mich Post da sei. Daß es Euch gut geht, ist mir eine Freude – ich habe ebenfalls keinen Grund zur Klage und finde, wie gesagt, großen Gefallen an meinem Dienst. Zwar schmerzen mir die Beine noch vom Exschritt exerzieren gestern, aber das tut meiner Laune keinen Abbruch. Ich muß mich beeilen, die Backschafter sind eben herausgetreten u. in wenigen Minuten ertönt das Kommando: »Klarmachen zum Backen und Banken!« Bitte, Vati, vergiß nicht, Marga auszurichten, sie möchte meine 2 Negativrollen zum Abziehen bringen. Heute wird wieder ein heißer Tag, die Sonne strahlt am blauen, wolkenlosen Himmel und wird uns unbarmherzig den Schweiß aus den Poren treiben. Gestern gab es z. 1. Mal Geld. (Ich glaube, das Beste wär', ich lege mir ein Postsparbuch an.) Es ist höchste Zeit!

Viele Grüße an Oma, Geschwister und selbstverständlich für Dich,

Lothar

Eine Sporthalle und ein Sportplatz mit Aschenbahn lockten diejenigen, die sich für Sport, und vor allem für das Laufen, interessierten.

Mein Freund Hans Lenck aus Katzhütte bei Rudolstadt in Thüringen hatte bereits als Jugendlicher in der Leichtathletik einen Namen. Seine Sportbegeisterung machte ich mir zunutze. Fast täglich sah man uns Zwei darauf beim Rundendrehen auf der Aschenbahn.

Aus dem 2. und 3. Zug schälten sich einige künstlerische Talente heraus. Mühl und Ritter spielten gelegentlich spontan vor unserer Unterkunft auf ihren Akkordeons und sangen u.a.

Nicolo, Nicolo, Nicolino
heißt der Wirt der Taverne von Padua ...

...

In der Taverne von San Remo ...

Jemand, ich glaube es war »Smisch«, trällerte lustig vor sich hin:

»Einst ging ich am Strande der Donau entlang,
ein schlafendes Mädchen am Ufer ich fand ...«

Keule Montag unterhielt uns oft aus seiner »Musikkiste« mit leisen, dezent vorgetragenen Chansons zur Gitarre:

»Bei einer kleinen Tasse Tee,
da saß ein armer Chansonnier,
und das Chanson, an dem er grade schrieb,
hieß nur: ICH HAB DICH LIEB«

Mit einigen anderen spielte er gelegentlich in einer kleinen Musikkapelle, einer Band, würde man heute sagen. Die trat häufig im HdO auf, dem »Haus der Offiziere« am Alten Markt.

Als einmal der Schlagzeuger ausgefallen war, wollte *Keule* mich für dessen Part gewinnen. Er konnte doch nicht ahnen, wie wenig Rhythmusgefühl in meinen Händen steckte. Ich wusste es und habe das durchaus verlockende Engagement abgelehnt.

Ein nicht nur musikalisch auffälliger Offiziersschüler des 6. SOL sang auch zur Gitarre. Ein einziges Lied aus seinem Repertoire habe ich in meinem Gedächtnis bewahrt und singe es selbst nach 50 Jahren noch gelegentlich vor mich hin:

»Wenn du kein Mädel weißt,
das heiß dich küsst,
dann weißt du nicht, was Liebe heißt,
weißt nicht, wie schön das ist.«

Außer unseren vielfältigen sportlichen Aktivitäten hatten wir dank dieser Kameraden manche kulturelle Abwechslung. Die Bezeichnung Kamerad gab es damals allerdings in dieser Armee (Polizei) nicht. Wir waren Genossen. Alle! Obwohl nur wenige aus unseren

Reihen bereits Parteimitglieder, also richtige »Genossen« waren. Unsere Armee sollte die Armee der »Partei« werden. Der »Genosse« war der augen- und »ohrenscheinliche« Beweis dafür.

Kameraden hießen aber die Angehörigen der GST (Gesellschaft für Sport und Technik). Kollegen gab es in der Gewerkschaft (FDGB). Freunde fand man in der DSF (Gesellschaft für Deutsch-Sowjetische Freundschaft) und Jugendfreunde in der FDJ (Freie Deutsche Jugend).

Neben unseren Zugführern gab es je zwei Kompaniechefs, einen Lehrgangsleiter und einen Politoffizier, der offiziell kurz PV (Politstellvertreter) genannt wurde. Jede Kompanie hatten einen Hauptfeldwebel, der seit Menschengedenken in preußisch-deutschen Armeen nur »Spieß« hieß. Die kleine Gruppe sowjetischer Berater in der Dienststelle hielt sich, für uns jedenfalls, bescheiden im Hintergrund. Wir bekamen sie nur selten zu Gesicht

Die herausragende Persönlichkeit aus der Garde unserer Vorgesetzten und »Antreiber« hieß Schurz. Ein kleiner, sich wichtigtuender, geistig nicht außergewöhnlich entwickelter Junge. Ein Magdeburger. Schurz war vermutlich auch bei den Soldaten nicht besonders zu gebrauchen und wurde nun in unserem Zug an der Seite von Hauptfeldwebel Bahr als Zughelfer »verarbeitet«. Schurz war noch nicht sehr lange dabei und hatte ebenfalls noch keinen höheren Dienstgrad. Da Schurz aber nicht für die Seefahrt geeignet schien, hatte man für ihn eine landseitige Laufbahn vorgesehen. Aus diesem Grunde war er nicht Matrose wie wir, sondern Soldat. Das hinderte ihn allerdings nicht, sich vor uns aufzuspielen wie ein lang gedienter Unteroffizier.

Da wir uns nicht schon zu Beginn unseres Aufenthaltes Unannehmlichkeiten einfangen wollten, ließen wir uns von ihm bedingungslos scheuchen und verarschen. »Loofen Se nich wie die Maroni-Soldaten!« Das hatte er sich von den richtigen Unteroffizieren abgeguckt. Wohl eher abgehört.

Während des wöchentlichen Großreinschiffs (Großreinemachen) am Sonnabend hatten wir in verschiedenen Gruppen folgende Dienste zu verrichten: im Gelände fegen, Gänge bohnern, Waschräume und Toiletten reinigen.

Da fragte Schurz unvermittelt: »Wer ist in der Lage, die Musiktruhe zu reparieren?« Natürlich besaß keiner aus unserer Truppe derartige Fähigkeiten. Dennoch meldete ich mich. Ich gedachte, mir hinter der großen Truhe einen ruhigen Tag zu machen, weit ab vom anstrengenden Fegen und Wischen. Wenn ich dann nach ein bis zwei Stunden hinter meiner Deckung hervorkriechen würde, wär' das Musikding zwar immer noch kaputt, aber das wollte ich dann schon irgendwie begründen. Fehlende Ersatzteile etwa. Als ich noch so freudig meiner »Verholstation« entgegenträumte, weckte mich Schurz aus diesen Träumen: »Dann loofen Se mal in die Kantine und holen mir eine Schachtel Zigaretten!« »Anschäten«, sagen wir Zuhause dazu. Also, reingefallen! Auch solcherart Witze hatte er den richtigen, alten Unteroffizieren abgeschaut. Na, war ja auch nicht so ernst.

Mit der Zeit aber wurden wir dreister im Umgang mit ihm. Seine Lage war auch noch dadurch erschwert, dass er – selbst nur so um die 1, 60 m – sich mit uns Langen im 1. Zug abzumühen hatte. Bei irgendwelchen kleinen Vergehen hieß es üblicherweise: »Eine Runde ums Objekt!« Das machte uns eigentlich wenig aus. Allmählich begannen wir, uns dabei zu gefallen, den kleinen Schurz zu ärgern. Bei jeder Strafrunde schlichen die besonders Langen wie Marionetten im Storchengang ums Objekt. Sein »Schneller, Mensch!« brachte auch nicht die kleinste Beschleunigung.

Beim Eintreten eines Vorgesetzten in den Aufenthaltsraum hatten alle aufzuspringen. Der Stubenälteste musste Meldung machen. Etwa so: »Genosse (Dienstgrad!!!), Stube 8 beim Zeugdienst!« Wenn uns Schurz aufsuchte, blieben alle wie angewurzelt sitzen. Keiner machte Meldung. Auch dann noch nicht, wenn er uns irgendetwas Wichtiges mitzuteilen hatte. Wütend herrschte er uns dann an: »Stehn Se hoch, wenn ich mit Se rede!« Schließlich schraubten sich die Riesen betont langsam, lässig in die Höhe, um Schurzens Anweisungen zu lauschen.

Auf alle Fälle verschlechterten sich unsere Beziehungen mit der Zeit immer mehr. Irgendwann aber haben wir von einem Tag auf den anderen unser Verhalten ihm gegenüber radikal geändert. Ob er uns schließlich leid tat? Jetzt machte jeder zackig Meldung und grüßte dienstbeflissen, sobald Schurz sich zeigte. Wenn er unsere Stube betrat, sprang alles hoch und stand stramm. Jede Anweisung quittierten wir mit gespieltem Übereifer: »Zu Befehl, Genosse Gefreiter!« Schurz war doch nur Soldat!

Er bemerkte unseren Sinneswandel bald und versuchte ebenfalls, gut zu uns zu sein. Wenn er uns auch gelegentlich weiterhin zu Strafrunden abkommandierte, so war das schon nicht mehr ganz ernst gemeint. Wir aber rasten nun wie die Besengten um das zu umrundende Objekt. Schurzens besorgter Hinweis »Se brochen doch nich so schnell zu lofen« hielt uns nicht von unserem Eifer ab. Auch nicht davor, ihn bei jeder sich bietenden Gelegenheit »Genosse Gefreiter« zu nennen und immer wieder »Zu Befehl, Genosse Gefreiter« zu antworten. Schon fürchteten wir, dass ihm eines Tages ein Licht aufgehen und er unseren Übereifer als Verscheißerung erkennen würde. Eines Tages dann – es war der schönste Tag in unserem Zusammenleben mit ihm – verkündete er uns leutselig:

»Genossen, Se sagen schon immer Gefreiter zu mich. Das macht nichts. Ich bin zwar noch keinen, aber ich werde ja bald einen. Deshalb dürfen Se auch jetzt schon Gefreiter zu mich sagen.«

Schurz ist tatsächlich irgendwann einmal Gefreiter geworden. Etwa zehn Jahre nach diesen Begebenheiten hat Gerd-Erich Neumann, einer unserer damaligen Kameraden, der es inzwischen bereits bis zum »Kaleu« (Kapitänleutnant = Hauptmann) gebracht hatte, unseren Schurz wiedergetroffen. Gefreiter Schurz! Er hatte also doch »Karriere« gemacht und war wirklich einer geworden. Oder geblieben: »Gefreiter Schurz«!

Mit der Zeit wurden wir auch im Umgang mit unseren übrigen Vorgesetzten »lockerer«.

Eines Tages hatte Unteroffizier Jacob, Zugführer im 3. Zug, unsere Kompanie in den Speisesaal zum »Backen und Banken« zu führen. Quakte da doch einer aus dem zweiten oder dritten Zug, wie es die Papageien tun: »Jacob, Jacob!«

Unteroffizer Jacob schien »not amused«. Zur Strafe ließ er uns eine Ehrenrunde drehen, statt uns zum Essen zu entlassen. Kaum war diese Ehrenrunde beendet und das Einrücken in den Speisesaal lag in Reichweite vor uns, da quakte es wieder: »Jacob ...!« Es mussten mehrere Ehrenrunden absolviert werden, bis er uns trotz aller »Jacobs« doch noch zum Essen einrücken ließ. Hatte nun der Klügere nachgegeben oder hatte sein Hunger über seinen Stolz gesiegt? Das bleibt ewiges Geheimnis von Unteroffizier Jacob.

Einmal in der Woche, nach dem Großreinschiff, war Kammerkontrolle. Da wurde die Sauberkeit im Allgemeinen und der Spind- und Kojenbau im Besonderen inspiziert. Zwei Mann teilten sich einen schmalen Spind, der am Fußende eines jeden Doppelbettes stand.

Zwei solcher Betten- und Spindreihen waren in unserem riesigen Schlafsaal. Zwischen diesen Schrankreihen verlief ein langer Gang. Wenn der Spieß pfiff und ausrief »Ronde – alles vor die Spinde!«, dann nahm jede Spindbesatzung vor ihrem Kleiderschrank Aufstellung. Einer der Zwei hatte dem Inspizierenden, meist war es der Kompanieführer, Meldung zu machen. Mein Spindgenosse war Manfred Maul. Der war nicht nur länger als ich, sondern auch »größer«, das heißt klüger und disziplinierter. War sicher auch besser erzogen. Hatte wohl nicht meine »schwere Kindheit« gehabt ...

Da ich aber über das größere Mundwerk verfügte, durfte ich vor unserem Spind Meldung machen: »Spind der Matrosen Borbe und Maul!« Daraus entspann sich häufig ein lockerer Disput zwischen dem Matrosen Borbe und Leutnant Alfons Bethig.

Ich hatte schon Glück, dass ein so sympathischer Vorgesetzter meine nächsten Wochen und Monate versüßen sollte. Bethig ließ sich augenscheinlich gern in ein Gespräch mit mir ein ein. Unserem Kompanieführer saß auch der Schalk im Nacken.

Wieder hatte er an der Faltung und an der Lagerung meiner Unterwäsche etwas auszusetzen. Da begründete ich die Ursache für meine Abweichung von der Norm: »Das ist eben meine persönliche Note, Genosse Leutnant«. Das überzeugte.

Ich hatte schon auf die »sozialistische Wunderwaffe« Spind- und Kojenbau hingewiesen. Die Kojen (Betten) mussten nach einheitlichem Muster hergerichtet, »gebaut« werden. Das Laken war an den Seiten und Enden unterzuschlagen, Kopfkeil unter dem Laken. Die Kanten waren besonders herauszuarbeiten. Da entwickelten sich mit der Zeit Fertigkeiten und Kniffe. Am Übergang von der Ebene der Koje zum Kopfkeil legte man ca. 10 cm breite, feste Pappstreifen unter, um die Kante besonders zu betonen.

Die Unterwäsche im Spind musste ebenfalls auf Kante gefaltet werden. Auch da machte sich der Einsatz von Pappstreifen bezahlt. Ich perfektionierte dieses System für Faule, indem ich meine Streifen aus Pappe viel breiter als üblich machte. So brauchte ich nicht so viele Unterhemden herrichten und konnte hinter den breiten Papperücken viele meiner Wäschestücken einfach hineinstopfen, ohne sie ordentlich falten zu müssen. Ich glaube beinahe, dass ich mit dieser Methode gut durchgekommen bin.

Oben auf dem Spind lagerten »großes und kleines Sturmgepäck« (Rucksack, Zeltbahn, Brotbeutel, Kochgeschirr, Feldflasche). Unsere Ausbilder versuchten, uns das Gefühl zu geben, wir seien auf einem riesengroßen Schiff. Alle Gegenstände, Begriffe und Anordnungen hatten deshalb maritimen Charakter, z.B. »Oberdeck, Stillgestanden!«, »Ausrichten nach Decksnaht!«

Alles Gelände außerhalb unseres Objekts war »Land«. Ausgang hieß aus diesem Grunde »Landgang«. Also war es auch selbstverständlich, dass selbst ein auf festem Land stehendes Bett als »Koje« bezeichnet worden ist.

Zu den weiteren »Merkpunkten« in Parow gehörte auch der erste Zahltag. Das karge Mittagessen versüßten wir uns nun regelmäßig mit Kuchen und Vollmilch vom Kiosk.

Mit den jungen Mädchen in der Verkaufsstelle hatten wir es uns von Anfang an verdorben. Einer aus unserer Riege blickte einmal auf die eigentlich hübschen Beine einer der Verkäuferinnen, murmelte dabei aber laut und lässig vor sich hin: »Ich habe ja nichts gegen Beine. Aber Handgranaten gehören an die Front.«

Also, hier gab es für uns nichts mehr zu gewinnen!

Unsere Hoffnungen gipfelten in der Sehnsucht nach dem ersten Landgang. In vier Wochen sollte das sein.

Von dem ersten »selbstverdienten« Geld besorgten wir uns ein »Seemannsgrab«. Das war ein kleiner Metallanhänger mit den Symbolen Herz, Kreuz und Anker, als Amulett an einer Halskette zu tragen. Wir wollten doch an Land wie echte Seemänner auftreten.

Ein Fotoapparat der Marke Werra II im Wert von ungefähr 250 Mark konnte nun endlich auch als Nachfolgeinvestition meine alte Pouva Start ablösen. Die ging, wie ich mich erinnern kann, in den Besitz einer meiner jüngeren Brüder über.

Unser PV teilte uns eines Tages nach einem Appell mit, dass die Regierung der Deutschen Demokratischen Republik festgelegt habe, wie die Besoldung der Angehörigen der bewaffneten Organe zu erfolgen sei. Der Sold sollte die Höhe eines Facharbeiterlohnes betragen. Da wir weder für Unterkunft und Verpflegung noch für Kleidung Geld auszugeben hatten, waren wir finanziell sogar noch viel besser gestellt als ein Facharbeiter »an Land«. Das stellte er als eine bedeutende soziale Errungenschaft dar.

Mich beschlich bei seinen Ausführungen ein mulmiges Gefühl. Mir war das peinlich. Dieses Geld hatte für mich einen Makel. Es roch mir nach Landsknechtslohn. Für meinen Dienst am Volke beanspruchte ich keinen Lohn. Er war mir Ehrensache! Das war auch der Grund dafür, dass ich von meinem Geld nichts sparen mochte. Ich habe immer alles ausgegeben.

Das wenigste behielt ich für mich. Meinen Eltern und Geschwistern habe ich großzügige Geschenke gemacht, so dass von dem »Sündengeld« schließlich nichts übrig geblieben ist.

Erst im Laufe der Zeit hat sich meine moralische Entrüstung gelegt. Geblieben ist aber dennoch nichts von diesem Geld, fast nichts.

Man hatte uns Anfang 1955 zu einem regelmäßigen Aufbausparen animiert. Dauer ein Jahr. Monatlich 10 DM waren gegen eine Sparmarke einzutauschen und in ein spezielles Sparbuch einzukleben. Dieses Sparbuch sollte im Herbst 1957 einzige materielle Grundlage für mein Leben im zivilen Sektor sein. Da ich eine der Sparmarken »versiebt« hatte, betrug mein Startkapital sogar nur noch 110 DM. Selbst von diesem Wenigen wollte ich mich Ende 1955 trennen.

In dieser Zeit gab es verschiedene Thälmann-Ehrungen. Das Ufer am Strelasund erhielt den Namen *Thälmann-Ufer*. Zusätzlich zu dieser Maßnahme sollte ein *Thälmann-Denkmal* errichtet werden. Da ich bei meiner Großzügigkeit kaum noch über Barmittel verfügte, wollte ich mein Aufbau-Sparbuch in den Spendentopf werfen. Meinem Zugführer Ewald Richter gelang es schließlich, mich wieder zu Vernunft zu bringen. Ich habe das Sparbuch behalten!

Eine weitere soziale Zuwendung für die bewaffneten Organe war das Entlassungsgeld nach Beendigung der dreijährigen Dienstzeit in Höhe eines halben Monatslohns. Dieses Entlassungsgeld steigerte sich im Verhältnis zu den Dienstjahren. Nach 25 Jahren entsprach es einem vollen Jahreslohn! Diese Geldsummen spielten in unseren Überlegungen damals noch keine Rolle.

Erst mit Dauer meiner Dienstzeit und vor allem danach, als ich mein Geld durch harte, langwierige Arbeit und oft unter Entbehrungen verdienen musste, hat sich mein Verhältnis zum Geld grundsätzlich gewandelt. Andere »Dreijährige«, so Atze Braunsdorf aus meinem späteren Räumboots-Verband, hatten sich im Laufe ihrer Dienstzeit Beträge bis zu 6.000 DM zusammengespart!

An Land war Atze genau so lustig wie alle anderen. Erstaunlicherweise! Es ging also auch anders.

Bereits in unseren ersten Parower Tagen war uns eröffnet worden, dass es bald einen Nachtalarm geben würde. Deshalb beherrschten uns jeden Tag, vor allem aber jede Nacht, Spannung und Anspannung. Bei der geringsten nächtlichen Störung schreckte man hoch: Alarm? Tage vergingen und immer noch hatte es keinen gegeben. Die Anspannung wurde dadurch nicht geringer. Im Gegenteil. Die Nervosität wuchs von Nacht zu Nacht.

Eines späten Abends kamen wir aus dem Kino. Einige wenige, die nicht mit im Kino waren, hatten sich derweil schlafen gelegt. Bei unserem lauten Eintreffen wurden sie wach.

»Ist Alarm?«, fragte *Lotte* (Lothar) Winter und rieb sich verdutzt die Augen. Alarm – alle waren schon angezogen und er lag noch immer in der Koje. Davon war er nun überzeugt! Er war der Letzte! Wie eine Rakete schoss er aus der Schlafstellung in die Ausgehuniform. Wir ergötzten uns weidlich an seiner Not und wirbelten betont hektisch zwischen den Spinden hin und her, noch weitere Unruhe verbreitend.

»Beeil dich, du bist der Letzte!«

»Kannst du mir mal beim Exkragen helfen?«, bat ich ihn scheinheilig. »Nein, ich bin doch schon der Letzte«.

Als er schließlich soweit war und in Richtung Ausgang lief, kleines Sturmgepäck in der Hand, rief es aus irgendeiner Ecke: »Großes Sturmgepäck!«

Er nun noch einmal zurück, schnappte sich das große Sturmgepäck von seinem Spind und verschwand nach draußen in die Nacht. Da stand er dann, ganz, ganz allein ...

Wie lange? Auf alle Fälle brauchte er eine ganze Ewigkeit, wie es uns schien, um zu erfassen, dass er »geleimt« worden war. »Gelascht«, wie er es auszudrücken pflegte.

Endlich kam er zurück, von seinen grinsenden Kameraden empfangen: »Ihr Ärsche, und wenn nun doch Alarm kommt, dann bleib ich liegen. Das habt ihr davon!«

Ja, das hatten wir nun davon. Ein paar Tage noch hat er mit uns gegrollt. Schließlich musste er sich und uns eingestehen, dass unser »Alarm« doch eine tolle Leistung gewesen war.

Neben Uniform, Gleichschritt, Spind- und Kojenbau gehörte der militärische Haarschnitt zu den Grundpfeilern einer sozialistischen Armee. »Alles ab zum Haareschneiden!« Den berüchtigten »Topfschnitt« gab es hier – Gott sei Dank! – nicht. Man war auch nach dem Friseurbesuch noch wiederzuerkennen.

Und dann noch etwas, was man sich heute kaum vorstellen kann.

Im Jahre 1954 war Deutschland schon fünf Jahre gespalten. Beide Weltsysteme standen sich unversöhnlich gegenüber. Und doch lebte noch immer der Traum von einem Gesamtdeutschland in der (ost-) deutschen Politik.

Bei der Vereidigung im August 1954 wurden wir auf »Deutschland« eingeschworen. Auszeichnungen waren mit den Worten »Ich diene dem deutschen Volke!« zu quittieren.

Bald änderte sich das. Dann hieß es: »Ich diene der Deutschen Demokratischen Republik!«

Nun noch ein Wort zu den ganz hohen Vorgesetzten in der Dienststelle Parow.

Sie waren zum Teil Seeoffiziere der deutschen Kriegsmarine. Aktive Kriegsteilnehmer. Überaus zackige, markige Gestalten. Ein gewisser Heldennimbus umgab sie. Schon aus Ehrfurcht kamen wir ihnen nie zu nahe. Wir konnten aber ihre Stimmen vernehmen, die laut über das Ausbildungsgelände hallten. Herausragend war Kapitänleutnant Koczinarcik (so etwa wird er sich geschrieben haben).

Einer der ganz »Hohen« soll sogar ein Besatzungsmitglied des legendären Blockadebrechers »Emden« gewesen sein.

Dann gab es auch noch den Obermaat Fricke! Ein Hüne von Gestalt. Eine Institution und eine Autorität! Wehe, wenn ihn jemand übersah und vergaß, ihn zu grüßen.

Landgang

Nach vier Wochen gab es den ersten Landgang.

Der begann nach einem sich über die Jahre kaum veränderten Ritual: »Landgänger heraustreten zur Landgangsmusterung!« In einer Reihe standen sich die Landgänger gegenüber und wurden vom Spieß oder vom Kompaniechef persönlich »gemustert«. Das ging so vor sich: Der Musternde schritt die Front der Landgänger ganz gemächlich ab. Blick auf die blank gewichsten schwarzen Halbschuhe. Mit derselben Gründlichkeit schritt er dann auf der Rückseite die Front ab. »Rechtes Bein nach hinten anheben!« Dann überprüfte er, ob auch der Steg der Halbschuhe, das ist das Stück zwischen Sohle und Hacken, gleichfalls fett schwarz glänzte. Wer käme an »Land« auf eine solche Idee, seine Schuhe auch unten mit schwarzer Schuhcreme einzuschmieren?

Manchmal forderte der Landgangsmusterer auch nur: »Fuß anheben!« Dann zeigte man den Schuh, dessen Steg tatsächlich schwarz war. Den anderen hatte man »unbehandelt« gelassen. Wozu das gut war, lässt sich weder heute noch ließ es sich damals erklären. Eben Unfug!

An den Uniformstücken hatten selbstverständlich immer alle Knöpfe dran zu sein und fest zu sitzen. Wenn ein Knopf am Kolani abgegangen war, konnte man sich schnell behelfen, ohne ihn in langwieriger Heimarbeit annähen zu müssen. Diese Knöpfe hatten auf der Rückseite einen Ring, der anzunähen war. War der Knopf abgerissen, dann hielt man ihn von außen ans Knopfloch und sicherte ihn mittels eines Streichholzes, das auf der Rückseite durch den Ring geschoben wurde. So saß der Knopf fest.

Es kam selten vor, dass dieser Schwindel entdeckt wurde. Nach zwei oder gar drei derart gesicherter Knöpfe verordnete man sich aber schon selber eine Putz-, Flick- und Nähstunde.

Wer weiß eigentlich, dass der Kolani, das warme, hüftlange Marinejackett, aus der Familie (Vater oder Großvater) von Luigi Colani, dem umjubelten wie umstrittenen Star-Designer, stammt?

Kamm- und Taschentuchkontrollen waren obligatorisch. Fingernägelkontrollen gelegentlich. Vom Haarschnitt ganz zu schweigen. Die »freundschaftlichen« Hinweise zur Sicherstellung des militärischen Haarschnitts durchdrangen jeden einzelnen Tag, so dass er bei der Landgangsmusterung kaum noch ein Thema war.

Die blauen Schlaghosen mussten wegen der minderwertigen Stoffqualität häufig gebügelt werden. Zur Verstärkung der Bügelfalte haben wir die Innenseite einfach mit einer harten Seife eingerieben, bevor sie mit Bügeleisen auf nassem Tuch auf Form getrimmt wurde.

Unsere Landgangsnachmittage in Stralsund verbrachten wir zumeist in kleinen Gruppen und recht seriös in den renommierten Lokalitäten.

Ich war häufig mit Hans Montag und Hans Lenck unterwegs. Unser Lokal war ein gediegenes Restaurant an der linken Ecke am großen Rathauskomplex. Das ist direkt gegenüber vom »Goldenen Löwen«. Hieß es Stadtcafe? Niemand will oder kann sich heute noch daran erinnern. Ich denke, dass sein Name so gewesen sein könnte.

Erster Landgang im Stralsunder Hafen.

v. l.: Kurt Dzarnowski, Aribert Perzel, Helmut Theodor, Lothar Winter, Dieter Sieler, Gerd Peters.

Beim Betreten eines Lokals machten wir stets zackig Grußerweisung: Hand an die Bändermütze, dann mit der rechten Hand Mütze ab und in die linke Hand übergeben beziehungsweise unter den linken Arm eingeklemmt. Erst dann hängten wir Mütze und Kolani an den Garderobenständer und steuerten einen freien Tisch an.

Das muss doch Eindruck gemacht haben!

Wir verzehrten jedes Mal ein riesiges Hamburger Schnitzel und tranken dazu einen Schoppen süßen ungarischen Rotwein der Marke »Promontor«. Große Auswahl an Weinen gab es nicht zu damaliger Zeit. »Wermut di Turino«, Import aus Italien, galt bereits als eine Sensation. Mehr konnten wir auch nicht trinken als große Sportler. Rauchen kam sowieso nicht in Frage.

In weniger vornehmen Lokalen »vergriffen« wir uns hin und wieder sogar am Bier! Das »gute« Stralsunder Helle. Manchmal soffen wir das aus Stiefeln. Das gemeinschaftliche Stiefeltrinken in lustiger Runde war aber mehr eine Mutprobe. Geschmack konnten wir dem Ganzen nicht abgewinnen. Wir hatten auch das Gefühl, dass dieses Bier neben seinem unangenehmen Geschmack auch außerordentlich wassertreibend war:

Trinkt das gute Stralsunder Bier.
Man trinkt drei und pisst vier!

So lästerten wir. Einfaches helles Bier war in dieser Zeit wegen des Mangels an guten Rohstoffen generell von mäßiger (und bis zur Wende 1990 von sich ständig verschlechternder) Qualität.

Landgangsende war immer 24.00 Uhr. Erst für Längerdienende änderte sich das auf »Zum Dienst«. Unter der Berufsgruppe der Längerdienenden entwickelte sich sogar die Kaste der »Heimschläfer«. Davon waren wir nun doch noch eine Weile von ab. Wir verschwendeten auch keinen Gedanken daran.

»Stadtcafe« und »Goldener Löwe« (»Gelber Hund«) besuchten wir inzwischen immer seltener. Abends waren Tanzlokale unser Ziel: »Trocadero« (TRO), »Pommerngarten« und »Ratsweinkeller« (RWK).

Der TRO war sehr seriös. Kabarettvorführungen und anderes Kulturelles. Nichts für mich.

Der »Pommerngarten«, ein riesiger »Bumsschuppen« mit einfachen Gartenmöbel, das war schon was. Er lag aber sehr weit außerhalb des Stadtzentrums.

Der Besuch des Ratsweinkellers (RWK) war von der obersten »Heeresleitung« allerdings nicht erwünscht. Natürlich ging ich zum RWK! Dort, im sogenannten »Tittenkeller«, ging die Post ab! Kein Wunder, dass uns der Besuch des Ratsweinkellers nicht gerade empfohlen wurde. Da wurden Lieder gespielt!

Das alte Haus von Rocky Tocky hat vieles schon erlebt,
kein Wunder, dass es zittert, kein Wunder, dass es bebt.

...

Mein roter Bruder wohnt in Arizona ...

...

Wir bauen uns ein Häuschen im schönen Kanada,
wir jagen da nach Bären, denn es sind so viele da ...

Wenn ich zu der Zeit gewusst hätte, dass meine Familie mütterlicherseits, also Mama Hedwig, meine mir damals noch unbekannten Geschwister Ricarda, Ingrid und Herman sowie Tante Lene und Onkel Max aus Nürnberg, genau in dem Monat, als ich in Parow anfing, in Kanada an Land gegangen war (und das für immer!), dann wäre ich wohl vor Stolz geplatzt.

Mindestens einmal am Abend spielte die Kapelle »La Paloma«:

... falle ich einst zum Raube dem wilden Meer,
fliegt eine weiße Taube zu Dir hier her ...

Bei Einsetzen der ersten Takte zu diesem Lied leerte sich die Tanzfläche urplötzlich. Alle »echten« Seemänner gingen mit ihren Mädels an die Tische zurück.

Das war ein ungeschriebenes Gesetz. »La Paloma« sollte eine Ehrung für alle auf See gebliebenen Kameraden sein. Ein Hymnus – und dazu tanzt man nicht. Tanzen durften nur noch Urlauber.

Falls dennoch gelegentlich ein Marineangehöriger zu tanzen wagte, dann war es mit Sicherheit einer dieser »Landeier« mit dem Vermerk »KD« (Küstendienst).

Schwedenschanze

Nach insgesamt sechs Wochen Grundausbildung in Parow hieß es: Abmarsch nach Stralsund. Auf zur Schwedenschanze! Die dortige Seeoffiziersschule sollte nun für drei Jahre unser Heim werden.

Bei meinem Abschied von Parow nahm ich auch von einem Stück Kindheitserinnerung und von einem Helden aus meinen Kindertagen Abschied. Im Jahre 1942 hatte ich in Hamburg den Film »Reitet für Deutschland« mit Willy Birgel gesehen.

Wir Geschwister spielten in unserem Schlafzimmer seinen Sturz vom Pferd immer und immer wieder nach.

In dem Film wird das Leben von Carl-Friedrich Freiherr von Langen auf Gut Parow geschildert. Von Langen war nach seinen Kriegsverletzungen im Jahre 1918 teilweise gelähmt. Um sich zu beweisen und vor allem, um mit dem Preisgeld sein hoch verschuldetes Gut vor dem Konkurs zu retten, startete er im Jahre 1924 als erster deutscher Reiter nach dem Kriege beim »Großen Preis von Europa« in Genf. Von Langen gewann, bekam das Preisgeld und rettete damit sein Rittergut. Nachzutragen ist noch, dass von Langen auch bei den Olympischen Spielen im Jahre 1928 trotz dieser Lähmung Doppelolympiasieger geworden ist!

Ich hatte bis dato nicht gewusst, dass Carl Friedrich von Langen ein Parower gewesen ist. Nie hätte ich davon geträumt, meinem Helden aus der Kindheit einmal so nahe zu sein.

Carl-Friedrich Freiherr von Langen starb jung durch einen Sturz vom Pferd. Die Familie von Langen war von 1775 – 1945 Besitzer von Gut Parow. Heute erinnert eine Gedenktafel am renovierten Gutshaus an Parows berühmten Sohn.

Unsere Freizeitgewohnheit behielten wir auch bei, als wir endlich in Stralsund waren.

Bei jedem Landgang kosteten wir die wenigen Momente Freiheit bis ins Extreme aus. Man blieb bis zur allerletzten Minute im Lokal. Dann aber ging es im Laufschritt über Sarnowstraße und Große Parower Richtung Schanze. Am Ende der Sarnowstraße hatte man Max Steinfurth, die kleine Kneipe in dem roten Backsteingebäude rechts voraus, gewissermaßen als »Ansteuerungstonne«. Dann »Kursänderung« um 90 Grad nach Steuerbord. Wenn bei Max Steinfurth noch wenigstens sieben Minuten bis zum Zapfenstreich waren, dann hatte man es geschafft.

Zu spät gekommen bin ich nie. Wir konnten aber auch rennen! Die Bändermütze unterm Arm. Die Mützenbänder standen quer nach achtern ...

Da wir uns normalerweise nur wenig alkoholhaltiger Getränke bedienten, traten wir den »Heimflug« in der Regel stocknüchtern an. Im Lokal taten wir dennoch recht lustig. Das war irreführend, verräterisch! Nicht immer fanden wir dafür wohlwollende Blicke bei den häufigen Lokalkontrollen durch Streife und Politoffizier.

Einmal war ich unserem vergnatzten Politoffizier unliebsam aufgefallen. Hatte ich etwa in der Öffentlichkeit geknutscht? So genau weiß ich das heute nicht mehr. Jedenfalls verpasste er mir Lokalverbot und befahl mir, mich schleunigst zu verabschieden und mich unverzüglich im Objekt zurückzumelden. Er sah auf seine Armbanduhr und nannte mir eine Zeit: 23 Uhr! Kurze Zeit später traf er mich immer noch an. Es war bereits gegen 22.45. »Sie sind ja immer noch hier«, schnauzte er mich an. Ich ganz »cool«, wie man heute zu sagen pflegt: »23.00 Uhr haben Sie doch gesagt.« Dann nahm ich gelassen mein Mädel in den Arm und ging betont langsam nach draußen. Aber nicht in Richtung Markt und Schwedenschanze. Wir schlenderten provokatorisch gemächlich in die Badenstraße, genau in die entgegengesetzte Richtung. Äußerlich tat ich ruhig, innerlich aber war ich voller Anspannung. Als wir Zwei schließlich außer Sicht waren, nahm ich meine Mütze unter den Arm und meine Beine in die Hand und rannte wie um mein Leben.

Pünktlich auf die Minute ging ich durchs »Ziel« und durchs Kasernentor. Als der Polit sich am nächsten Morgen am Tor nach Landgangsüberschreitern erkundigte, war mein Name nicht dabei. Das hat ihn sichtlich gewurmt. Ich aber konnte mir ein »unauffälliges« höhnisches Grinsen nicht verkneifen.

Die Schwedenschanze war ebenfalls ein altes Marineobjekt aus früheren Zeiten. Klobige, große Backsteingebäude dienten als Unterkünfte. Daneben existierten ein paar einstöckige Gebäude und Flachbauten aus der neuen Zeit.

Unsere Unterkunft lag in der Nähe des Kasernentores. Der Wohnkomfort war auf den ersten Blick besser als in Parow. Nur ein

Zug zu 30 Mann in einem Raum. Hier gab es keine Doppelstockbetten mehr.

Dieser scheinbare Vorteil sollte sich aber schnellstens als Nachteil erweisen. Jetzt galt alle Kraft dem Kojenbau. Der nahm schließlich groteske Züge an. Keine Falte durfte auf dem Bettlaken zu sehen sein. Mit unterschiedlichen Papp- und Sperrholzplatten wurden Kniffe und Kanten markiert. Ganz Akkurate legten sich während der Pausen neben ihre Koje, damit ihr Kojenbauwerk ja keinen Schaden erleide. Jeder hatte einen eigenen Spind. Das Falten der Wäsche musste weiterhin mit Akribie durchgeführt werden. Eine wichtige Neuerung war zu beachten. In jedem Spind befand sich ein kleines Fach, das mit einem Vorhängeschloss zu verschließen war. Wertsachen, so welche vorhanden, waren in diesem Fach unter Verschluss zu halten. Das war Vorschrift. Zuwiderhandlung galt als »Verleitung zum Kameradendiebstahl« und konnte bestraft werden.

Das harte, aber sportliche und faire Leben in Parow wurde nun vom militärisch geführten Lerndrill und von organisiertem Selbststudium abgelöst: Lektionen hören, Notizen in vorgeschriebene dicke feste Kladden im A 4 Format eintragen, Geheimhaltung beachten.

Es gab VS und GVS. Das waren die Kürzel für Verschlusssache und Geheime Verschlusssache. Wir machten uns einen Spaß daraus, noch weitere und größere und »wichtigere« Geheimhaltungsstufen zu erfinden: MZL = Mit Zue Augen Lesen! oder sogar VLE = Vor dem Lesen Erschießen!

Unsere sogenannten VS-Kladden sind sofort nach einer Lektion oder nach dem organisierten Selbststudium eingesammelt und in einer VS-Stelle sicher gelagert worden. Die VS-Stelle wurde von einem höheren Dienstgrad, zumeist einem Obermeister, geführt und nach Dienstende versiegelt.

Als ich einmal zur Mittagspause mit meinem Stapel VS-Kladden zu spät bei der VS-Stelle eintraf, legte ich den Stapel einfach vor die verschlossene Tür. Darauf einen Zettel: »Bitte, nicht stemmen!« Das bedeutete: weder klauen noch stehlen.

Als ich zurückkam, war die Tür immer noch versiegelt und verschlossen. Meine VS-Kladden lagen unberührt davor.

Wenn meine Widerhandlung gegen die sozialistische Wachsamkeit bemerkt worden wäre, dann hätte das ein gewaltiges disziplinarisches Nachspiel haben können. Haben müssen!

Unterrichtet wurden wir in erster Linie von Offizieren.

Die Theorie des Kreiselkompasses erfuhren wir von Oberleutnant Wäsche. Kreiselkunde bei Wäsche machten wir aber schnell zu »Wäschekunde« bei Oberleutnant *Kreisel.*

Ähnliches vollzog sich im Fach Artilleriewesen. Geübt wurde an der Schweizer 2-cm-Flak Oerlikon. Sie erinnerte daran, dass auch die neutrale Schweiz an Hitlers Krieg mitverdient hatte.

Unser Fachlehrer war ein Oberleutnant, den wir kurzerhand in Oberleutnant *Oerlikon* umtauften.

Das Schießen war rein platonisch. Ohne Munition. Nur einfaches Geschützexerzieren: »Nummer wechselt um!«, »Einmal alte Nummer!« und so weiter. Kam dann endlich der Befehl »Feuer!«, dann rief der Schütze: »Schuss, Schuss, Schuss.« Und fertig. Alles ging ohne Knall vonstatten. Wäre das nicht einen Lehrfilm wert? Für all die großen und kleinen Schießer und Krieger in der Welt!

Das Geschützexerzieren stellte die höchste Stufe der Waffenausbildung dar.

Den größten Raum nahm die Ausbildung am Karabiner und an der Maschinenpistole (MPi) sowjetischer Bauart mit ihrem unverwechselbaren Trommelmagazin ein. Immer war sie verbunden mit dem Verlesen der dafür zuständigen Dienstvorschrift, mit der Erläuterung der Wirkungsweisen, der Beschreibung der Einzelteile und dem immer wiederkehrende Auseinandernehmen und Zusammensetzen der »Braut des Soldaten«, wie ein Karabiner auch bezeichnet werden sollte.

Dann die Ballistik, die Wissenschaft von der Flugbahn eines Geschosses.

Über die Ballistik wird seit Generationen ein Witz erzählt. Ein preußischer Unteroffizier erklärt den Verlauf der ballistischen Kurve vom Abschuss des Geschosses bis zum Auftreffen auf den Boden. Meldet sich ein Rekrut, der anfragt, was geschieht, wenn das Geschoss aber in einem Gewässer niedergeht. »Das wäre dann Sache der Marine«, entgegnete ihm der »Uffz« – nach einer längeren Denkpause.

Einen unserer lehrenden und erziehenden Offiziere nannten wir *Hamschterbacke.* Auch er war ein anständiger Mann, von stattlicher Gestalt, aber mit wirklich dicken Wangen. Neben diesem körperlichen Merkmal hatte er auch noch eine sprachliche Besonderheit. Er sprach jedes *ST* wie *SCH*. Nicht nur *Schtuhl*, *Schtein* und *Schtolz*, sondern auch *Hamschter*, *Ballischtik*, *Oberscht* und *Pischtole*.

Ohne seinen »Aussprachefehler« hätten wir ihn in Anspielung auf seine dicken Backen mit Sicherheit nur Oberleutnant »Hamsterbacke« genannt. Durch die Bank waren unsere Ausbilder schon urige, sympathische Typen. Wir aber auch!

Eine Russischlehrerin im Range eines Majors war wohl eine echte Russin. Sie grüßte uns jeden Morgen so: »Guten Morgen, Genossen Kursanten!« *Kursanten* – so hießen die sowjetischen Offiziersschüler.

Die Voraussetzungen der Kursanten im Fach Russisch waren sehr unterschiedlich, von ausreichend bis schlecht. So sehr die Genossin Majorin sich auch um uns bemühte, viel Freude konnten wir ihr nicht machen.

Ich erinnere mich daran, als *Kalle* Richter ihr »22 Schüler« (Dwadzatj dwa utschenika) in »zwazatj zwa utschitelja« übersetzt hatte. Unser Unwissen konnte uns aber nicht vom Spaß abhalten. Da die liebe Frau nicht maritim vorgebildet war, übersetzte sie uns einen russischen Text über einen Affen, der sich auf einem alten russischen Segelschiff von Rah zu Rah schwang, wörtlich: »Er schwang sich von Querbalken zu Querbalken.« Eben genauso wortgetreu, wie *Perekladina* im Wörterbuch als *Querbalken* steht.

Es gab auch einige zivile Lehrer an der Schwedenschanze. Eugen Hauprecht kannte ich sogar aus meiner Heimat Neuhaus/Elbe. Er mich aber nicht. Eugen Haubrecht war ursprünglich ein Bayer. In Neuhaus hatte er sich nach dem Kriege als Musiker durchgeschlagen. Was er hier unterrichtete, ist mir leider entfallen.

Ihm wie auch allen anderen zivilen Lehrern musste militärisch Meldung gemacht werden: »Guten Morgen, Genosse Hauptfachlehrer!«

Beim bärenstarken Örtel erfuhren wir die Geheimnisse von Minen und Torpedos und konnten sogar in deren Innenleben schauen.

Die Minenwaffe zum Beispiel war durch die sowjetischen Ankertaumine KB (*Korabl Bolschoi* = Großes Schiff) vertreten. Lichtmorsen und Funken standen ebenfalls im Lehrplan. Das Morsealphabet aus Strichen und Punkten war relativ leicht zu begreifen.

Eselsbrücken erleichterten das Lernen obendrein. Den Buchstaben L = . _ .. (kurz lang kurz kurz) merkten wir uns als *ein Leck im Schiff*. F = .. _ . (kurz kurz lang kurz) hieß *Ficke du sie*. Unanständig! Ich kann's nicht ändern. War ja auch nicht mein Einfall. Aber eingeprägt hat es sich.

Das Funkerlied mit dem Refrain *»... und alle Madel singen mit: dit da dit dit, dit da dit dit«* habe ich leider vergessen. Dieses Lied muss aber ebenfalls bereits aus vorsozialistischen Zeiten stammen. Noch übten wir mit der Klappbuchse.

Für den Dienst an Bord konnten wir uns auch schon mit der großen, schweren Varta-Lampe vertraut machen.

Das Geben mit der Funkertaste und das Hören mit Kopfhörern machten – bei sich ständig steigerndem Tempo – allerdings Probleme. Immer weniger von uns waren schließlich in der Lage, den hohen Ansprüchen zu genügen. Ich lag wohl so im hinteren Mittelfeld. Beim Lichtmorsen zeigten sich ähnliche Probleme. Schnell hatten wir aber geschnallt, dass sich das Lichtmorsen mit der Taschenlampe überall in der Öffentlichkeit gut als Geheimsprache eignete. Dadurch wurde dieses Unterrichtsfach spannender.

Das Morsen konnte auch ganz ohne technische Hilfsmittel durchgeführt werden. Ebenfalls am Tisch. Mit der Fingerspitze auf den Tisch klopfen, bedeutete *Punkt* (= kurz). Die Faust auf die Tischplatte entsprach einem *Strich* (= lang). Das war dann »Tischmorsen«, das sich bei unseren Einsätzen an der »Weiberfront« bestens bewährte.

Am Ende einer Meldung, gleich ob Licht- oder Tastmorse, kamen die Buchstaben *A* (kurz lang) und *R* (kurz lang kurz) mit der Bedeutung *»Alles raus!«*

Ebenso spannend war das Winken nach dem Winkalphabet.

Dazu wurden Winkflaggen benutzt. Zwei quadratische, weiße Flaggen mit breitem rotem Rand. Gedacht war diese Art der Kommunikation zwischen im Verband fahrenden Kriegsschiffen. Das war die Aufgabe der Signäler, eigentlich *Signalgast*.

Auch damit machten wir uns manchen Spaß und versuchten, uns in der Öffentlichkeit »unbelauscht« zu unterhalten. Meistens handelte es sich bei diesem Informationsaustausch ebenfalls um Mädchen.

Bei der (Kriegs-) Marine wurde das nationale Winkalphabet verwendet. Für die Handelsflotten gab es demgegenüber ein internationales Winkalphabet.

Es verwendet dieselben Zeichen wie das nationale Alphabet. Die Bedeutung der Zeichen ist aber anders. Das *A* (international) entspricht dem nationalen *D*, das *B* dem *C*, das *D* dem Buchstaben *A*. Das nur als Beispiel.

Das internationale Winkalphabet ist mir in der Praxis nie aufgefallen. Auch nach Beendigung meines Wehrdienstes habe ich den Gebrauch von Winkflaggen nirgendwo in der Handelsflotte beobachtet.

Es wurde wohl schon lange nicht mehr benutzt, war anscheinend bereits Vergangenheit geworden oder einfach aus der Mode gekommen.

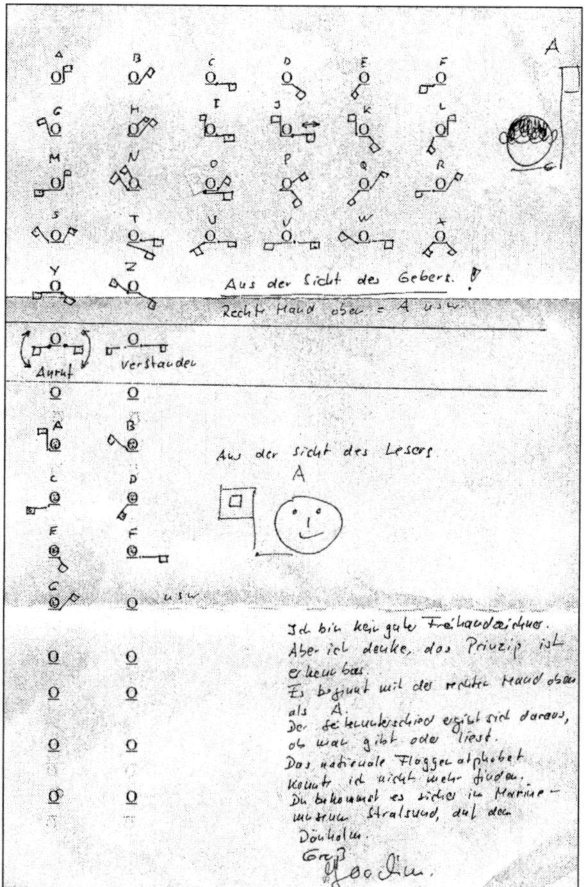

Winkflaggen national

Der Buchstabe A = rechter Arm oben,
B = rechter Arm schräg oben
C = rechter Arm seitlich querab

Beim Rekapitulieren dieser Thematik bemerkte ich, dass ich mir selbst nicht mehr so sicher bin bei einigen Buchstaben des nationalen Winkalphabetes und deren praktischer Anwendung. Besonders bei *K* und *L* und *X* kamen mir Zweifel. Joachim Rudek aber, bei dem sich das Winkalphabet in Fleisch und Blut eingeprägt hatte, konnte mich diesbezüglich gut beraten.

Er zeichnete mir das Winkalphabet, so wie wir es damals benutzt haben, einmal auf.

Der Austausch von Informationen von Schiff zu Schiff durch Flaggensignale wurde bei uns sehr gepflegt. Am Flaggenmast befanden sich an jeder Seite die Flaggleinen, an denen die Flaggen mittels kleiner Flaggenschäkel »angeschlagen« werden mussten.

Buchstabengruppen, bis zu vier Flaggen untereinander gesetzt, ergaben oft ganze Sätze. Das war im Signalbuch nachzuschlagen. Bei Wahrnehmen eines Signals vom Vordermann (Führerboot) wurde der Antwortwimpel halbhoch gesetzt. Einer las die Buchstaben, ein Anderer schlug im Signalbuch nach. Wenn das Signal erkannt und »übersetzt« war, hatte der Signalgast dieses durch Hochziehen des Antwortwimpels zu quittieren.

Dass mir meine guten Kenntnisse im Signalwesen einmal von Nutzen sein sollten, konnte ich zu dieser Zeit noch nicht ahnen.

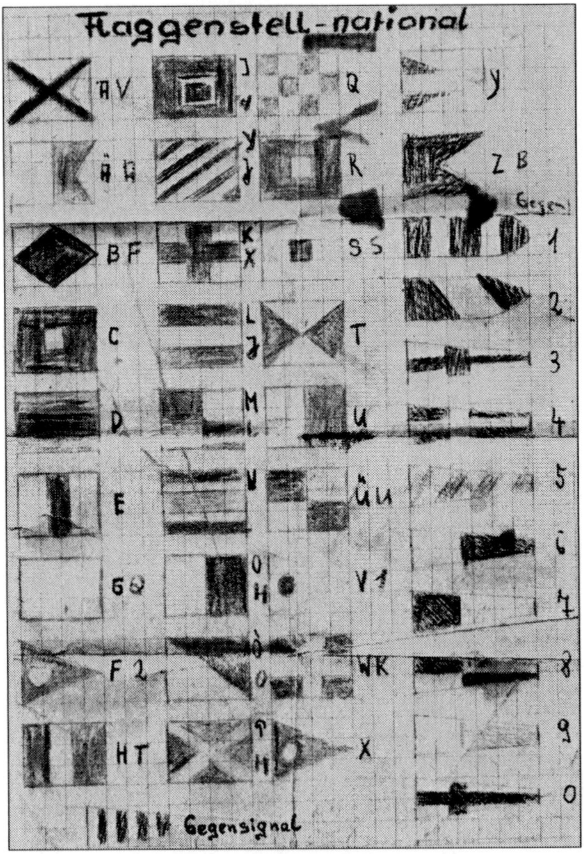

Das nationale Flaggenstell
Neben der nationalen Bedeutung einer Flagge hatte ich mir ihre internationale Bezeichnung vermerkt.

Anlässlich besonderer Feiertage wird über die Toppen geflaggt. Bei den Kriegsmarinen häufiger als bei den Handelsflotten, die für derlei Kokolores weder Zeit noch Geld verschwenden wollten. Für den Flaggenschmuck werden alle Signalflaggen mit den Schäkeln miteinander verbunden. Immer zwei Flaggen, ein Wimpel oder ein Stander, dann wieder zwei Flaggen.

Der große Flaggenschmuck geht vom achteren Flaggenmast (Flaggenstock) des Schiffes über alle anderen Masten über das ganze Schiff hinweg bis zu dem kleinen Flaggenmast am Bug, Gösch genannt.

Kleiner Flaggenschmuck geht nur von Gösch bis zur ersten Mastspitze (Topp) und achtern vom Flaggenstock bis zur Spitze des achteren (hinteren) Mastes.

Seemannschaft hatten wir bei Oberleutnant Fichtler. Das Erlernen der Seemannsknoten fällt in dieses Fach. Leistungsüberprüfungen sahen vor, die Knoten auf dem Rücken zu machen. Wer fertig war, zeigte sein Werk dem Prüfer mit den Worten: »Null, Offiziersschüler (Name)!« Ob Kreuzknoten, Achtknoten oder Palstek – Dieter Heinze war immer der Schnellste. »Noll, Offiziersschüler Heinze!« – so klingt es mir noch heute im Ohr. Kein Wunder, dass aus dem damaligen »Offzsch. Heinze« später ein Professor Heinze geworden ist.

Fichtler, ein Kriegsmarineveteran, lockerte seinen Unterricht immer wieder mit Erinnerungen aus seiner Dienstzeit auf der »Admiral Hipper« auf. Ein anderer, gleich ihm beliebter Fachlehrer Seemannschaft war Kapitänleutnant Döplepp.

Sport stand in unterschiedlichen Formen im Lehrplan. Bei allem, was mit Bewegung zu tun hatte, war ich mit dem Herzen dabei. Laufen, Kutterpullen, Sturmbahn, Sprünge über Bock, Kasten und Pferd quer bereiteten mir keine Mühe. Am lang gestellten Bock und vor dem langen Pferd scheute ich regelmäßig. Einzig bei Leistungsüberprüfungen stürzte ich mich todesmutig über diese Hindernisse. Die Angst vor einer schlechten Note war eben größer. Turmsprünge ins Hafenbecken gehörten ebenfalls in die Ausbildungs- und Tapferkeitsüberprüfung. Es genügte mein einfacher »Damensprung«.

Allgemein waren mir die sportbetonten Unterrichtsstunden angenehm. Manch einem waren sie aber nicht genug. Der Sportklub »Vorwärts« der KVP Stralsund bekam durch uns eine Menge neuer Mitglieder. Ich gehörte darüber hinaus zu einem harten Kern, der sich auch noch in der Freizeit und außerhalb des organisierten

Sports an allen zur Verfügung stehenden Übungsplätzen und Geräten (bis zu Hanteln, Boxhandschuhen und Ringermatten) zu schaffen machte.

Einige, so Siegfried Moschner und vor allem Gerhard Priewe, brachten es im Ringen zu beachtlichen Leistungen. Priewe errang in den folgenden Jahren nicht weniger als zwölf Marine- Meistertitel! In den Mannschaftssportarten sind mir Hans Poetzsch im Handball und Detlef Schulze im Volleyball ganz besonders in Erinnerung geblieben.

Die Wissensvermittlung in engen Räumen, langatmige Lektionen wie auch das organisierte Selbststudium waren mir im Vergleich

zum Sport wesentlich weniger angenehm. Die Lektionen wurden zumeist lehrgangsweise durchgeführt. Je länger ich dabei war, umso weniger enthusiastisch beteiligte ich mich an der Wissensaneignung.

Anstelle von Plankonspekten, das war die Bezeichnung für schriftliche Ausarbeitungen, schrieb ich *Heimatkonspekte*. Das bedeutete, ich schrieb Briefe in die Heimat.

Während der theoretischen Unterrichtung konnte es schon mal passieren, dass dieser oder jener mit seinen Augenlidern zu »kämpfen« hatte. Als Oberleutnant »Oerlikon« einmal bemerkte, wie einem die *Klüsen* (Augen) zufielen, sagte er: »Kämpfen Sie, Genosse! Kämpfen Sie erfolgreich!« Ein anderes Mal »drohte« er: »Wenn Sie nicht aufpassen, dann bestrafe ich Sie mit einem körperlichen Verweis in Form einer Beule!«

Das Selbststudium wurde zugweise durchgeführt. Während des Selbststudiums führte der Zugführer Aufsicht.

Unsere Zugführer wechselten oft: Kapitänleutnant Möhring, Unterleutnant Pisker. Am deutlichsten erinnere ich mich an unseren Zugführer Unterleutnant zur See Freiberger. Er war etwa in unserem Alter, eher noch etwas jünger als wir. Das hatte folgende Bewandtnis: Acht-Klassen-Abschluss, Lehre, Armee.

Offizier konnte man damals oft noch auf einer so genannten »Schnellbesohlanstalt« werden. Bei manchen dauerte das ein halbes bis ein Jahr, längstens aber zwei Jahre.

Unterleutnant Freiberger achtete peinlich darauf, seinen Dienstgrad immer mit der Ehrenbezeichnung »zur See« anzugeben. Kam gelegentlich eine höhere Charge in den Klassenraum, dann hieß es zum Abschluss seiner Meldung immer: »Erster Zug beim Selbststudium. Es fehlt keiner ohne Grund. Es meldet Unterleutnant zur See Freiberger.«

Es existierte nämlich auch noch eine Gruppe von Offizieren unterschiedlicher Dienstgrade mit der Bezeichnung KD (Küstendienst). »Zur See« hatte einen *klaren* Anker (mit einem Tampen um den Ankerschaft) am Ärmel neben den üblichen Laufbahnabzeichen Stern, Zahnrad, Äskulap-Stab (Medizin). Der KD dagegen lief mit einem *unklaren* Anker herum. Das ist ein Anker ohne Tampen. Die

Paspelierung ihrer Schulterstücke war nicht seemännisch schwarz, sondern rot. Ihre Träger waren so deutlich als nicht seetauglich oder seefähig erkennbar. Das waren dann diejenigen, die man verächtlich als *Landeier* bezeichnete.

Bei Abfragen und Leistungsüberprüfungen hatte der Schüler aufzustehen: »Offizierschüler Meier.« Nach Beendigung seines Vortrags: »Ausführung beendet!«

Bei einem Selbststudium sollte Offiziersschüler Lothar Dorn (*Emma*) dem Unterleutnant zur See Freiberger eine Frage beantworten. Bei seinen Ausführungen verfranzte er sich. Als er das bemerkte, rief er verzweifelt: »Ach, du Scheiße!« Empört sprang ich auf: »Genosse Dorn, wie kannst du es wagen, den Genossen Unterleutnant zu duzen!«

Schwejk *spielte* oder *marschierte* oft im Geiste mit.

Unsere »Schwejkiaden« bekamen vor allem die stellvertretenden Zugführer und die Gruppenführer zu spüren, die aus unseren eigenen Reihen ausgewählt worden waren. Diesen Zugführern hatte man sogar Unteroffiziersgrade verpasst.

So kam es zum Beispiel zu dem Maat Rost im SHD-Zug, über den ich bereits berichtete. Bei uns war Ewald Richter als stellvertretender Zugführer eingesetzt worden. Gruppenführer im 1. Zug waren: Gerd Peters (3. Gruppe), Helmut Theodor *Theo* (2. Gruppe) und Aribert Perzel (1. Gruppe). Nicht immer fiel es ihnen leicht, die Balance zwischen Kumpel und Vorgesetztem zu finden. Besonders schwer hatten es die stellvertretenden Zugführer. Ihnen wurde mancher Streich gespielt.

Im Glied, das heißt beim Marschieren, durfte nicht untereinander gesprochen werden. »Ruhe im Glied!«, »Halten Sie Ihren Mund im Glied!« So die Ermahnungen von Maat Richter. Dann kam auch schon gelegentlich aus dem Glied zurück: »Halten Sie Ihr Glied im Mund ...«

»Ausscheiden!« Das bedeutete ebenfalls, eine Tätigkeit, aber auch ein nicht erlaubtes Quasseln während des Marsches zu beenden.

Ich bin so häufig vorlaut aufgefallen, dass Maat Richter schon beim geringsten Gemurmel hinter ihm auf Verdacht rief »Genosse Borbe, Ruhe im Glied!« Selbst dann, wenn ein anderer »Schuld« war.

An uns gab es immer irgendetwas auszusetzen. Der Ex-Schritt wurde gelegentlich zu lasch ausgeführt. Auch deshalb wurden wir oft gerügt: »Höher die Beine!« Bei Regenwetter aber, da konnten wir die Beine nicht hoch genug kriegen und gar nicht fest genug unsere Quadratlatschen in die Pfützen klatschen, um dem voranschreitenden Zugführer die Hosen zu bespritzen. Privat allerdings, so beim Landgang, waren wir doch immer wieder dicke Kumpel.

Im Unterschied zur BRD (Westdeutschland), in der man generell ohne Skrupel auf hohe Wehrmachtsoffiziere zurückgriff, tat sich die DDR bei ihrer Aufrüstung ungleich schwerer. Man vermied prinzipiell die Wiedereinsetzung »faschistischer« Generäle und anderer höherer Offiziere.

Klassenbewusste Arbeiter, die sich in irgendeiner Form am militärischen Kampf gegen den Faschismus beteiligt hatten, waren da angenehm. Neben den Interbrigadisten aus dem Spanischen Bürgerkrieg gab es auch vereinzelt Deutsche, die sich im Partisanenkampf gegen Nazideutschland bewährt hatten.

Manch ein ehemaliger Unteroffizier mit proletarischem Hintergrund und dem richtigen Parteibuch in der Tasche ist von einem Tag auf den anderen Offizier geworden.

Daneben gab es auch noch eine Gruppe deutscher Offiziere, die in sowjetischer Kriegsgefangenschaft »umgedreht« worden waren.

Zu denen, die in der Gefangenschaft ihrem »alten (braunen) Glauben« abgeschworen hatten und sich in den Dienst des Sozialismus stellten, gehörte auch Oberst Wilhelm Adam, Adjutant von Generalfeldmarschall Paulus aus Stalingrad. Adam, geboren 1893, war seit 1923 Mitglied der NSDAP, Teilnehmer am Hitlerputsch in München, SA-Oberscharführer, 1934 als Hauptmann in die Wehrmacht reaktiviert.

Adam kam 1948 aus sowjetischer Gefangenschaft zurück. Er engagierte sich in der NDPD am Wiederaufbau der Verwaltung. Von 1950 bis 1952 war er Finanzminister des Landes Sachsen. Ab 1952 hat er als Oberst beim Aufbau der KVP mitgewirkt und war von 1953 bis 1958 Kommandeur der Offiziershochschule in Dresden.

Wir »kannten« Adam ja aus dem Film »Stalingrad«. Manche Passagen aus dem Sowjetfilm über die Schlacht von Stalingrad machten wir uns zu Eigen: »Mein Hut, mein Stock, mein EK I, ich muss zum Führer!« und »Adam, mein Flugzeug!«

Ich erinnere auch an Heinz Neukirchen. Er stammte ebenfalls aus einem bürgerlichen Elternhaus. Auch sein Leben nahm einen spannenden Verlauf:

> 1915 in Duisburg geboren, 1933 Marine-SA, von 1935 bis 1945 Kriegsmarine, Seeoffizier.
> 1936 nahm er auf dem deutschen Kreuzer »Köln« zur Unterstützung von Franco am Spanischen Bürgerkrieg teil. Von 1945 bis 1949 war er in sowjetischer Kriegsgefangenschaft. Dort wirkte er zuletzt als Assistent an der Antifa-Zentralschule in Krasnodar!
> Von 1961 bis 1963 war Konteradmiral Neukirchen Chef der Volksmarine. Von 1964 bis 1976 Präsident der Direktion Seeverkehr und Hafenwirtschaft in Rostock.

Quelle: Müller-Engbergs, Wielgohs, Hoffmann (Hg.), »Wer war wer in der DDR?« ISBN 3-86153-201-8, Ch. Links Verlag, Berlin.

Mein Chef auf der Schwedenschanze (seit 1951) war Kapitän zur See Wilhelm Nordin. Ihm folgte 1956 der legendäre Hamburger Walter Steffens, ebenfalls im Range eines Kapitäns zur See. Als Ablösung (bis 1957) kam Kapitän zur See Heinrich Jordt. Unser Stabschef blieb von Anfang an Korvettenkapitän Schöppe.

Er hatte als Artillerieoffizier bereits auf Kreuzern und Schlachtschiffen an den Seeschlachten des II. Weltkriegs teilgenommen, erzählte man sich. Schöppe war ein Ass!

Er begann seine Tätigkeit auf der Schwedenschanze als Ari-Ausbilder. Seit kurzem war er nun Stabschef. Er bewohnte mit seiner Familie in Stralsund eine Villa An den Bleichen.

Jordt und Steffens sorgten für Aufregung. Jeder auf seine Weise. Jordt war gewiss ein guter Praktiker, aber kein besonders guter »Grammatiker«. *Mir* und *mich* brachte er gelegentlich durcheinander.

Eines Tages stand er mit Kapitän Schöppe vor der angetretenen Mannschaft. Entgegengesetzt der üblichen Gepflogenheit richtete nicht Schöppe, sondern Jordt das Wort an die Truppe: »Meldung an mir!« Schöppe versuchte, seinen Chef zu korrigieren. »An mich«, zischte er ihm zu. Jordt darauf: »Kommando zurück. Meldung an ihn!« Schöppe winkte ab. Jordt: »Na gut, Meldung doch an mir!« So jedenfalls erzählt man sich noch heute.

Walter Steffens war Hamburger (wie ich!), Seemann und Spanienkämpfer in den Internationalen Brigaden. Wir hatten einmal ein Forum mit ihm, auf dem er aus seinem wahrhaft bewegten Leben erzählte.

Gespannt lauschten wir der Schilderung seiner Erlebnisse aus dem Spanischen Bürgerkrieg. Mich beeindruckte seine frappierend ehrliche Charakterisierung des typisch preußischen Unteroffiziers. Dort in Spanien unter deutschen Antifaschisten hatte er ihn erlebt.

Selbst deutsche Kommunisten waren diesem Geist verfallen. In dem Augenblick, da jemand im Thälmann-Bataillon als Unteroffizier oder Feldwebel eingesetzt worden war, erfasste diesen jener Ungeist wieder. Dann kannte er keine Kumpel mehr unter seinen ehemaligen Klassengenossen. Einen Hauch davon glaubte ich auch bei uns zu verspüren ...

Irgendwann im Jahre 1955 geriet Walter Steffens eines Nachts im HdO (Haus der Offiziere) am Markt mit Major Wassilenko aneinander. Dieser war ein aalglatter, geschniegelter Salonsoldat, ein Stinkstiefel erster Güte, wie mir nicht wenige später versicherten. Auf dessen Angeberei, was er doch für ein blendender Offizier sei, entgegnete Walter Steffens: »Und ich bin Seemann!« Von Wassilenko in seiner Ehre verletzt, schlug er den Major k.o. Daraufhin ist Walter Steffens abgelöst worden.

Ich traf ihn kurze Zeit später auf der Insel Greifwalder Oi im Greifswalder Bodden wieder, auf dieser kleinen Insel mit dem markanten achteckigen 39 m hohen Leuchtturm, der 1855 für die Sicherheit der Schiffahrt nach Stettin in Dienst genommen wurde.

Dorthin hatte man Steffens als Kommandanten abgeschoben. Aber mit seinem Dienstgrad als Kapitän zur See, wie ich glaube. Der Name Walter Steffens wurde aber weiterhin in Ehren gehalten. An einem solchen lebenden Denkmal lässt sich eben nicht rütteln. Die Flottenschule Parow trug von 1956-1990 sogar den Ehrennamen »Walter Steffens«.

Sein Nachfolger auf der Schwedenschanze wurde vorübergehend Kapitän zur See Heinrich Jordt. 1957 war es wieder Nordin, der später als Konteradmiral und Vizeadmiral an militärischen Hochschulen wirkte.

Das als kurzer Abschweif in die Kaderpolitik unserer sozialistischen Armee des Volkes.

Jeder Zug hatte einen Mann für den Küchendienst abzustellen. Der Abgestellte war Backschafter und der die Backschafter einer Kompanie führende (meist einer der Gruppenführer) hieß Oberbackschafter.

Vor den Mahlzeiten, in Bordpäckchen weiß, hieß es erst einmal: »Backschafter raustreten!« Ihre Aufgabe war das Eindecken der Tische (Back). Danach galt für alle: »Heraustreten zum Backen und Banken!« Dann führte jeder Zugführer seine Mannen zum Speisesaal. Das Einrücken vollzog sich hier so wie in Parow. »Mahlzeit, Genossen!« – »Setzen!«

Dann musste recht zügig gegessen werden. *Marine-Rundschlag* nannten wir das. Schon nach wenigen Minuten hieß es bereits wieder: »Alles auf, heraustreten!«

Mir *stank* das. Ich bin bereits seit Kindestagen als langsamer Esser bekannt und dafür oft kritisiert worden:

»Wie he itt, so arbeid he ook!«

Da ich inzwischen ja auch noch Probleme mit meinen Zähnen hatte, weigerte ich mich, so hastig zu essen. Mein Teller blieb provokatorisch halb voll, wenn das »Alles auf!« erscholl. Schließlich gestattete man mir, länger zu essen. Bei »Alles hoch!« hatte ich zwar ebenfalls aufzustehen. Danach durfte ich weiter essen. Ich hatte mich für den Rückmarsch dann in die Backschaftertruppe einzureihen. Am Tage war es nämlich grundsätzlich nicht gestattet, sich einzeln im Objekt zu bewegen.

Zusätzlich hatte sich die »Heeresführung« noch eine weitere Schweinerei ausgedacht. Laufschritt. Im Laufschritt zum Essen. Im Laufschritt vom Essen. Mit vollem Magen also.

Wie verwundert war man, dass nach einigen Jahren Schwedenschanze ein großer Teil der Offiziersschüler Magenprobleme hatte.

Keule Montag hatte eines Mittags aus irgendeinem Grunde den Abmarsch der Kompanie zum Mittagessen verpasst. Da lief er oben auf dem langen Flur – wie es das Schicksal so will – auch noch dem Spieß in die Arme. Darauf dieser: »Genosse Montag, nun sagen Sie mal, wie Sie jetzt zum Essen kommen wollen!« Und *Keule*, gar nicht verlegen, antwortete in seiner bekannten Henningsdorf-Berliner Schnoddrigkeit: »Genosse Hauptfeldwebel, ich werde erst diese Treppe nach unten heruntergehen. Danach lege ich meinen Kurs hart nach Backbord und gehe, so geschwind ich nur vermag, in den

Speisesaal!« Der Spieß war baff und überrumpelt. Bevor dieser aus seiner Starre erwachte, hatte *Keule* Montag sich schon auf den Weg gemacht.

Neben meinen *kariesierten* Zähnen standen mir noch andere Leiden als »Waffen« in meinem Kleinkrieg gegen die militärische Obrigkeit zur Verfügung.

Besonders meine vermanschten »Quadratlatschen« in Gestalt meiner Senk-Spreiz-Füße konnte ich jahrelang für den Bezug mancher Stunden persönlicher Freizeit einsetzen.

Außer meinen angefressenen Zähnen benutzte ich also auch meine kranken Füße zum Erschleichen persönlicher Vorteile.

Eine Zahnarztpraxis gab es im Objekt. Für meinen Senk-Spreiz-Fuß musste ich aber Stationen außerhalb des Objektes aufsuchen. Für beide Füße!

Der Orthopädische Schuhmacher, der mir schließlich meine Einlagen anfertigte, führte sein Geschäft in dritter oder vierter Generation. Bereits Vater und Großvater hatten sich an Marinefüßen versucht. Sie wussten, wie einem Seemann in der Kaserne zu Mute ist.

Mit diesem Schuhmacher konnte man reden. Schließlich bekam ich sogar jedes Mal meine nächste Einladung zur Anprobe *blanko* mit. Datum und Uhrzeit setzte ich genau dann ein, wenn es in der Dienststelle besonders hoch her ging.

Selbstverständlich gab es auch hier auf der Schwedenschanze Küchenfrauen. Die schauten wir uns nun schon einmal genauer an. Waren sie doch die einzigen weiblichen Wesen in unserer Nähe. Sie waren nur wenig älter als wir.

Sie waren nett zu uns. Sie sahen in uns eher jüngere Brüder als potentielle Liebhaber. An Gerda erinnere ich mich. Ihre Familie wohnte in der Großen Parower Straße. Mit ihrer viel jüngeren Schwester habe ich eine Zeit lang herumpoussiert. Weshalb dieses Verhältnis, wie so viele andere, so schnell auseinander gegangen ist, weiß ich nicht. Zu meiner Schande muss ich gestehen, dass ich auch in diesem Falle nicht einmal mehr ihren Vornamen weiß. An sie und an Einzelheiten bei gemeinsamen Stunden mit ihr erinnere ich mich aber noch ganz gut.

Ich weiß auch noch wie heute, dass uns bei einem unserer seltenen Besuche im Cafe Mehlert eine junge Frau mit ihrem kleinen Sohn aufgefallen ist. Diese junge Mutti war wunderschön. Wir nannten sie Mercedes, nach der Frauenrolle aus dem Film »Der Graf von Monte Christo«, der kürzlich im Kino gespielt wurde. Niemand hat die Frau je angesprochen. Wir himmelten sie einfach nur an. Aus der Ferne. Ich wusste, so eine Frau würde ich auch mit Kind heiraten! Ich hatte, so sehe ich das heute, wohl eine unbändige Sehnsucht nach eigener Familie, ohne dass mir das zu der Zeit recht bewusst geworden wäre.

Das Cafe Mehlert könnte auch den Namen Rats-Cafe oder Stadtcafe geführt haben. So genau weiß man das heute aber auch nicht mehr.

Der Besuch eines Fotostudios zwecks Anfertigung von Freundschaftsbildern gehörte zu den allerwichtigsten Verrichtungen während unserer ersten Landgänge.

Wie viele solcher Fotos mögen inzwischen irgendwo bei ehemaligen Freundinnen, Geliebten, Bekannten und Verwandten in Kellern und Ablagen verstaubt herumliegen?

Alarm, wie wir es von Anfang an befürchtet hatten, gab es nun häufiger. Immer Nachtalarm. »Alaaarm!«, schrie dann jemand auf dem Flur, wenn es soweit war. Dann hieß es, in Windeseile wach zu werden, in die Klamotten zu schlüpfen und mit dem Karabiner im Arm den vorgeschriebenen Bereitstellungsraum im Gelände zu erreichen. Zugweise war anzutreten. Nach und nach füllten sich die Reihen. Dann wurde Vollzähligkeit überprüft. Erst die personelle, dann die der Ausrüstung. Zuletzt erfolgte die Dokumentenkontrolle. Das war so ein Wahnsinn, den man sich von der Sowjetunion abgeguckt hatte. Gelobt und belobt sind dann nicht diejenigen geworden, die am schnellsten ihren Kampfplatz erreicht hatten. Die Belobigung holte sich derjenige, der im Kampfeseifer auch an sein Dokument, an seinen FDJ- oder Parteiausweis gedacht und diesen bei sich hatte. Das Dokument hatte immer am Mann zu sein. Es war sogar wichtiger als das Gewehr. Das Dokument war die stärkste Waffe.

In dieser Zeit kursierte eine provokatorisch ketzerische Redewendung: »Mischa, rette das Dokument, der Kolchos brennt!«

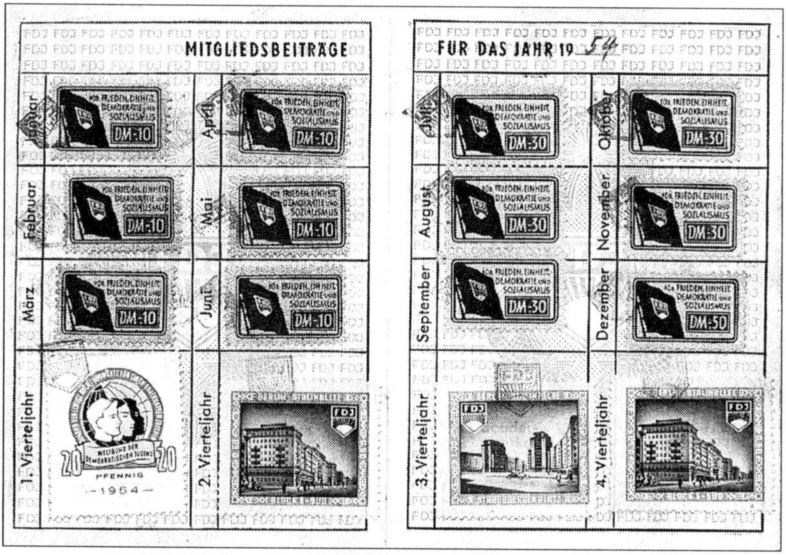

Die Entwicklung des Mitgliedbeitrags im Jahre 1954.
Der monatliche FDJ-Beitrag stieg jetzt bei wachsendem Einkommen.

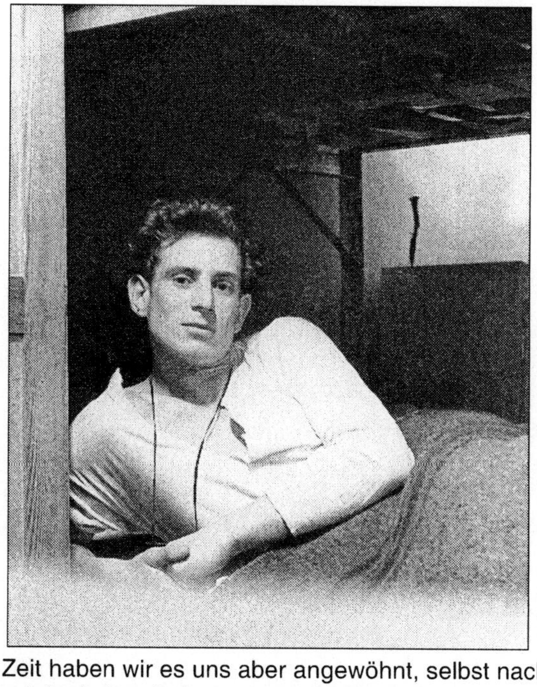

Mit der Zeit haben wir es uns aber angewöhnt, selbst nachts den Brustbeutel mit dem Dokument um den Hals hängen zu haben.

Immer wieder geisterten Alarmgerüchte umher. Dann legte sich manch einer, oder gar jeder, bereits mit Unterhosen und Strümpfen ins Bett. Bei Alarm waren wir immer alle anwesend, wenn auch mit Verzögerung.

Ein einziges Mal fehlte jemand. Hans Pötzsch kam nicht hoch. Er muss so hundemüde gewesen sein, dass er sich einfach umdrehte und weiterschlief. Es könnte ja auch sein, dass er diesen Alarm als einen Fehlalarm ansah. Hätte wohl auch nicht bemerkt werden sollen, wie er womöglich heimlich gehofft hatte. Wurde aber bemerkt. Das Ergebnis waren »drei Tage Dicken«, wie wir es nannten. Drei Tage strenger Arrest! Einzelzelle.

Neben einem kleinen Konsum, einem Friseurladen und der Zahnarztpraxis gehörte auch ein Arrest mit mehreren Zellen zu jedem militärischen Objekt. Die Schwedenschanze verfügte selbstverständlich über ein derartiges *Etablissement*. Und zu diesem gehörte auch ein entsprechendes Regelwerk, die Arrestordnung.

Dem Arrestanten ist es unter anderem verboten, sich in der Zelle irgendwie zu beschäftigen, zu Arbeiten herangezogen zu werden und mehr als einmal in zwei Tagen warmes Mittagessen zu genießen. Eine Stunde am Tag wird der Arrestant unter Bewachung von einem Posten mit Karabiner und aufgeklapptem Bajonett an der frischen Luft ausgeführt.

Der Verurteilte wurde im Bordpäckchen, ohne Koppel und Schnürsenkel, von einem Kommando seines Zuges im Arrest abgeliefert. Da die Ummeldung von der Kantine in den »Knast« seine Zeit brauchte, wurde die erste Mittagsmahlzeit noch von einem Kameraden aus seinem Zug ins Gefängnis geliefert.

Es war ein Sonnabend. Eintopf. Ich hatte mich zur Belieferung freiwillig gemeldet. Hans war Raucher und ich hatte einen Plan. Unter der Suppenschüssel, die ich ihm brachte, hielt ich eine Schachtel Zigaretten mit den Fingern fest. Das konnte Hans nicht wissen.

Als ich ihm die Schüssel reichte, wollte er sie oben am Rand fassen. Ich zog die Schlüssel zurück. Noch ein Anlauf. Dabei stierte ich ihn an. Ich hoffte, dass er mich versteht. Dann reichte ich ihm die Suppenschüssel ein zweites Mal. Dabei hielt ich sie so hoch, dass er sie unwillkürlich so wie ich fassen musste. Dabei spürte er mein Mitbringsel. Er hatte verstanden! Seine Augen strahlten. Meine auch. Die Situation war gerettet. Ich auch. Bei Scheitern meiner Übergabe wäre wohl kurzerhand auch für mich eine Zelle frei gemacht worden.

Meine drei Tage »Dicken« bekam ich dann doch noch. Eigentlich als Folge einer Lappalie. Wir hatten Politlektion laut Stundenplan. Der Lektionssaal schien voll zu sein. Viel Interesse bestand grundsätzlich nicht an diesen drögen Belehrungen. Ich zog es vor, mich ins Klassenzimmer zu verholen, um in Ruhe an einem »Heimatkonspekt« zu schreiben. Das Ergebnis: Bin vom Gruppenführer erwischt worden! Dann wurde ich weitergereicht über Zuggehilfen, Zugführer zum Kompaniechef. Endresultat: Drei Tage strenger Arrest.

Ich fühlte mich durch diese strenge Bestrafung verletzt und ungerecht behandelt. Ich beschloss, sofort in den Hungerstreik zu treten. Ich wusste ja aus der Literatur, dass man damit Wirkung erzeugen könnte. Also habe ich die Essenannahme verweigert.

In jeder Gefängniszelle finden sich irgendwelche Sprüche, die vom Leid und vom Seelenzustand der Inhaftierten künden. Auch in meiner Zelle gab es welche.

Leider erkennen nicht alle Sünder, welche Gelegenheit zur Einkehr und Reue ihnen an diesem Ort geboten wird. Sie schmuggeln heimlich Bücher und Schreibzeug in die Zelle. So bin auch ich zu einem Schreibgegenstand gekommen. Ich hatte mir etwas zum Lesen und mein Notizbuch und einen Kopierstift, am Körper und in den Strümpfen versteckt, in meine Zelle eingeschleust.

Damit vertrieb ich mir, wenn auch verbotenerweise, meine Zeit und machte mich mit meinem Stift an der Zellenwand für die Nachwelt bemerkbar:

NIEMALS VERGESSEN,
SELBST PÄPSTE HABEN SCHON GESESSEN!

Aus Ärger und Wut wuchs meine Kreativität. Unter das Milchglasfenster, das jede direkte Sonneneinstrahlung und jeden Blick in die Freiheit trübte, schrieb ich:

NUR DER BLICK ZUM HIMMEL STÄRKT DIE SEELE.

Diesen Spruch kannte ich aus dem Film »Die Kartause von Parma«, der kurz vorher auf der Schwedenschanze lief. Gerard Philipe spielte darin einen unschuldig *Weggeschlossenen*. Wie sehr doch mein Schicksal mit dem des unglücklichen Fabrizio del Dongo aus dem Kinofilm vergleichbar war!

Die Zellentür zierte ich mit der hübsch gestalteten Aufschrift

VILLA SCHMALKOST

Militärgefängnisse waren häufig mit *Kosenamen* belegt. In Peenemünde hieß der Knast, benannt nach einem dortigen Kommandeur, »Cafe Neumeister«.

Meine Sprüche sollten, wie ich damals in meinem Notizbuch vermerkte, *für das große Seelenleben des Eingekerkerten nach Stunden und Tagen Kerkerhaft sprechen und die Tiefe seines gewaltigen Geistes offenbaren ...*

Ein Vorgesetzter, der meinen Geisteszustand zu überprüfen hatte, schüttelte nur den Kopf. Er konnte mich schließlich mit guten Worten zum Essen überreden. Von meiner produktiven Sprücheklopferei war ich aber nicht abzuhalten.

Berühmtester Insasse im Knast auf der Schwedenschanze wurde schließlich Oberleutnant Koczinarcek.

Es handelte sich dabei tatsächlich um den K., der in Parow mit seinem schneidigen Auftreten vor uns Neuen brillierte. Ihm war Spionage für irgendeine feindliche Macht zur Last gelegt worden.

Ich habe leider nichts darüber erfahren können, was aus ihm geworden ist.

Neben dem *strengen* Arrest gab es auch den *leichten* Arrest. Die dazu verurteilten Arrestanten konnten zu Arbeiten herangezogen werden. Noch mildere Strafen waren *Verweis* und *strenger Verweis*.

Die höchste Weihe des militärischen Strafvollzuges erhielt man in Schwedt. Dort befand sich das berüchtigte Gefängnis für richtige Vergehen. »Schwedt«, das war eine Drohung, die auch den größten Gammelbruder zur Vernunft kommen ließ. Trotzdem schien Schwedt nie an Unterbelegung zu leiden. In der riesigen Zahl

Angehöriger bewaffneter Organe gab es genügend schwere Jungs, die sich durch außergewöhnliche kriminelle Energien auszeichneten: durch Kameradendiebstahl, Fahnenflucht, Spionage ...

Ich vermute, dass auch unser schneidiger Kapitänleutnant K. in Schwedt für seine *Sünden* hat büßen müssen.

Natürlich existierte auch ein Gegenstück zu Verurteilung und Bestrafung: Belobigung vor der Front, Auszeichnung mit einem Orden, Sach- und Geldprämien sowie Sonderurlaub.

Der so Geehrte hatte sich mit den Worten zu bedanken: »Ich diene dem deutschen Volke«.

Das ist später verändert worden. Dann hieß es:

»Ich diene der Deutschen Demokratischen Republik!«

Im Gegensatz zu Auszeichnung oder Belobigung waren die unterschiedlichen Bestrafungen schweigend entgegenzunehmen. Nur Alfred Witt quittierte seinen Verweis vor der Front sarkastisch: »Ich diene dem deutschen Volke!« Da sich für eine solche Verächtlichmachung kein Paragraph im militärischen Reglement finden ließ, hat ihm das keine Strafverschärfung eingebracht.

In den Jahren nach mir kamen weitere Ehrungen für brave Soldaten hinzu: Brief an die Eltern und Foto vor der Truppenfahne. Genau nannte sich das sogar: Foto vor der entfalteten Truppenfahne.

In den Betriebs-Kampfgruppen der Arbeiterklasse und bei Reserveübungen kamen auch alte Männer wieder in den Militärkreislauf zurück. Da entwickelten sich dann unter der Hand so spaßige Ehrungen wie »Brief an die Kinder« oder »Helmstreicheln durch den Kommandeur« ...

25 Jahre nach mir »wohnte« mein Sohn Dieter in Parow.

In der Flottenschule absolvierte er einen Maatenlehrgang. Sein Lehrgangsleiter war Kapitän zur See Manfred Maul. Das war doch tatsächlich mein alter Freund und Spindnachbar aus meiner Parower Zeit von 1954!

Dieter verschaffte sich aber einen weitaus besseren Leumund als ich ihn seinerzeit hatte. Manfred Maul war verblüfft über meinen disziplinierten, gut erzogenen Jungen. Das Beispiel meines Sohnes belegt, dass sich der Apfel gelegentlich auch etwas weiter vom Stamm fallen lässt ...

Maat Dieter Borbe vor der Truppenfahne

Wache.

Wache ist Ehrendienst. »Nur die Besten gehen auf Wache«, hieß es dazu. Eigenartig, plötzlich waren auch wir *Gammelbrüder*, die bei jeder nur möglichen Gelegenheit disziplinarisch auffielen, wieder »gut«, oft sogar noch besser als die vorbildlichen Soldaten, die häufig vom Wacheschieben befreit wurden. Die Wache war zugweise. OvD (Offizier vom Dienst), Wachaufzug, Vergatterung.

Was war eigentlich Vergatterung?

Vom wachhabenden Offizier wurde der angetretenen Wache im »Stillgestanden« der Wach- und Kampfauftrag kundgetan. Dann der Befehl »Vergatterung!« Darauf hatte man in stummer, demütiger Haltung ein oder zwei Minuten schweigend zu stehen. Danach

»Rührt euch!« und »Einrücken ins Wachlokal«. Die Wachunterkunft hieß tatsächlich *Lokal!*

Der Wachdienst bestand aus Wache und Bereitschaft. Während der Bereitschaft durfte geruht, aber nicht geschlafen werden. Während der Wache war jede abweichende Beschäftigung verboten. »Alles, was man gerne tut, ist zu unterlassen«, schärfte man uns ein.

»Ich gehe aber sooo gerne Wache ...« Das ließ man allerdings nicht gelten.

Die Wachbereiche waren unterschiedlich.

Streife Ost zum Beispiel. Da hatte man die Aufgabe, den gesamten Uferbereich am Sund ständig auf und ab zu gehen.

Es gab den Posten Hochstand sowie den Postenbereich VS-Stelle, die sich im Unterrichtsgebäude vor der versiegelten VS-Stelle befand.

Wer für die Feuerwache vorgesehen worden war, der hatte in einem einstündigen Rhythmus genau vorgeschriebene Kontrollstellen abzulaufen. Diese Stellen lagen meist innerhalb der Gebäude. Zur Kontrolle der Kontrolle mussten farbige Tafeln ausgetauscht werden.

Mir behagte der Hochstand von allen anderen Wachbereichen am besten. Man war allein. Bei Postenkontrollen konnte man nicht überrascht werden, außer, wenn man gerade eingeschlafen war (was ja auch gelegentlich vorgekommen ist). Man durfte auf keinen Fall vergessen, in gewissen Abständen mit dem Scheinwerfer das Gelände am Zaun abzuleuchten.

Das Wichtigste war, dass man sich für den Außendienst gut angezogen hatte. Im Winter zum Beispiel fütterte ich meine Stiefel mit vielen Lagen Papier aus.

Posten VS-Stelle war dagegen ein ruhiger Posten im geheizten Lehrgebäude. Mir war da immer etwas bange, so ganz allein in einem riesigen Bau. Um mich vor Überfällen und plötzlich auftauchenden Kontrollen zu schützen, habe ich bei Dienstantritt den Verschlusszustand aller Türen und Fenster im Erdgeschoss überprüft. Die Kontrolleure versuchten gewöhnlich, sich leise an den Posten heranzuschleichen. Dem musste man zuvorkommen. An der Eingangstür habe ich Geräusch verursachende Materialien ausgelegt. Packpapier zum Beispiel. Wenn ich meine Vorbereitungen abgeschlossen hatte, setzte ich mich in einiger Entfernung von der VS-Stelle ganz am Ende des Flures bequem auf den Boden, zog mein Buch aus der Hose hervor und las.

Ich musste mich aber auch auf ein plötzliches Erscheinen von Kontroll-Leuten einrichten. Es galt also, sich darauf vorzubereiten, das Buch schnell wieder verschwinden zu lassen. Die ersten Handgriffe dafür hatte ich bereits gemacht. Deshalb saß ich mit offenem Koppel und geöffnetem Hosenstall, worin bei Gefahr das Buch wieder verschwinden sollte. Vorsorglich habe ich diesen Vorgang ein paar Mal geübt, damit wirklich nichts schief geht. Es ging auch nie etwas schief.

Aber wenn! Ich mag mir gar nicht ausdenken, was dann mit mir passiert wäre. Der Gegenwert in Tagen »Dicken« wäre wahrscheinlich beachtlich gewesen.

Unvergessen auch folgendes Wacherlebnis.

In der Reihe der nicht entdeckten bzw. nicht geahndeten Wachvergehen ist es vielleicht das schönste. Ich hatte mir bei einem Tabakhändler eine lange Großvaterpfeife gekauft. Bereits beim Abmarsch unseres Zuges in das Wachlokal am Haupttor steckte ich sie in ein Hosenbein. Mit einer Hand in der Hosentasche hielt ich das Gerät fest.

Das Marschieren bereitete mir mit meinem steifen Bein Schwierigkeiten. Das fiel auf. Meine besorgten Kameraden rieten mir, mich doch krank zu melden wegen meines Beines ...

Das kam überhaupt nicht in Frage. Ich hatte ja gerade vor, mich freiwillig für die ungeliebte Streife Ost zumelden, um meine Tabakpfeife auszuführen. Und das klappte auch.

Der Pfeifenkopf verschlang bei seiner Füllung ein halbes Päckchen Tabak. Schön fest gestopft, steckte ich mir diese Pfeife an und marschierte – genüsslich schmauchend – meine Strecke ab. Einmal hoch, dann entgegengesetzt zurück.

Als ich den neuen Wachaufzug nahen hörte, stellte ich meine Pfeife, die immer noch glomm, an einem Busch ab.

Dem aufführenden Vorgesetzten meldete ich vorschriftsmäßig: »Wache übergeben!« Meine Ablösung quittierte das mit den üblichen Worten: »Wache übernommen!«

Ich vergaß aber nicht, dem mich ablösenden Kameraden die Stelle zu zeigen, an der er meine noch dampfende Tabakpfeife finden kann. Ich gestattete ihm, sie weiter zu rauchen.

Dann reihte ich mich in den Postenaufzug ein und marschierte im Gleichschritt hinter meinen Kameraden ins Wachlokal zurück.

Nach zwei Stunden Ruhe und zwei Stunden Bereitschaft kam ich wieder zu meinen Abschnitt. Dann war die Wachzeit zu Ende. Am Ende meiner Wache Oststreife transportierte ich die Pfeife auf die bekannte Weise im Hosenbein in die Unterkunft. Im Karabinerständer war bei Wachende ein Platz frei geblieben. Dorthin stellte ich mein *Gerät*. Es passte da auch gut hinein. Leutnant Bethig fand das zwar sehr witzig, befahl mir aber, dieses störende Element schleunigst verschwinden zu lassen.

Der gertenschlanke Leutnant Bethig, unser Kompaniechef, war ein Muster an Beherrschung. Er strahlte Vertrauen und Ruhe aus. Ihn konnte nichts in Panik bringen. Gar nichts.

Das Zimmer des OvD befand sich im 1. Stock. Unter ihm, im Erdgeschoss, spielte einer der Gruppenführer mit seiner Pistole herum. Unerwartet löste sich ein Schuss! Das Geschoss durchschlug die Zimmerdecke und bohrte sich vor dem an seinem Schreibtisch arbeitenden Leutnant Bethig in die Tischplatte. Der guckte sich kurz um und meinte trocken: »Darf man denn nicht einmal in Ruhe am Schreibtisch sitzen?« Dann machte er an seiner Buchführung weiter. *Cool* – würde man heute sagen.

Den Schützen musste er allerdings ordnungsgemäß bestrafen. Ein Stück verlorengegangener Munition konnte nicht so einfach abgeschrieben werden. Das zog Protokolle nach sich und eben auch Disziplinarmaßnahmen.

Ein Höhepunkt aller Wach- und Postenbereiche war die Wache Ledigenheim. Ich bin nie in den Genuss der Wache an diesem *Gefechtsabschnitt* gekommen. Im Ledigenheim war vor allem weibliches Personal, Stenotypistinnen und Telefonistinnen, untergebracht.

Über die Wacherfahrung in diesem Bereich ist viel gemunkelt worden. Diejenigen, die dabei gewesen waren, tauschten genüsslich ihre Erfahrungen darüber aus. Einzelheiten konnte man ihnen nicht entlocken. Es wurde nur hinter vorgehaltenener Hand getuschelt. Was sie dort erlebt haben könnten, das versuchte jeder, sich in seiner Phantasie vorzustellen und auszumalen ...

Während der ersten Wochen auf der Schanze wurde eine kuriose Methode der Ehrenbezeugung eingeführt. Innerhalb der Dienststelle hatten Offiziersschüler jeden Offizier im Exschritt zu grüßen.

Das soll eine sowjetische Methode aus den Kadettenschulen gewesen sein.

Fünf Meter vor dem Offizier hatte man seine Beine hoch zu schmeißen und im Exerzierschritt an ihm *vorbeizureiten*. Beim Passieren des Offiziers: Blick zu diesem und rechte Hand an die Kopfbedeckung, dann im Schritt weiter.

Köstlich amüsierten wir uns, wenn wir einen der Unsrigen aus anderen Zügen bei seiner Ehrenbezeugung erlebten.

Wir nahmen uns vor, diese Anordnung zu umgehen. Sahen wir einen Offizier auf uns zukommen, blieben wir einfach stehen und grüßten im Stand, mit der Hand an der Mütze. Erst wenn er dann einige Schritt von uns entfernt hatte, setzten auch wir unseren Weg fort. Nie hat es Ärger deswegen gegeben. Man konnte es uns ja nicht nachweisen, warum wir nun gerade stehen geblieben waren.

Einmal aber hätte es mich beinahe erwischt. Eines Abends, ich war auf dem Wege ins Kino, kam mir einer unserer Fachlehrer entgegen. *Seemannssonne* war es. Wegen seines runden rosaroten Gesichtes hatten wir ihn so *benamt*.

Als ich nun an diesem Leutnant vorbeirauschte, rief er mich an: »Genosse Offiziersschüler!« Ich blieb unverzüglich stehen. Er winkte mich zu sich heran: »Wie grüßt man?« Ich wusste wohl, wie der Hase jetzt läuft, aber stellte mich exakt dienstbeflissen dumm. Dann erklärte ich ihm, wie uns vor Monaten das Grüßen beigebracht worden war: »Also, rechten Arm zur Seite, Handfläche nach oben und dann die Fingerspitzen an die Kopfbedeckung.« Das reichte ihm natürlich nicht. Wie ein Offizier gegrüßt werden muss, wollte er nun wissen. Dann ich: »Bei einem Offizier eigentlich genau so, nur noch ein bisschen zackiger.« Ich führte meine Ausführungen militärisch exakt fort. Da kamen ihm anscheinend Zweifel: »Sind Sie etwa noch nicht belehrt worden?« »Nein«, entgegnete ich, »ich bin noch nicht belehrt worden!« »Na, dann können Sie das ja auch nicht wissen.« Nun durfte ich meinen Weg fortsetzen.

Diese »Im-Exschritt-Grüßmethode« kam dem Dienststellenleiter schließlich wohl ebenfalls affig vor. Nach kurzer Zeit wurde dieser Ulk abgeschafft und der alte Zustand ist wieder hergestellt worden.

Weihnachten 1954

Der Deutschen liebsten Festtage rückten immer näher. Unsere erste Matrosenweihnacht auch. Und mit ihr unser erster Weihnachtsurlaub. Von Zuhause trafen Weihnachtspakete ein. An der *Heimatfront* konnten nicht alle von unserem Glück wissen, dass man uns über die Feiertage raus lassen würde. Aus dem Süden kamen die ersten Christstollen. Sie durften immer von allen probiert werden. Vorfreude überall!

In meinen Tagebuchaufzeichnungen steht dazu, sogar in Sütterlin geschrieben:

... Eine der schönsten Freuden ist die Vorfreude. Wenngleich Freude an und für sich bereits eine Freude ist, so ist Vorfreude doch eine ganz besondere Freude. Ihr Wert besteht darin, daß man sich über den selben Anlaß zweimal freut. Erstens freut man sich bereits vor der eigentlichen Freude. Zum Zweiten freut man sich zur eigentlichen Freude selbst. Wenn dann die eigentliche Freude nicht den großen Rosinen entspricht, die man sich bei der Vorfreude gemacht hatte, dann nennt man diesen Teil getrübte Freude. Als Trost bleibt einem dann, daß man sich bei der Vorfreude wenigstens einmal richtig freuen konnte ...

Getrübte Freuden gibt es allerorts. Sie sind gewissermaßen der zu den Freuden gehörende Widerspruch, ohne den es keine Weiterentwicklung der Freude geben könnte. Hierzu einige Beispiele. Sohn (A) »vorfreut« sich, daß er von Vater (B) einen ledernen Fußball zum Geburtstag bekommen wird. Wogegen B der festen Überzeugung ist, daß A auch mit einem einfachen Gummiball zufrieden sein wird, und zur Tat schreitet. Wenn dann auch die Freude des Jungen in Grenzen geblieben ist, so hat er als Trost doch eine wunderschöne Vorfreude gehabt. Manchmal erweist sich ja auch ein Freudenhaus als ein ganz gewöhnliches Haus. Nun will ich meinen geschätzten Lesern den Grund dieser Geistesblitze und den Anlaß dazu nicht länger vorenthalten, denn großen Schaden könnte das gesamte Nervensystem nehmen, wenn der Körper im Zustand verzehrender Begierde urplötzlich in Leerlauf gezwängt wird. Deshalb möchte ich mich nach der durch mich erregten Neugier auf den

Kern meiner Ankündigung nicht durch plötzlichen Umschwung der Gefühlslage mich der Gesundheitsdemontage beschuldigen müssen. Es geht nun wirklich los und ich komme zum Kern.

Bei uns lebt ein Wesen, dessen Schicksal mir den Stoff für meine Ausführungen gab. Max Langer nennt man ihn, den göttergleichen Jüngling. In der Kompanie haftet ihm der Ruf an, einer der größten Gammler zu sein. Seine phlegmatische Ruhe ist sprichwörtlich. Seine Geisteskräfte sind, wie der Leser noch bemerken wird, doch nicht diesem faulen Fleische untertan. Sie vermögen ihrem Wirt in gewissen Perioden lukullische Genüsse vorzugaukeln, derer er ohne die liebevolle Hilfe seines Elternhauses entbehren müsste. In der Vorweihnachtszeit gelüstete seinen Gaumen nach echtem Christstollen. Seine Eltern schenkten der vertraulichem Bitte ihres Sohnes Gehör und ihm den Stollen …

Max Langer aus dem 2. Zug wusste, dass aus seiner Heimat ein Stollen kommen wird, der alles bisherige in den Schatten stellen würde. Max vertröstete uns, wenn wir neugierig nachfragten: »Wartet's nur ab. Ihr werdet staunen!« Tatsächlich. Eines Tages traf ein mächtiges Paket ein, adressiert an:

Herrn Max Langer
Stralsund 5/KII.

Das war Maxens Stollen!

Max war zu der Zeit nicht im Zimmer. Wegen irgendeiner Arbeitsgemeinschaft würde er auch so schnell nicht zurück sein. Diese Gelegenheit musste doch genutzt werden! Schnell rannte einer zur Kombüse und besorgte sich ein sehr altes Weizenbrot. Die anderen öffneten inzwischen sorgsam das Fresspaket. Da lag der so sehnlichst erwartete, gewünschte Stollen. Ein Prachtstück! Schnell austauschen gegen das steinharte Weizenbrot! Dann wurde das Paket wieder sorgfältig verschlossen und verschnürt, ohne irgendwelche Spuren an der Verpackung zu hinterlassen. Den Stollen verwahrten wir derweil in einem Spind.

Endlich kam Max herein. Er erblickt sein Paket. »Das ist er!«, jubelte Max. Er winkte uns zu sich heran und begann, die lang erwartete Liebesgabe zu öffnen.

Da lag er dann vor ihm. »Bisschen blass«, meinte einer. »Das Äußere spielt doch keine Rolle«, wusste ein anderer, sich klug einzuschalten. Geruch war ebenfalls nicht auszumachen. »Sollte das etwa ...?«, Max wollte gar nicht weiterdenken.

Die erste Scheibe Stollen brachte auch keine Lösung. Auch innen blass. Keine Spur von Rosinen. Max wagte dennoch einen Biss. »Das ist Weißbrot«, sagte er leise, »nur Weißbrot!« So murmelte es auch fragend aus der *erstaunten* Menge. Columbus' Verwunderung bei der Entdeckung Amerikas kann nicht größer gewesen sein. »Max, du hast ja Triefeltern«, sagte jemand. Ein anderer tröstete ihn: »Vielleicht ist der Stollen ja gar nicht schlecht, ein bis zwei Wochen noch lagern, dann erst entfaltet er sein Aroma. Vielleicht wird es doch noch ein Stollen ...«

Max wirkte furchtbar traurig und wurde immer stiller. Dann aber verlor er seine Beherrschung. Er war stinksauer: »Die Ärsche! Wenn ich im Urlaub nach Hause komme, dann mach' ich bloß die Haustür auf und sag' *Scheiße*. Dann drehe ich mich auf der Stelle um und hau ab!«

Max überlegte ernsthaft, ob er nicht als *Dankeschön* ein Paket mit einem alten Kommissbrot und Stinkerkäse nach Hause schicken sollte.

Irgendwann, jedoch noch rechtzeitig vor Wirksamwerden dieser Rachegedanken, bekam Max seinen echten Stollen zurück. Im Nu war sein Ärger verflogen. Er zollte uns sogar Anerkennung für unsere Untat. Jeder von uns bekam ein gutes Stück vom guten Stollen. Und d e r war wirklich gelungen!

Endlich der erste Heimaturlaub!

Vom 17. Dezember nach Dienst. Ende des Dienstes muss an diesem Tage ausnahmsweise einmal mittags gewesen sein.

In meinem Notizheft finde ich meinen Fahrplan wieder:

ab Stralsund	*15.39*	*an Rostock*	*17.39*
ab Schwerin	*19.11*	*an Lulu*	*19.45*

Während der Bahnfahrten verkürzte ich mir die Langeweile damit, mit Fremden zu sprechen. Fast immer handelte es sich bei diesen Fremden um Mädchen. Mit ihnen schäkerte ich gern herum und versprach zu schreiben.

Mein erstes Ziel war Ludwigslust, »Lulu«, wie das Städtchen immer schon genannt wurde. Mein eigentliches Ziel aber war Ruth. Sie hatte mir meinen letzten Arbeitseinsatz auf der Boizenburger Plattenbude versüßen geholfen.

Endlich Ludwigslust. Aussteigen.

Ruth stammte aus Ostpreußen und war dort als Ruth May zur Welt gekommen. Ihr Vater fiel im Krieg, die Mutter heiratete wieder und der neue Ehemann wurde der neue Vater von Ruth.

Solche Menschenschicksale wiederholen sich nach allen großen Kriegen.

Ihre Eltern haben mich nett aufgenommen. Ruths Vater interessierte sich rege für die Marine und für alles, was wir dort so trieben. Er war Kriegsteilnehmer gewesen und hatte den Krieg schwer verwundet überlebt. Man sah ihm seine körperliche Behinderung noch an.

Bei ihm hatte ich anscheinend einen Stein im Brett. Ruths Mutter dagegen wusste wohl nicht so recht, was sie mit mir anfangen sollte. Einen Schwiegersohn brauchte sie noch nicht. Ruth war gerade 17 Jahre und ging noch zur Schule. Sie besuchte nun die 10. Klasse der Ludwigsluster Oberschule (heute Gymnasium). »Ruth hat noch viel vor«, sagte sie. Die besorgte Mama wollte ihre Tochter vor Torheiten bewahren und mich warnen, ihr welche einzureden.

Ich hatte außer großer Liebe natürlich auch kein Konzept für eine gemeinsame Zukunft.

Eine Nacht blieb ich in Lulu bei Ruth. Wir schliefen jeder für sich und in getrennten Räumen. Über die Stränge zu hauen, wäre mir auch nicht in den Sinn gekommen. Zum ersten Male sozusagen bei potentiellen Schwiegereltern. Da musste man sich benehmen. Bei allen weiteren Lulu-Besuchen nahm ich mir ein Hotelzimmer. Dort trafen wir uns unbeaufsichtigt, unbeobachtet von den wachen Augen einer besorgten Mutter. Auf neutralem Boden sozusagen.

Bald fuhr ich weiter. Ich wollte mich bei Hagemanns und bei »Mutti« Görtz in Boizenburg vorstellen und meine Freunde in Brahlstorf aufsuchen. Dann musste ich ja auch zu meiner Familie und zu meinen vielen Freunden und Verwandten nach Neuhaus/Elbe.

In Neuhaus hatte ich ein wenig mit Hanni Richard herumgeschäkert. Aber was soll in den wenigen Urlaubstagen schon dabei herauskommen? Selten etwas Ernstes und von Bestand. Ich hatte doch so viele Verpflichtungen. Da fehlte wohl auch die Zeit für eine feste Bindung. Mit Sicherheit auch die Reife, wie ich immer wieder betonen muss.

Aber ganz vergessen hat man mich wohl doch nicht. Ganz bestimmt nicht überall. Hanni Richert sagte kürzlich zu meiner Nichte Petra in Neuhaus/Elbe: »Beinahe wäre ich Deine Tante geworden ...«

Das ist Seemannstraum! An jedem Arm ein Mädel.
Ille Maack und Ingrid Kuhnert aus Brahlstorf,
Schulfreundinnen aus Boizenburg.

Der Kolani

Ich in Winteruniform mit Zebrahemd und Kolani. Das ist eine lange, blaue Joppe mit goldenen Knöpfen. Auf jedem Knopf ein Anker. An jeder Seite Schlitze, in die man bei Bedarf oder bei grimmiger Kälte seine Hände stecken konnte. Das ist auf dem Foto gut zu erkennen.

Wegen des Exkragens bereitete das Anziehen des Kolanis allerdings einige Mühe. Man konnte ihn nicht einfach so wie einen Mantel anziehen. Der locker herunterhängende Exkragen wäre dabei zerknautscht worden.

Zum Anziehen gab es zwei Methoden. Entweder hielt man den Kolani mit der Öffnung nach vorn vor seinem Bauch, steckte seine Arme in die Ärmel und hob das Ganze über den Kopf in den richtigen Sitz. Dabei wurde der Kieler Kragen automatisch angedrückt. Das machten einige sehr geschickt.

Für die zweite Methode war die Hilfe eines Kameraden erforderlich. Dabei begann man, den Kolani so anzuziehen wie bei einem Mantel üblich. In der letzen Phase steckte ein Kamerad seine Arme unter die Achseln des sich Anziehenden und hielt die Ecken des Exkragens fest. Wenn anstelle des helfenden Kameraden ein liebes Mädchen seine Arme um den Matrosen schlang, war das die romantischste Art des Anziehens!

Während dieser Urlaubstage hatte ich mir von Günter Manow ein Fahrrad geborgt. Das brachte ich ihm am 25. Dezember zurück und fuhr gleich noch einmal nach Boizenburg.

Dort traf ich auch noch einmal Hella Lützow aus Neuhaus. Sie hatte die Oberschule in der Zehnten »geschmissen« und kochte nun Brei für die Kindergartenkinder der Elbewerft. Sie war Kindergärtnerin geworden.

Die Adressenliste in meinen Notizbuch konnte ich mit ihrer Hilfe vervollständigen oder aktualisieren.

Meine Boizenburger Klassenkameraden Gerda Follert und Ilse Sperling wohnen in Rostock, im Studentenwohnheim VIII, Thierfelder Straße.

Rudi Erben und Karl Watzke hatten als Rostocker Altstudenten inzwischen Privatunterkünfte im Fischerbruch bzw. in der Budapester Straße bezogen.

Dieter Grabo, mein alter guter Freund aus gemeinsamen Kindertagen und Seemannsträumen, wohnt jetzt in Wedel/Holstein, Goethestraße 43.

Das Jahr 1955

Rechtzeitig vor Silvester hatte uns die Schwedenschanze wieder. Gruppen-, Zug- und Kompanieführer konnten mit uns ihre Wachpläne für den Schutz der Republik und für die Sicherheit unseres Objektes mit Leben füllen.

Da die Urlaubsgewährung langfristig geregelt und in einem Urlaubsplan festgeschrieben war, konnten wir uns bereits am ersten *Arbeitstag* auf den nächsten planmäßigen Urlaub freuen: »Es klingt wie eine Sage, bis zum Urlaub nur noch 77 Tage«. Mal mehr, aber täglich weniger. Wie Kinder sich auf Weihnachten, so freuten wir uns auf Urlaub. Alles Sehnen und Trachten spielte sich um den Urlaub und um die Vorfreude darauf ab. Das war auch recht praktisch. Urlaub war öfter als Weihnachten!

Das Zusammenleben mit so vielen, im Wesentlichen Gleichgesinnten brachte manch Erheiterndes zutage.

Wenn man sich in seinen Freizeitinteressen auch unterschied, so blieben dennoch Augenblicke, in denen man sich gemeinsam auf der Bude aufhielt. Wir machten unseren »Rees an Backbord«. Das heißt, man unterhielt sich über Gott und die Welt. Wir sangen unsere Lieder. Ohne Gleichschritt und ohne Zwang.

Bella Venezia, Stadt der Verliebten,
Traum aller Pärchen im Mai ...

...

Wir lagen vor Madagaskar
und hatten die Pest an Bord ...

...

Lebe wohl du Zauberland Hawaii,
lebe wohl, braunes Kind, bleib' mit treu ...

...

Der Anfang dieses Liedes ist wohl nur noch wenigen geläufig:

Wenn Sturm uns bedroht hoch von Norden,
wenn Heimweh im Herzen uns kränkt,
wir sind Kameraden geworden,
und wenn es zur Hölle auch geht...

Der Refrain allerdings ist schon eher bekannt:

Auf einem Seemannsgrab,
da blühen kleine Rosen ...

Smisch trällerte immer noch:

» ... ich machte mich über die Schlafende her,
sie spürte das Rauschen der Donau nicht mehr ...«

Inzwischen hatte sich auf der Schwedenschanze ein Matrosenchor gebildet. Er wurde zu einem wichtigen Bestandteil der organisierten und freiwilligen Freizeitgestaltung im Objekt. Das Jahr 1955 muss ein Meilenstein in der Ernst Thälmann Verehrung gewesen sein. Unser Chor hatte das neu geschaffene Thälmannlied in seinem Programm. Ein Lobgesang auf den im Jahre 1944 von den Nazis ermordeten Vorsitzenden der KPD (Kommunistische Partei Deutschlands):

... Thälmann, o Thälmann vor allen!
Deutschlands unsterblicher Sohn –
Thälmann ist niemals gefallen –
Stimme und Faust der Nation.

Thälmann war Hamburger. Wie ich. Meine Familie wohnte damals in Eilbeck. Wir gingen in die dortige »Friedenskirche«. Das ist genau die Kirche, in der Ernst Thälmann konfirmiert wurde. Wären wir im Jahre 1943 nicht ausgebombt worden, wäre ich ebenfalls in der »Friedenskirche« konfirmiert worden.

Mein Vater kannte sogar »Teddy« Thälmann aus der Zeit vor 1933.

Bei so vielen Verbindungen zu ihm nimmt es nicht wunder, dass ich ein glühender Thälmann-Verehrer geworden bin. Das Thälmannlied habe ich gerne, oft auch allein, gesungen. Erstaunlicherweise traf die Tonlage genau meine sonst mangelhafte stimmliche Veranlagung. Und – man wird es mir nicht glauben – jemand, der mich so singen hörte, wollte mich sogar als Solist für unseren Matrosenchor gewinnen ...!

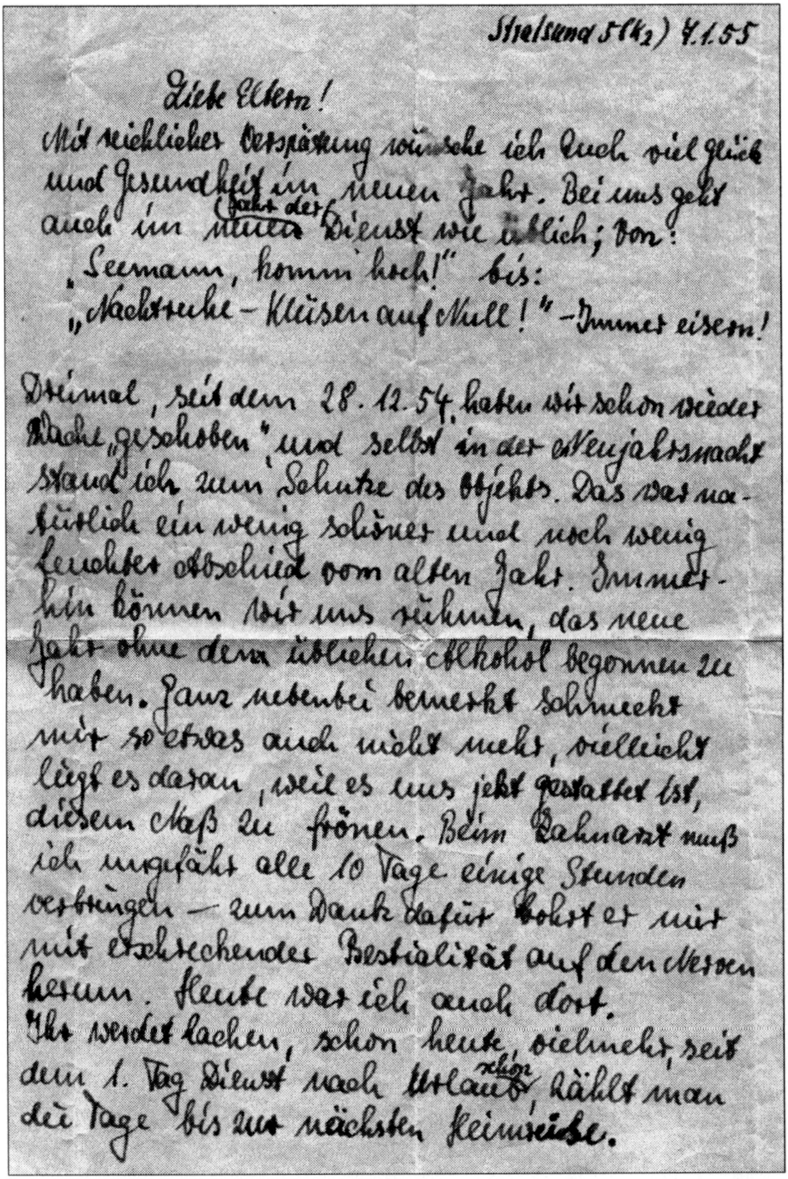
Stralsund 5 (K2) 4.1.55

Liebe Eltern!

Mit reichlicher Verspätung wünsche ich Euch viel Glück und Gesundheit im neuen Jahr. Bei uns geht auch im ~~neuen~~ Jahr der Dienst wie üblich; von:
„Seemann, komm hoch!" bis:
„Nachtruhe – Klüsen auf Null!" – Immer eisern!

Dreimal, seit dem 28. 12. 54, haben wir schon wieder Wache „geschoben", und selbst in der Neujahrsnacht stand ich zum Schutze des Objekts. Das war natürlich ein wenig schöner und noch wenig feuchter Abschied vom alten Jahr. Immerhin können wir uns rühmen, das neue Jahr ohne den üblichen Alkohol begonnen zu haben. Ganz nebenbei bemerkt schmeckt mir so etwas auch nicht mehr, vielleicht liegt es daran, weil es uns jetzt gestattet ist, diesem Maß zu frönen. Beim Zahnarzt muß ich ungefähr alle 10 Tage einige Stunden verbringen – zum Dank dafür bohrt er mir mit erschreckender Bestialität auf den Nerven herum. Heute war ich auch dort.
Ihr werdet lachen, schon heute, vielmehr, seit dem 1. Tag Dienst nach Urlaub schon, zählt man die Tage bis zur nächsten Heimreise.

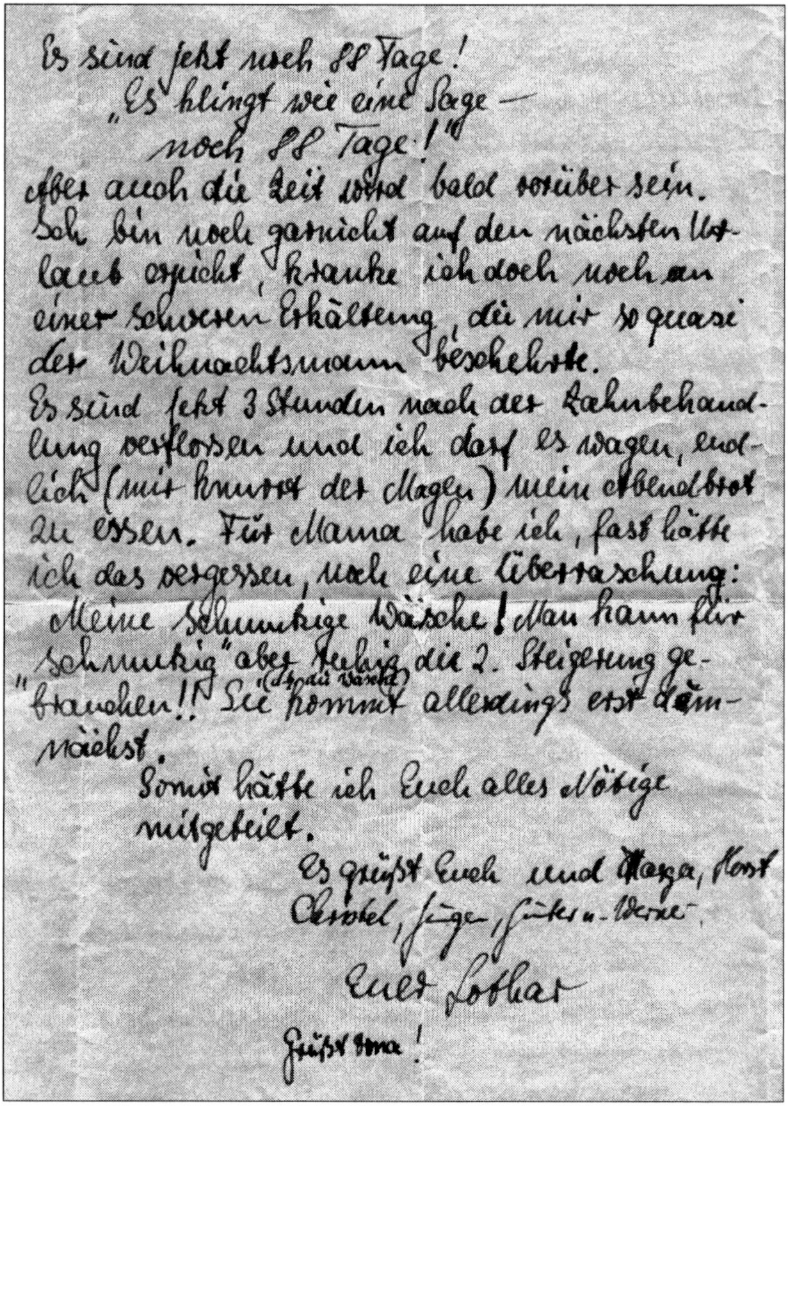

Es sind jetzt noch 88 Tage!
„Es klingt wie eine Sage –
noch 88 Tage!"
Aber auch die Zeit wird bald vorüber sein.
Ich bin noch garnicht auf den nächsten Urlaub erpicht, kranke ich doch noch an einer schweren Erkältung, die mir so quasi der Weihnachtsmann bescherte.
Es sind jetzt 3 Stunden nach der Zahnbehandlung verflossen und ich darf es wagen, endlich (mit knurrt der Magen) mein Abendbrot zu essen. Für Mama habe ich, fast hätte ich das vergessen, noch eine Überraschung: Meine schmutzige Wäsche! Man kann für „schmutzig" aber ruhig die 2. Steigerung gebrauchen!! (d. graue Wäsche) Sie kommt allerdings erst demnächst.
Somit hätte ich Euch alles Nötige mitgeteilt.
Es grüßt Euch und Marga, Horst, Christel, Jürgen, Günter u. Bernd
Euer Lothar
Grüßt Oma!

Auch das gab es: Preissenkung bei der Post!
Das Briefporto verringerte sich von 24 auf 20 Pfennig.

Finanzielle Probleme hatte hier auf der Schwedenschanze niemand. Alle erhielten den selben Lohn von 300 Mark im Monat. Und das bei Vollpension und kostenfreier Bekleidung.

Irgendwann kamen wir mit dem Teufel Glücksspiel in Berührung. Nicht so arg wie in Monte Carlo oder Las Vegas. Unser Anteil daran beschränkte sich auf seine bescheidenen Formen von Fußball-Toto und Zahlenlotto. Durch gegenseitige Rückversicherungsverträge hofften wir, selbst bei eigener Glücklosigkeit an Glück und Gewinn eines Kameraden teilzuhaben.

Zum Zwecke des Zusammenhalts unserer Finanzen gründeten wir den »Spar- und Darbverein«. In seiner Satzung stand:

Alles Geld, was selbst bei größter Anstrengung nicht ausgegeben werden kann, ist zu sparen.

Das war mehr *Geigel*, also Ulk. Männer-Ulk!

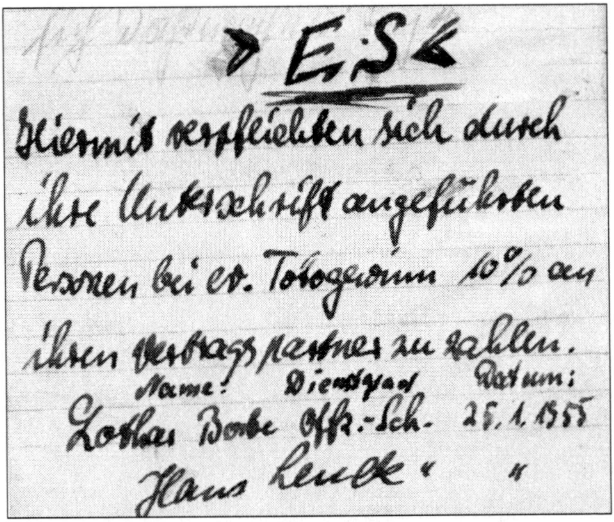

>E:S<

Hiermit verpflichten sich durch ihre Unterschrift angeführten Personen bei ev. Totogewinn 10 % an ihren Vertragspartner zu zahlen.

Name: Dienstgrad Datum:

Lothar Borbe Offz.-Sch. 25.1.1955

Hans Lemke " "

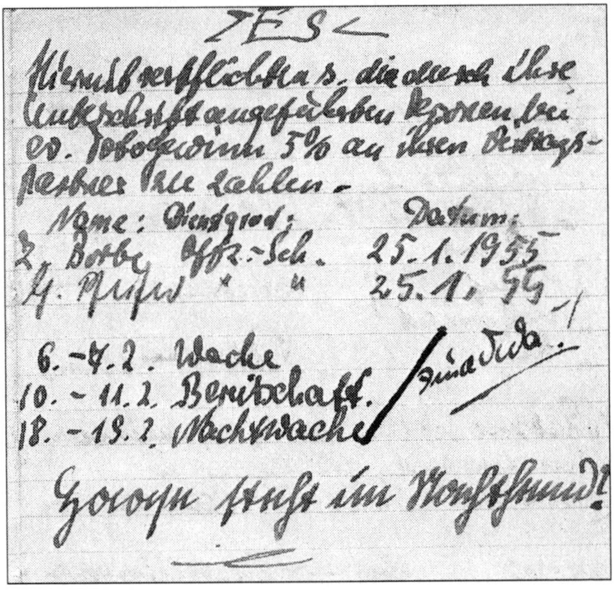

>E:S<

Hiermit verpflichten s. die durch ihre Unterschrift angeführten Personen bei ev. Totogewinn 5 % an ihren Vertragspartner zu zahlen.

Name: Dienstgrad: Datum:

2. Borbe Offz.-Sch. 25.1.1955

4. [illegible] " " 25.1.55

6.-7.2. Wache

10.-11.2. Bereitschaft.

18.-19.2. Nachtwache

Georgi steht im [illegible]!

Ernsthafter befassten wir uns dagegen mit Annoncen und Kontaktanzeigen. Wer von uns einen solchen Kontaktwunsch in der »Jungen Welt« veröffentlicht hatte, etwa:

erhielt bergeweise Post. Die Briefe wurde dann gemeinsam gesichtet, sortiert und auf Interessenten aufgeteilt. Was Ernstes hat sich daraus nicht entwickelt.

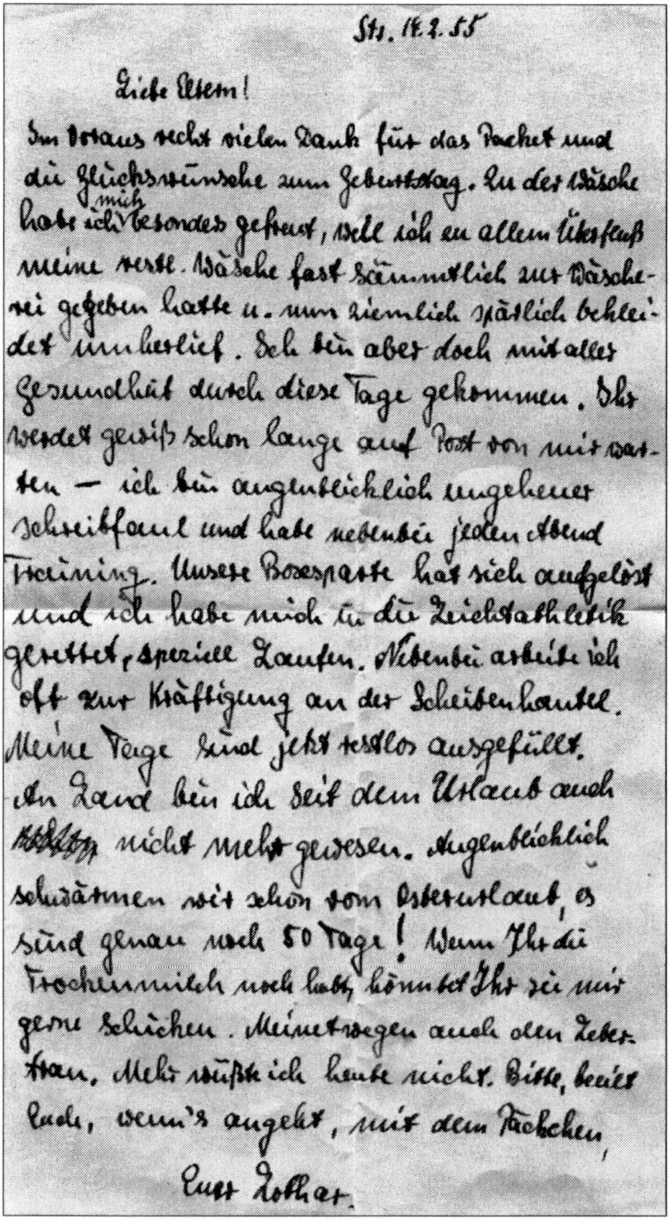

St. 14.2.55

Liebe Eltern!

Im Voraus recht vielen Dank für das Packet und
die Glückswünsche zum Geburtstag. Über die Wäsche
habe ich mich besonders gefreut, weil ich in allem Überfluß
meine erste Wäsche fast sämmtlich zur Wäsche-
rei gegeben hatte u. nun ziemlich spärlich beklei-
det umherlief. Ich bin aber doch mit aller
Gesundheit durch diese Tage gekommen. Ihr
werdet gewiß schon lange auf Post von mir war-
ten – ich bin augenblicklich ungeheuer
schreibfaul und habe nebenbei jeden Abend
Training. Unsere Boxsparte hat sich aufgelöst
und ich habe mich in die Leichtathletik
gerettet, speziell Laufen. Nebenbei arbeite ich
oft zur Kräftigung an der Scheibenhantel.
Meine Tage sind jetzt restlos ausgefüllt.
An Land bin ich seit dem Urlaub auch
nicht mehr gewesen. Augenblicklich
schwärmen wir schon vom Osterurlaub, es
sind genau noch 50 Tage! Wenn Ihr die
Trockenmilch noch habt, könntet Ihr sie mir
gerne schicken. Meinetwegen auch den Leber-
tran. Mehr weiß ich heute nicht. Bitte, beeilt
Euch, wenn's angeht, mit dem Päckchen,

Euer Lothar.

Einige hatten ja ihre Freundin zu Hause. Und dann gab es ja auch die Schwesternschule von nebenan. In Sichtweite sozusagen. Wir luden uns zwar gegenseitig zu Festlichkeiten ein, feste Beziehungen ergaben sich daraus erst ganz am Ende der Ausbildungszeit.

Ab 22.00 Uhr war offiziell Nachtruhe.

»Ruhe im Schiff!«, so rief der zuständige UvD (Unteroffizier vom Dienst) jeden Abend zur selben Zeit. In der Nacht war auch im Wesentlichen Ruhe. Wenn gelegentlich einer auch einmal raus musste, dann hatte er sich ruhig zu verhalten, um keinen zu stören und sich keine Vorwürfe seiner Genossen einzufangen. In all meinen Jahren Gemeinschaftsleben ist mir nur eine einzige Ausnahme bekannt geworden.

Smisch sagte uns: »*Wenn mal einer in der Nacht pissen muss, dann soll er mich ruhig wecken. Dann freue ich mich, dass ich noch weiterschlafen kann.*«

Smisch – das war Klaus Semisch. Seinen Spitznamen verdankt er einem Fehler unseres Hauptfeldwebels beim Verlesen der Postempfänger.

Auch Gerd Heidekrüger verdankt diesem Spieß seinen Namen *Hirsekrüger*, ebenso *Zeisig* aus dem 2. Zug, der eigentlich Zysick hieß.

Wenn sich kein originellerer Spitzname ergibt, dann heißen alle Berliner normalerweise *Keule* oder *Atze*.

Helmut Theodor allerdings nannte sich *Theo*. Das hatte sich bei uns so eingeprägt, dass sogar einmal eine Postsendung an einen *Herrn Helmut Theodor* als unzustellbar an den Absender zurückgeschickt worden ist.

Auch *Kuddel* Pfeiffer hieß gar nicht Kuddel. Seinen richtigen Namen weiß ich bis heute nicht. Genauso geht es mir mit meinem Freund *Emil* Dehmke, der weiß Gott nicht Emil heißt. Lothar Dorn nannten wir aus mir bis heute unerklärlichen Gründen *Emma* und Ferdinand Haase war *Nante*. Wir kannten *Pauku* (Paukutat), *Kalle* Karlheinz Richter.

Gerd Unger wurde zu *Baron Unger* oder kurz *Baron* nach einem weißgardistischen russischen General ähnlichen Namens (Baron von Ungern).

Aribert Perzel war *Adlerauge*! Sein markantes Gesicht und seine stechenden Augen würdigten uns diesen Begriff ab.

Lothar Winter erhielt seinen Spitznamen *Lotte* nach *Lotte* Meister, einem der ersten Friedensfahrer der DDR, der eigentlich Lothar Meister hieß.

Wenn wir aus einer kleinen Quasselstrippe, aber einem großen Komödianten aus dem 3. Zug, *Kuno Wimmerzahn* machten, dann geschah das allerdings nicht aus allzu großer Verehrung.

An Feiertagen war Ausgang in Paradeuniform befohlen:
Kieler Hemd weiß
Von links: Baron Unger, Dieter Sieler.

Meine Sportsübungen mit Hans Lenck wurden mit der Zeit immer extensiver. Wir machten uns sogar an den Hanteln zu schaffen. Drücken, Reißen, Stoßen hießen die Gewichtheber- Disziplinen in dieser Zeit. Das Reißen erforderte viel Technik. Wir übten ohne Anleitung und fanden nicht die Mittel, ein Gewicht zu reißen. Es blieb bei Stoßen und vor allem Drücken. Kein Wunder, dass ich mehr und mehr Rückenprobleme bekam und mich sogar verschiedenen Ärzten vorstellte.

Daraufhin mied ich alle ruckartigen Belastungen, die meine Wirbel erschüttern könnten. Sogar den Exschritt verweigerte ich aus diesem Grunde gelegentlich oder führte ihn nicht in der Exaktheit aus, wie es verlangt wurde. Auch dieses Verhalten fand nicht die »Bewunderung« meiner Vorgesetzten.

Stralsund 11.5. 55

Liebe Eltern!

Schon vor einigen Tagen habe ich Euer Paket erhalten, aber noch keine Zeit gefunden, euch zu danken. Besonders den Kuchen ließ ich mir gut schmecken – obwohl mein Anteil daran nur gering war, denn die Anwartschaft auf solche Leckereien ist sehr groß, weil jedes Paket als Gemeineigentum angesehen wird. Aber die Art ist nicht verkehrt, weil man so immer mal »seinen« Kuchen bekommt. Heute geh' ich zur Poliklinik zum Röntgen – ich habe mir einen Schaden an der Wirbelsäule zugezogen, nicht gefährlich, nur Stauchung. Sportlich hat unsere Kompanie in der letzten Zeit große Erfolge errungen. Unsere Mannschaft im Tauziehen, wo auch ich drin bin, hat sich den Dienststellen 1. geholt. Unser größter Erfolg war der Sieg über eine Offiziersmannschaft, der ein Triumph der ganzen Schüler wurde – und die Offz. zogen geknickt heim. Ihr könnt Marga sagen, daß sie mir die Bilder, wo ich draufbin, zuschickt, wenn's geht in doppelter Ausführung. Das wäre für heute alles. Es grüßt Euch alle

Lothar.

Marinemeisterschaft

Im Juni fanden die Sportmeisterschaften der VP-See in Stralsund statt. Für diese Meisterschaften stellten wir uns eine Mannschaft in der Disziplin Gepäckmarsch zusammen. Wir hatten einen verwegenen Plan. Wir wollten die Strecke nach Parow und zurück im Laufschritt nehmen.

Für unsere Mannschaft suchten wir uns die geeigneten Leute aus unserer Kompanie aus. Zehn Mann mussten es werden.

Von Hans Lenck und von mir kannte man das Leistungsvermögen. Wir Zwei waren gesetzt. Von anderen harten Jungs wussten wir das ja auch. *Lotte* Winter zum Beispiel, auch Ewald Richter, Alfons Taube, Harald Franke, Eberhard Ganzer. Die anderen drei habe ich leider vergessen.

Die vorgeschriebene Bekleidung aller Teilnehmer bestand aus Bordpäckchen blau, Koppel, Käppi und Stiefel. Jeder trug einen Rucksack mit Ziegelsteinen und einem Karabiner.

Als letzte von zwölf Mannschaften begab sich unsere auf die Strecke nach Parow. Acht Minuten nach der vor uns gestarteten Offiziersmannschaft.

Auf der »Hinreise« machten bei uns bereits die ersten von uns schlapp. Sie hatten sich das »Unternehmen« doch wohl nicht so schwer vorgestellt. Ihre Rucksäcke und Gewehre mussten aufgeteilt werden.

Ich hatte manchmal drei Karabiner und zwei Rucksäcke zu schleppen. Alles aber ungehindert im Laufschritt. Und das bei ungewöhnlich tropischen Temperaturen auf der heißen Betonpiste. Nirgends ein Schatten!

Hans Lenck hatten wir an die Spitze unserer Gruppe beordert, um das Tempo zu halten. Bei Erreichen der Parower Dienststelle kamen uns schon die ersten Kämpfer aus der vor uns gestarteten Offiziersmannschaft entgegen.

Schnell noch die Sturmbahn überwinden! Sie beginnt sicher überall gleich mit dem Kriechhindernis. Unter Draht und Stacheldraht – in einer Höhe von wenig mehr als 30 cm – war eine ziemlich lange Strecke zu überwinden. Kriechend, gleitend, robbend.

Normalerweise hatte ich eine ganz besondere Technik bei einer solchen Übung. Kein Gleiten, kein Kriechen. Ich bewegte mich auf Ellbogen und Fußspitzen. Dabei kam ich auf schier unglaubliche Geschwindigkeit. Am Ende aber war ich wohl auch »töter« als andere.

Das spielte bei diesen Meisterschaften aber keine Rolle. Hatte man im Höllentempo dieses Hindernis durchkrochen, Rucksack und Karabiner vor sich herschiebend, dann glaubte am Ende jeder, wahrhaftig tot zu sein. Dafür blieb aber keine Zeit.

Einer nach dem Anderen musste auch noch über die Eskaladierwand. Als Erster Hans Lenck, der Zweite war ich. Wir hatten mit ihm ausgemacht, dass er – zur Hilfestellung für alle anderen – oben auf dem Rand sitzen bleibt. Jedem einzelnen, der sich mit seinem Gepäck über diese etwa 2,50 m hohe Bretterwand schwang, gab ich, der direkt vor der Eskaladierwand stand, noch einen kräftigen Schubs, so dass er mit viel Schwung oben ankam. Hans gab ihm nur noch die Richtung. Fallen konnte jeder für sich allein.

Als Letzter schwang ich mich über das Hindernis. Wer richtig gut war, der überwand diese Wand normalerweise im Lauf mit einem kräftigen Ansprung. Linker Fuß musste dabei mit der Sohle in halber Höhe an der Wand aufsetzen. Mit dem Schwung des Anlaufes schwang man sich dann rüber. Mit einem Rucksack auf dem Rücken ging das natürlich nicht. Ich konnte gerade einmal meine Arme auf die Oberkante legen und musste mich hochziehen. Oben rutschte mir mein Gepäck über den Kopf und zog mich regelrecht nach unten. Für den winzigen Bruchteil einer Sekunde genoss ich den freien Fall in den Sand. Kurzes Schütteln. Weiter, immer weiter.

Kurzer Aufenthalt an der Schießbahn. Schießen, Kleinkaliber liegend. Da haben wir einiges »in den Sand gesetzt.« Diese Gewehre waren uns nicht vertraut. Sie waren wohl auch nicht fachmännisch eingeschossen. Oder man hatte nur versäumt, uns die Trefferbilder zu zeigen. Die Minuten relativer Ruhe während des Liegenschießens taten aber gut.

Mit Elan dann zurück. Auf halbem Wege überholten wir die vor uns gestartete Offiziersmannschaft. Die meisten ihrer Mitglieder waren total erschöpft. Als Mannschaft befanden sie sich in Auflösung.

Ihr bedauernswerter Anblick verlieh uns eine zweite Luft, wie man so sagt. Wir fanden sogar noch Kraft und Mut (und das bei Offizieren!) respektlos zu lästern: »Sollen wir euch tragen?« Wir produzierten noch weitere kühne Sprüche. Wir versprachen ihnen, im Ziel Bescheid zu geben, dass sie noch lebten und irgendwann eintreffen werden.

Die Zeit des Letzten einer Mannschaft ging in die Wertung. Das machte uns aber kein Problem, weil wir den eventuell Letzten praktisch durchs Ziel getragen hätten.

Auswertung: Wir waren Sieger!

Die acht Minuten vor uns an den Start gegangenen Offiziere kamen erst drei Minuten nach uns im Ziel an!

Dank besserer Schießleistung war ihr Rückstand offiziell nur noch vier Minuten. Ihre Niederlage war also doch noch in Grenzen geblieben, was sogar noch zum Ehrenplatz hinter uns reichte.

Zur Siegerehrung im Stadion Schwedenschanze hatte sich selbst Vizeadmiral Waldemar Verner, der Chef der VP-See, eingefunden. Per Handschlag vom Admiral gab es für jeden aus der Siegermannschaft zwei Tage Sonderurlaub. Genau so lange haben wir wohl auch unsere rechte Hand nicht gewaschen.

Das war schon ein freudiges Ereignis bis zu dem Tag, als ich glaubte, wie meine Mitstreiter in den verdienten Sonderurlaub zu fahren. Nach einer »bewährten« Marineregelung aber wurde vor Wirksamwerden einer Auszeichnung in erster Linie eine vorhandene Strafe aus der Akte gestrichen.

Ich hatte zu dieser Zeit gerade einen ganz, ganz »einfachen« Verweis in meiner Akte. In einem Wutausbruch hatte ich einem Gruppenführer die Mütze vom Kopf geschlagen. Dieses Vergehen war mir nun vergeben, der Verweis gelöscht und weg. Mein Sonderurlaub allerdings auch.

Mit dieser Truppe, dieser verschworenen Sportgemeinschaft hätte man Pferde stehlen können! Hier ein Beleg dafür.

Wir befanden uns in einem Manöver in der näheren Umgebung Stralsunds. Unser Zug sollte die Verteidigungslinie des 3. Zuges angreifen. Das machten wir ganz geschickt. Wir ließen einen Mann in unserem Lager zurück. Er hatte sich ständig in Sichtweite der gegnerischen Verteidigungslinie hin und her zu bewegen und mal hier, mal dort »ungeschickt« kurz aus seiner Deckung aufzutauchen, um den Verteidigern Kenntnis von unserem Aufenthalt zu geben.

Wir anderen aber, wir rannten einen gewaltigen Umweg in den Rücken der Verteidiger. Als diese sich noch immer nach uns die Augen ausguckten, hatten wir uns lautlos an sie herangeprescht. Wir überwältigten die verdutzten Triefnasen. Da alles blitzschnell und rigoros abging, gab es neben blauen Flecken anschließend auch noch Klagen über unser hartes Eingreifen.

Die bei Manövern verwendete Munition waren Platzpatronen. Diese erzeugen noch mehr Schlamm im Lauf, als echte Munition. Bei jedem Schuss hinterlässt ein Geschoss durch verbranntes Pulver schmierige Rückstände im Gewehrlauf. Sie können erst durch aufwändiges Waffenreinigen unter Verwendung großer Mengen von Reinigungsöl, Docht und Putzlappen beseitigt werden.

Nun neige ich zur Bequemlichkeit. Ich will nicht behaupten, besonders faul zu sein, aber es widerstrebte mir immer schon, Dinge zu tun, die nicht notwenig sind.

Welchen Sinn machte das Herumballern für mich? Keinen. Also verschenkte ich meine Patronen gönnerhaft an Kameraden, die Freude am Ballern hatten. Ich tröstete mich damit, dass ich den Krach auch als Passivschütze ja genauso genießen konnte wie ein aktiver Schütze. Das nach einem Manöver aufwändige Waffenreinigen erledigte ich dafür dann »mit links«.

Auf einem Ausmarsch hatten wir wieder einmal den PV irgendwie geärgert. Ich vermute, wir haben – ihm zum Trotz – immer wieder die falschen Lieder angestimmt. Er sann auf Rache. Irgendwo auf einer Betonpiste befahl er »Halt!«, darauf »Stellung!«. Auf das Kommando »Stellung« hatte man sich hinzuwerfen. Wir wussten, dass er das nur aus Schikane tat und blieben stehen.

Mehrmalige Verwarnungen, sogar die Drohung – früher hätte es bei Befehlsverweigerung »Erschießen« geheißen – konnten uns nicht weichen. Zwei, drei Mann kamen schließlich zögerlich seinen Befehlen nach und kippten aus der Reihe. Die Masse blieb eisern und stehen. Wäre nur ein Einziger stehen geblieben, der wäre praktisch »erledigt« gewesen. Irgendwann ging es weiter. Ohne Gesang. Ohne Nachspiel. Diesen Vorfall zu melden, war dem Politoffizier wohl selber peinlich. So ließ er alles im Sande verlaufen.

Wir waren schon ein toller Haufen!

Stralsund, 23. 6. 55

Liebe Eltern!

Schon wieder muß ich Euch für ein Paket danken. Auch dem »Schöpfer« des Kuchens meinen Dank, denn der ist ihm wahrlich gelungen. Mir hat der Kuchen vorzüglich geschmeckt und die saubere Wäsche erfreute mich gleichermaßen. Aber auch ich habe schon wieder einen Posten schmutziger Wäsche liegen, die ich in den nächsten Tagen einpacken werde.

Gestern haben wir erfahren, daß wir vom 1.8. – 27. 8. ins Sommerlager fahren. Der Name klingt angenehm. Dahinter verbergen sich Lt. Plan: Pro Woche ein Nachtausmarsch, u. eine seemänn. Nachtübung m. Nachtsignalisieren, viel viel Gamaschendienst (Marinebuschkrieg genannt), Sport, Seemannschaft u.a. Also, wie zu ersehen, ein abwechselungsreiches Sommervergnügen.

Auch der Unterricht, der Dienst allgemein, ging seinen gewohnten »sozialistischen« Gang.

Bei gehörigem Abstand von Urlaub und Verlockungen fand ich mich auch immer wieder in den Alltag rein. Leistungsüberprüfungen gab es gelegentlich auch, woran ich mich im Einzelnen aber nicht mehr erinnere. Bis auf diese. Immer fünf Mann hatten je einen Fragezettel zu ziehen und sich eine viertel Stunde etwa auf das Problem vorzubereiten.

Mein Thema in etwa:

»Schildern Sie die Bedeutung der Hygiene in einer Armee!«

Was sollte ich dazu sagen? Wie sollte ich der Prüfungskommission die »Rolle der Bedeutung« darlegen? Da hatte ich den grandiosen Einfall, meinen Ausführungen ein Gedicht voranzustellen. Natürlich gab es gar keine Gedichte zu diesem Stoff. Schnell hatte ich einen Vierzeiler zusammengedichtet, den ich nun Gorki oder irgendeinem anderen sozialistischen Dichter »unterjubeln« wollte.

Mein Vierzeiler aber hatte einen Haken. Er reimte sich nicht so recht. Also – kein Gedicht, sondern ein Zitat. Ein Stalin-Zitat! Stalin war ja bereits 1953 gestorben, aber noch »lebte« der Große Stalin.

Dann wurde unsere Fünfergruppe in den Prüfungsraum geholt. Ich begann meine Ausführungen mit den Worten: »Der Genosse Stalin sagte einmal über die Rolle der Hygiene …« Anschließend folgte »mein« vollständiges Stalin-Zitat.

Die Prüfungskommission, vor allem unser Lehrgangsleiter Oberleutnant Dabelstein, nickte anerkennend mit den Köpfen.

Ich formulierte bei meiner Dreistigkeit innerlich nun sogar noch die Erkenntnis: »Ihr Ärsche, wenn ihr wüsstet«. Sie wussten nicht. Und so gaben sie mir für meine ansonsten mäßigen Ausführungen eine Note 4, ein »Gut«.

Meine vier Kameraden zeigten sich ebenfalls beeindruckt von meinem »Allgemeinwissen«: »Was du nicht alles weißt!« Als ich ihnen schließlich mein kriminelles Tun beichtete, war ihre Anerkennung noch gewaltiger.

Die Benotungen auf der sozialistischen Kaderschmiede entsprachen der sowjetischen Regelung. Note 5 entsprach darin der deutschen Eins. Stalin – mein Retter!

Marinebuschkrieg

Dann war schließlich das uns bereits »angedrohte« Sommerlager angesagt. »Marinebuschkrieg« scherzten wir.

Auf mehreren GST-Kuttern K 10 verteilt, schwammen wir am 1. August des Jahres 1955 im Schlepp der kleinen Hafen- und Reedeschutzboote der Typen »Tümmler« und »Delphin« unserem Ziel auf Rügen entgegen.

Nach einer langen, unserer ersten »großen Seefahrt« legten unsere Boote und Kutter auf dem Bug bei Dranske auf Rügen an. Unser Feldlager auf der Bugspitze befand sich genau zwischen Ostsee und Wieker Bodden. Etwas näher am Bodden. Der Bug ist die schmale Landzunge südwestlich vom Kap Arkona, eben oben links. Das ist der schmale »Wurmfortsatz«, der sich bis in die Nähe von Hiddensee schiebt.

Große Zelte standen bereits. Sie sollten unsere Unterkunft sein. Unsere Betten waren ebenerdig. Sie bestanden aus einer dicken Lage Stroh, darauf die Zeltbahn (oder Zeltplan) ausgerollt und fertig!

Zur Sicherstellung der Ernährung waren Gulaschkanonen in Stellung gebracht. Jeder Zug stellte einen Mann als Küchenhilfe ab. Das Essen wurde dann in den kommenden Wochen zwar mit viel Liebe, aber mit wenig gastronomischem Können zubereitet. Zumeist bekamen wir »Löffelspeisen« in Form von Suppen. Einzige feste Nahrung waren die Pellkartoffeln. Gegessen wurde aus einem Kochgeschirr, das seit Generationen jedem deutschen Soldaten angehängt wird.

Die Lage unseres Sommerlagers zwischen den beiden Gewässern war wohl so geplant. Seine Nähe zum Wasser sollte ein Glücksfall werden. Das Boddenwasser nutzten wir für die tägliche Körperpflege. Mittags erledigten wir darin die Reinigung unserer Kochgeschirre und der Essbestecke.

Anfangs machte das jeder persönlich. Irgendwer kam bald auf die Idee, diesen Abwasch zu rationalisieren. Mal sollte der Eine, mal der Andere ein fremdes Geschirr mitnehmen.

Schließlich aber einigten wir uns, dass das Los über den Abwasch entscheiden sollte. Jeweils zwei Mann machten, sich gegenüber stehend, mit den Händen das bekannte Schnipp-Schnapp-Schnupp. Flache Hand bedeutet »Papier« und deckt die offene Faust »Brunnen« zu. Die Faust als »Stein« fällt in den Brunnen, Schere fällt auch in den Brunnen, schneidet aber Papier ... Manchmal knobelten wir auch mit den Füßen: Piss-Pott, eine Methode, die auch heute noch bekannt ist.

Der Unterlegene einer Knobelrunde hätte dann zwei Kochgeschirre zu säubern gehabt, wenn er sich nicht mit einem anderen Verlierer zu einem erneuten Wettstreit treffen würde. Im Ergebnis stand manchmal einer mit viermal Abwasch. So ging das dann täglich.

Kurios – *Kuddel*, der immer verlor und oft mit zehn Kochgeschirren zum Abwaschen laufen musste, war am nächsten Tag tatsächlich der Erste, der fragte: «Woll'n wir knobeln?«

An den Abwaschstellen am flachen Strand vermehrten sich die Quallen. Die Speisereste lockten sie aus Bodden und Ostsee an. Wir mussten unsere Abwaschstellen tatsächlich jeden zweiten Tag wechseln. Zum Baden gingen wir an den Ostseestrand. Das Wasser war jetzt, Ende August, bereits ungemütlich kalt. Da badeten wir nicht mehr so oft. Um so lieber streiften wir an dem langen Strand herum. Dort traf man gelegentlich auf einsame Camperinnen.

In unserer kärglich bemessenen Freizeit machten wir so manchen Ulk. Zu allen möglichen Dingen oder Undingen haben wir Wetten abgeschlossen. So auch diese: »Du traust dich nicht in voller Ausrüstung in die Ostsee.« »Für fünf Mark mach' ich's«, sagte jemand. Und er tat es wirklich. Fünf Mark waren auch zu gewinnen, wenn man sich eine Tube Fischpaste in die Haare schmieren würde ...

Ich zum Beispiel soll, so erzählt man sich, für einen lächerlich geringen Geldbetrag anderen die Socken gewaschen haben ...

Kurz gesagt, Langeweile kannten wir nicht. Und an Herzschmerz ist auch niemand gestorben.

Die ganze Gegend war von gesprengten Bunkeranlagen übersät. Die letzten Sprengungen, Wohnhäuser und Betonstraßen, waren noch nach 1950. Formal galten auch diese Sprengungen militärischen Objekten. In diesem Falle erwiesen sie sich jedoch als Sabotage eines Mannes, der kurz nach dieser Untat in den Westen ging.

Der Bug war zur Nazizeit eine große Seefliegerbasis. »Adolfs« Seenot-Rettungsflieger waren hier stationiert.

Unser Lehrgangsleiter Kapitänleutnant Kragl hatte sich hier bereits seine Sporen verdient. Über ihn erzählte man sich Heldentaten aus seiner Zeit als Seeflieger.

Unser Gelände war nicht abgezäunt. Es lag in einer Wildnis. An einer Seite grenzte es an den Bodden. Ein Haupttor war eingerichtet mit Schlagbaum und Wachzelt. Zum täglichen Drill und zu den gelegentlichen Vorträgen und Belehrungen im großen Festzelt kam der Wachdienst hinzu.

Die Landgrenzen waren nur provisorisch markiert, in Nord-, West- und Oststreife. Wegen des unübersichtlichen Geländes ging man Doppelstreife. Das war auch sicherer.

Wir machten uns gelegentlich »Marscherleichterung«. Einer streifte, der Andere ruhte sich im Grase aus ...

Da es uns verboten war, das Objekt zu verlassen, musste man sich etwas einfallen lassen. Manchmal fast offiziell. *Keule* besaß einen roten Trainingsanzug. Der sah spitzensportlermäßig aus. Auch meiner machte etwas her. So begaben wir uns in lockerem Lauf zum Schlagbaum: »Schwerpunktraining!« Der geschockte Posten öffnete den Schlagbaum.

Dann gab es die Möglichkeit, durch den imaginären Zaun ins Freie zu gelangen. Das Herauskommen war in der Regel einfach. Man sah die Posten und musste nur einen günstigen Augenblick abpassen. Schwieriger gestaltete sich das unbemerkte Rückkehren. Traf man bei der illegalen Heimkehr auf einen Kumpel aus der eigenen Kompanie, dann einigte man sich schnell. Pech, wenn man von einem Posten aus einer anderen Einheit aufgegriffen wurde, den man nicht persönlich kannte, der vielleicht noch ein ganz »scharfer« war, ein pflichtbewusster! Dann waren Festnahme und Meldung an den Stab die nächsten, einzuleitenden Schritte. Wie das Strafmaß dann dafür bemessen wurde, weiß ich nicht. Weder mir noch irgendeinem aus unserem Zug ist Derartiges zugestoßen. Wir hatten neben Glück wohl auch eine gehörige Portion Cleverness.

Ich schlich mich allerdings selbst bei dunkelster Nacht durch unwegsamstes Gelände in mein Zelt zurück, um ja keiner Wache in die Arme zu laufen. Einmal wurde mir mein Einsatz an der Freizeitfront zum Verhängnis.

Ich hatte am Tag vorher wieder einmal ein Mädchen getroffen und mich mit ihm verabredet. Aus diesem Grunde war ich sehr lange aus geblieben und todmüde. So befand ich mich wohl in einer Art Schlafkoma, als Alarm ausgelöst wurde. Das war nicht nur »Antreten und Vollzähligkeit«, sondern auch Ausmarsch.

Selbst beim Marschieren bin ich nicht recht wach geworden. Ich taumelte immer wieder in eine Kurzschlafphase. Hinter- und Nebenmänner hatte ihre Mühe, mich zu stützen, mich immer wieder anzuschieben.

Endlich irgendwo in einem Waldstück kam der Befehl: »Stellung!« Zeltbahn ausbreiten und hinwerfen. Endlich schlafen. Als es nach einer kurzen Zeit weitergehen sollte und wir uns sammelten, habe ich ernsthaft überlegt, einfach liegen zu bleiben – oder wenigstens die Knarre liegen lassen ...

So wach war ich nun schon wieder, dass ich wenigstens zu einer Art von Denken fähig war. Irgendwie käme es mir doch blöde vor, wenn mich am Tage dann irgendwelche Personen, Kinder gar, finden würden. So entschloss ich mich, weiter mitzumachen. Ich kam – wie man so sagt – auch langsam übern Berg. Von diesem Moment an war ich unverwüstlich und habe den Marsch ohne körperliche und seelische Leiden überstanden.

Von nächtlichen Ausflügen war ich nun geheilt.

Wenige Tage später befanden wir uns in einem neuen Einsatz. Dieses Mal in »Geheimer Mission«.

Im Dunkel der Nacht mussten wir unsere Kutter für ein geheimes Landungsmanöver klarmachen. Voll bepackt bis an die Rundseln, die Riemen mit Tuch umwickelt, um auch ja keine Geräusche beim Rudern zu verursachen.

So überquerten wir den Wieker Bodden in Richtung Strand. Dort setzten wir, immer noch geräuschlos, unsere Kutter auf den Sandstrand, ließen vorsichtig die Draggen (Anker) zu Wasser und wateten ans feste Ufer. Beim Aussteigen verhedderte sich Harald Franke mit einer solchen Ankerleine und stürzte kopfüber ins Nass.

Da irgendwann wieder die Sonne über Rügen und über uns aufging, trockneten seine nassen Sachen am Leib.

Unser weiterer Kampfauftrag entpuppte sich schließlich als ein etwa 40 km langer Marsch. Zur Marscherleichterung brauchten wir nicht im Gleichschritt marschieren. »Ohne Tritt« war befohlen. Weit auseinandergezogen schleppten wir uns durch unbekanntes Gelände. Viel auf Feldwegen. Erst im letzten Abschnitt, im kleinstädtischen Dranske, kamen wir auf die einzige feste Straße, die auf den Bug führte.

Hier sammelten wir uns neu, ordneten unsere Sachen und marschierten im Gleichschritt mit lautem Gesang durch den Ort. Unter den zustimmenden Blicken der Einwohner war jede Mattigkeit wie weggeblasen. Das Stadtzentrum durchschritten wir dann sogar im Exschritt. Leutnant Bethig vorneweg. So, wie weiland Alexander der Große an der Spitze seiner Krieger durch die Wüsten Kleinasiens. Wir fühlten uns wie Sieger!

Zu den Elementen des »Marinebuschkriegs« gehörte auch das »Scheuchen« im Gelände.

Das war oft ein Teilelement des Strafexerzierens. Dann marschierte zum Beispiel eine Gruppe zur Bestrafung durch die »Prärie«. Plötzlich ein Kommando »Panzer von rechts!« Alles hatte sich dann todesmutig nach rechts den Panzern entgegenzustürzen. Und man tat das auch tapfer und heldenhaft. Ich jedoch sauste nach links, sprang in den Graben und duckte mich. Der Chef ganz verwirrt: »Genosse Offiziersschüler, haben Sie das Kommando nicht verstanden?« »Doch,« sagte ich und fügte nach einer kleinen Pause ängstlich hinzu, »aber da sind doch die Panzer ...«

Eine weitere »Unterhaltung« während dieses Sommerlagers:

Der Kommandierende befand sich auf der Straße. Seine Truppen sollen in Schützenkette, mit der Waffe in der Hand, die Wildnis rechter Hand bezwingen. Bei dem Kommando »Halt!« schmeißt man sich hin. Auf »Vorwärts!« steht man auf und setzt die Eroberung des Feindgebietes fort. »Halt« und »Vorwärts« wechseln sich ab, bis die Einheit schließlich tief ins *Feindesland* eingedrungen war.

Schließlich: »Achtung, ganze Abteilung kehrt. Antreten!« Dann robbten sich die Jungs durch Gebüsch und Kuhlen zurück zur Straße. In der letzten, das heißt, in dem ersten Loch von der Straße und vom Chef aus gesehen, da lag ich! Ich hatte mir während des ganzen Manövers hier »einen Fetten gemacht«. Als der letzte meiner Kameraden mich passierte, erhob auch ich mich und schloss mich ihnen wieder an ...

Alles keuchte und schnaufte und musste sich die Klamotten zurechtziehen. Ich gesellte mich zu ihnen, ohne zu japsen. Hätte das nicht auffallen müssen?

Das Scheuchen unter Schutzmaske war eine von einigen Vorgesetzten besonders geliebte Disziplin.

Die Maske, eigentlich Atemschutzmaske, entsprach dem, was ich vom Krieg her noch als Gasmaske kannte.

Bei solchem Manöver hieß es, Nerven zu bewahren. Unter der Schutzmaske fällt das Atmen schwer. Kam man unter der Schutzmaske erst einmal ins Keuchen, glaubte man zu ersticken. Dann hatte man verloren. Man blieb entweder einfach liegen oder riss sich die Maske vom Kopf.

Beides – Eingeständnis einer persönlichen Niederlage und ein Hochgefühl beim Schleifer. Solches Gefühl wollte ich denen nicht gönnen. Wichtig war deshalb, sich bei einer solchen Übung von Beginn an geruhsam zu bewegen und jedes: »Schneller, Mann!« einfach zu ignorieren.

Jedes Mal, wenn mir eine derartige Individualbehandlung zuteil wurde, brachte ich den für mich zuständigen Ausbilder ins Schwitzen. Aber es gab nichts, was mich aus meiner stoischen Ruhe heraus und ins Keuchen bringen konnte.

Der PV nutzte die Gelegenheit, uns vier Wochen lang täglich beisammen zu haben, und arbeitete intensiv an unserer sozialistischen Erziehung. Dazu gehörte es, uns die guten alten bzw. uralten Lieder abzugewöhnen. Am Einfachsten ist in jedem Falle das Verbieten.

Die »Lola« sollte als Erste daran glauben. Wieder einmal zog er mit uns durchs Gelände: »Rührt euch – ein Lied!« Der linke Flügelmann stimmte an: »Die *Emma*, drei, vier!« Ein neues Lied? Sollte ich nicht aufgepasst haben? Das ging dann aber so:

»In des Gartens dunkler Laube ... saß ein Seemann mit seiner Emma, schmiedeten ein festes Band«.

Welchem Schlingel diese »Täuschung« eingefallen war, weiß ich nicht. Nur, dass der PV vor Wut kochte, das weiß ich noch heute.

Irgendjemandem muss aufgefallen sein, dass sich überall in der Republik die Sachsen breit machten. Auch bei uns hatten sie die

Mehrzahl der Leitungsfunktionen besetzt. Es musste etwas unternommen werden.

Wir »gründeten« eine Fraktion »Norddeutscher Bund«. Jeder, der aus einem ehemaligen deutschen Kleinstaat stammte, der einst zum Norddeutschen Bund gehörte, durfte sich uns anschließen. Man tat es mit Eifer. Bis auf die Sachsen waren schließlich alle dabei.

Wieder marschierten wir eines Tages mit Gesang durchs Gelände. Wieder wurde ein Lied angestimmt. »Sollen die Sachsen alleine singen!«, rief einer und alle »Norddeutschen« stellten das Singen ein. Da der Gesang dann doch allzu kläglich ausfiel, verstummten auch die Sachsen.

Dabei war das alles nur Jux und Dallerei. Ernsthafte Probleme zwischen den vielen deutschen »Völkerschaften« bei der Marine hat es aber nicht gegeben.

Gegen Ende des Sommerlagers hatte ich im großen Kulturzelt in den dort ausliegenden Zeitungen geblättert.

Das ND (»Neues Deutschland«, Zentralorgan der Sozialistischen Einheitspartei Deutschlands) berichtete vom Bau eines Handelschiffes für die Deutsche Seereederei in Rostock. Der Dampfer »Thälmann-Pionier« sollte ganz aus Spenden der Pionierorganisation »Ernst Thälmann« finanziert werden.

Am 23. August stand zu diesem Thema geschrieben, dass die Teilnehmer eines Pionierlagers des VEB Carl Zeiss Jena 115 DM für den Bau ihres Schiffes gesammelt hatten. Solche Meldungen nährten wieder meine Hoffnungen auf eine Karriere in der zivilen Schiffahrt.

Dass im ND an diesem Tage auch über den 3:2 Sieg der Sowjetunion über den Fußball-Weltmeister Westdeutschland berichtet wurde, berührte mich dagegen weniger. »Schad' ihnen gar nicht«, werde ich mir wohl dabei gedacht haben!

Nach diesen im Wesentlichen interessanten Wochen »Buschkrieg« ging der Trott auf der Schanze weiter. Höhepunkte waren nun die sonntäglichen »Sport-Kragliaden«. Kaleu Kragl, der Lehrgangsleiter, liebte es, seine Jungs zu sportlichen Höchstleistungen zu treiben. So veranstaltete er gern am Sonntagvormittag einen Massenlauf durch die Stadt. Start und Ziel das Kasernentor Schwedenschanze. Das gefiel allerdings nur wenigen. Seine beiden

Kompaniechefs, Alfons Bethig und Ulli Pank, moserten so lange, bis diese »beliebten« »Kragliaden« zu meinem größten Bedauern abgesetzt werden mussten.

Sportschau

Im Spätsommer 1955 nahmen wir an einer großen Sportschau im Rostocker Ostseestadion teil. Aus welchem Anlass? Ich vermute, dass es sich dabei um eine Vorläufer-Veranstaltung der Ostseewoche (ab 1958 jährlich durchgeführt) gehandelt haben könnte. Also, den ganz genauen Zeitpunkt sowie Namen und Zweck dieser sportlichen Aktivitäten rund um das Rostocker Ostseestadion nach unserem Sommerlager auf Rügen weiß ich nicht mehr.

Gut in Erinnerung geblieben ist mir das kurze Trainingslager, das wir zum Abschluss unserer Vorbereitung auf Rostock im Marineobjekt Kühlungsborn-West (Schiffsingenieurschule der VP-See) absolviert hatten.

Erstens wegen der üppigen Spitzensportler-Verpflegung, die wir nun genossen und die uns vom Hocker riss, und zweitens wegen eines äußerst sympathischen Offiziers.

Er hatte alle Gymnastikteilnehmer der Marine zu betreuen. Mehrmals nahm er uns in einem riesigen Saal zusammen, erläuterte die politische Lage. Vermutlich gab es auch allgemeine Verhaltensregeln für Rostock. So genau weiß ich das nicht mehr.

Dieser Vorgesetzte aber verstand es glänzend, uns bei Laune zu halten, uns in gute Stimmung zu versetzen. Er ließ singen. Und was für Lieder! Ich will hier einige nur einmal »ansingen«. Bestimmt fallen diesem oder jenen der fehlende Text und die Melodie dazu wieder ein:

Als ein Frosch still vergnügt auf der Leiter saß ...

...

Kameraden, wann sehen wir uns wieder,
Kameraden, wann kehren wir zurück ...

Sauf- und Trinklieder! So etwas kannten wir bisher nicht, doch lernten sie schnell. Learning by doing! Oder konkreter: Learning by singing!

Und dann dieses Liedchen, für mich das »größte«:

Eine Oma ging spazieren,
an der Hand ihr Enkelkind,
und es mußt' die Oma führen,
denn die arme alte Dame, die war blind.

War ein Graben in der Nähe
und ein Loch in der Chaussee:
»Oma, hops mal!«sprach die Kleine
und die arme alte Dame hüpfte in die Höh.

Und die Kleine war entzücket,
als sie die Oma hopsen sah:
»Oma, hops mal!« sprach sie öfter,
auch wenn gar kein Graben in der Nähe war.

Kam ein Förster seines Weges,
war des Kindes sehr empört:
»Hör mal zu, du kleine Range,
dein Benehmen ist ja gänzlich unerhört.«

»Ach Herr Förster, halt die Klappe,
ach Herr Förster, sein Sie still,
denn die Oma, die ist meine,
die kann ich hopsen lassen, wann und wo ich will!«

Dieses wundervolle »Oma-Lied« haben meine Kinder gern und voller Inbrunst gesungen. Dann meine Enkel. Jetzt singt es schon mein Urenkel Michel. Der wünschte sich zu seinem sechsten Geburtstag nichts sehnlicher, als mit Opa Lothar die »Oma« zu singen ...

Natürlich wollten wir bei der Sportschau in Rostocker Ostsee-Stadion gut sein. Wochen vor unserem Auftritt trainierten wir am Rundreck. Das waren große Reifen, einem Rhönrad ähnlich. Der Höhepunkt war das Hochstemmen dieses Reifens mit einem Turner in Hanglage. In dem Moment des Hochstemmens hatte der Sportler einen Felgaufzug zu machen. Ich hatte im Stillen gehofft, diesen Part spielen zu dürfen. Denn das konnte ich aus dem Effeff.

Der Politnik wählte aber einen gesellschaftlich aktiveren und disziplinierten Offiziersschüler dazu aus. Er entschied sich für Voigt aus dem 2. Zug: dunkle Haare, rosiges Gesicht, ein wenig pummelig. Hans Lenck nannte ihn »das rosige PV-Schweinchen«. Mich erinnerte er an *Appelschnut* aus meiner Hamburger Schule am Roßberg aus dem Jahre 1942.

Voigt war ansonsten ein eher unauffälliger Schüler. Im Gegensatz zu mir ist er dem PV allerdings positiv aufgefallen und hatte aus diesem Grunde bei ihm einen Stein im Brett. Bei dessen Urlaub durfte er ihn sogar gelegentlich vertreten.

Als sich dann im Ostseestadion auf ein Kommando viele Reifen mit drahtigen Turnern im Felgaufschwung in die Höhe streckten, blieb unser »rosiges PV-Schweinchen« wie ein lahmer Sack an seiner Stange hängen. Das war die Strafe für den Politoffizier!

Auf unseren kurzen Wegen zwischen Ostseestadion und unserem LKW bestaunten wir die ausländischen Sportler. An die Fußballer von »Tankista Prag« erinnere ich mich in diesem Zusammenhang besonders.

Aus »Tankista« (Panzersoldat) wurde bald darauf »Dukla Prag«.

Ernteeinsatz

Die bewaffneten Organe waren billige und vor allem auch willige Arbeitskräftereserven für die Volkswirtschaft, insbesondere für die Landwirtschaft der DDR.

Mehrmals bin ich von der Schwedenschanze aus in die Rüben und in die Kartoffeln gefahren. Immer ein ganzer Zug und meistens für etwa eine Woche. Nisdorf, Brandshagen, Groß Kordshagen, Martensdorf, Groß Mohrdorf hießen die häufigsten Einsatzorte.

Immer waren die dortigen Landwirtschaftlichen Produktionsgenossenschaften (LPG) Nutznießer unserer selbstlosen, sozialistischen Hilfe. Ehrenamtlich, unentgeltlich! Immer und überall hat man uns sehr willkommen geheißen. Neben unserer Arbeit, die wir sportlich als »Trainingseinheit« ansahen, fanden wir auch noch Gelegenheit zum frohen Jugendleben und suchten die persönlichen Kontakte zur Bevölkerung. Manchmal wunderten wir uns schon, dass sich kaum weibliche Dorfbewohner zeigten. Wir munkelten, dass die Bauernfamilien ihre Töchter vorsorglich vor uns versteckt hielten oder an sichere Orte verbracht hätten. Hieß es doch bereits im ostpreußischen Marinehafen Pillau zur Warnung vor der Marine:

Marjellchen, zieh' de Blachbux an.
Die Mariners kommen

Wir suchten und fanden dennoch Gelegenheiten, mit den jüngeren Teilen der Landbevölkerung in Berührung zu kommen.

Ihren Namen, den hab' ich vergessen! Einzig im Gedächtnis geblieben ist ihre Postanschrift: Nisdorf / Post Groß Mohrdorf. Man beachte auch das Notizheft, das ich immer bei mir trug.

Die LPG in Groß Kordshagen stellte uns sogar zwei gesattelte Reitpferde für die Freizeitgestaltung zur Verfügung. Einige von uns hatten sich um diese »Spielzeuge« beworben. Von den vielen blieben *Lotte* Winter und ich übrig. Nur wir konnten noch mit Pferden umgehen. In unseren Adern floss eben Bauernblut.

Das nutzten wir auch weidlich aus. Wie die Cowboys hielten wir vor der Kneipe und ließen uns auf dem Pferderücken das Bier reichen. Dann ging es im gestreckten Galopp über die Dorfstraße. Die Mützenbänder flogen!

Der Vorsitzende der LPG Groß Kordshagen war der ehemalige Gutsbesitzer, nach 1945 durch die Bodenreform enteignet. Und wie das Schicksal so spielt: sein Sohn studierte Landwirtschaft. So war gesichert, dass »ihr« Rittergut auch weiterhin in der Familie blieb. So jedenfalls erzählte man sich.

Ernteeinsatz in Brandshagen. *Keule* Montag und ich schlichen durch die Feldmark. Zwei junge Frauen hielten wir mit unseren Gesprächen eine Weile von der Feldarbeit ab. Sie waren ganz allein in einem riesigen Rübenschlag. Dann setzten wir beide unsere Erkundungstour fort.

Beide Frauen haben wir an den anderen Tagen nicht wiedergesehen.

Am Ende unseres Einsatzes standen wir abmarschbereit vor dem alten Gutshaus, das unsere Unterkunft gewesen ist. Da näherte sich – von uns unbemerkt – eine Frau und drückte mir einen Zettel mit

Namen und Anschrift in die Hand. Wir müssen bei den Damen doch wohl einen »gewaltigen« Eindruck hinterlassen haben!

Im Laufe der nächsten Wochen entspann sich ein immer lebhafterer Briefwechsel. Dann das Geständnis, dass sie verheiratet sei. Die Post gehe an ihre Freundin. Sie hieße auch gar nicht Gertrud.

Da hatte ich doch die ganze Zeit einen falschen Namen angebetet! Ihre Versuche, mich wiederzusehen, gingen schief. Ich sollte einmal in Stralsund ein Zimmer besorgen für sie und für eine Freundin. Für die Freundin benötigte ich aber noch einen Freiwilligen. Einer, der erst zugesagt hatte, machte im letzten Moment einen Rückzieher.

Schließlich erlahmte wohl auch ihr Interesse an mir. Sie konnte sich ja schnell trösten. Sie hatte schließlich noch ihren Ehemann! Ich war ja auch in und um Stralsund, wenn auch nur platonisch, »gebunden«, so dass mich dieser Verlust nicht weiter schmerzte. Ich wäre dennoch gespannt zu erfahren, wie das Leben in Brandshagen wohl weitergegangen ist.

Impressionen von der Kartoffelernte
von links: Jürgen Treptow, Fritz Hildebrand

»Halbzeitpause!«
sitzend vorn: Borbe, Haase, Kalle Richter, Heidekrüger
stehend: Pfeiffer, Paukutat, Hildebrand, Nahrendorf, Treptow, Semisch, Taube, Dszarnowski.

Vom Acker in die Unterkunft. Meistens gingen wir zu Fuß, benutzten aber auch die sich bietenden »öffentlichen« bzw. betrieblichen Verkehrsmitteln.

Unser »Bad«
Stehend: Alfons Taube, Kuddel Pfeiffer

Besuch vom Chef aus Stralsund. Mit ihm kommen auch Geld und Post.
Im geöffneten »EMW« Oberleutnant Dabelstein.
Links am Kotflügel: Theo
Hinten (von links): Treptow, Dzarnowski, Knebel, Heidekrüger, Paukutat, Hildebrand, Sieler, Haase, Kalle Richter.
Reihe dahinter: Pfeiffer, Winter, Borbe, Nahrendorf.

Gruppenbild mit Bewohnern aus Groß Mohrdorf
Sitzend (v. l.): Paul Knebel, Dieter Sieler, Karlheinz Kalle Richter, Klaus Semisch, Fritz Hildebrandt.
In der Mitte (hinter Semisch kniend):Manfred Maul
Stehend: Hans Lenck (hinten. 4. v. l.)
Kurt Fischer (3. v. r.)
Gerd-Erich Neumann (4. v. r.)

Auf einem dieser Ernteeinsätze hatte Gerhard Heidekrüger in Groß Mohrdorf seine große Liebe, die Frau fürs Leben gefunden.

Freizeit

Ich stand derweil häufig in Stralsund »An den Bleichen« Nr. 5 vor der Haustür unseres Stabschefs Korvettenkapitän Schöppe. Nicht seinetwegen ...

Der Grund war seine Tochter. Elke war in Wilhelmshaven geboren. Das war interessant. Ihr Vater hatte zur Kriegszeit in der KM als Artillerieoffizier in Wilhelmshaven gedient. Deshalb stand in Elkes DPA (Deutscher Personalausweis) Geburtsort: Wilhelmshaven.

Unsere, eigentlich harmlose Beziehung zog sich eine Zeit lang hin. Bis eines Abends meine »Ablösung« vor ihrer Haustür stand. Das war das *Faustrecht der Liebe.*

Jahre später habe ich Elke – nun Stewardess auf der »Völkerfreundschaft« – in Genua wiedergetroffen. Wir lagen mit der »Thale« in Genua und ich wollte meinen Freund Hannes Wachtel, den Kapitän der »Völkerfreundschaft«, besuchen. Sein spektakulärer Einsatz nach dem Untergang der »Fiete Schulze« am 21. September 1967 in der Biskaya hatte sich ja inzwischen herumgesprochen.

Elke soll später einen Nautiker von der »Völkerfreundschaft« geheiratet haben. Bleibt zu hoffen, dass auch sie glücklich geworden ist. Eben jeder für sich.

Korvettenkapitän Schöppe habe ich 1961 auf der Seefahrtsschule Wustrow getroffen. Er hatte inzwischen seinen Militärdienst quittieren müssen.

In Wustrow nahm er mit anderen Marineoffizieren an einem Lehrgang zum Erwerb des zivilen Kapitänspatentes teil. Er war in der so bezeichneten »Admiralsklasse«. Darin waren ehemalige Dienstgrade vom Leutnant zur See bis zum Fregattenkapitän. Einen Admiral suchte man allerdings vergebens.

Schöppe wurde Hafenkapitän in Stralsund und ging als alter Mann sogar noch einmal mit Typ IV auf große Fahrt. Könnte sein, dass er auch erst nach seiner Fahrenszeit Hafenkapitän geworden ist.

In der Admiralsklasse waren auch Arthur Maul, Erhard Wechsler und Walter Thiele.

In schöner Regelmäßigkeit gab es Urlaub. Der war in unterschiedlicher Länge. Wie meine Kameraden fuhr auch ich regelmäßig zu meinen Eltern. In der Anfangszeit jedenfalls.

Meine Heimfahrten dauerten immer sehr lange.

Die Bahnfahrt zu meinen Eltern nach Neuhaus/Elbe zog sich oft über mehrere Tage hin. Schwerin war der letzte Posten gehobener Zerstreuung und oftmaliger Grund meiner Reiseverlängerung. Cafe »Resi« und »Alhambra«, zwei berüchtigte Bumsschuppen, lockten, einschließlich der hier verkehrenden weiblichen Besucher, denen auch ein übler Leumund vorauseilte. Ungeachtet ihres Rufes ist in diesen Lokalen auf gutes Benehmen geachtet worden.

Falls jemand es wagen sollte, anders als auf gut bürgerliche Art (eng aneinander geschmiegt) zu tanzen, waren die Aufpasser zur Stelle. Offen zu tanzen, galt als verwerflich, westlich, dekadent. Dann spürte man eine »väterliche« Hand auf seiner Schulter und hörte: »Mein Herr, in unserem Hause wird anständig getanzt.« Oder so ähnlich. Man »musste« eng tanzen. Selbst »unanständigst« eng wurde gnädigst übersehen.

Bei einem meiner ersten Ausflüge in die Freiheit hatte ich auch noch ein weiteres besonderes Erlebnis. In der Nähe des Schweriner Hauptbahnhofs sah ich eine Gruppe erregter Dorfbewohner aus der Umgebung, die im Streit mit einem betrunkenen Leutnant der Landtruppen waren. Im Suff hatte dieser einen alten Mann zu Boden gestoßen. Der lag da nun noch immer. Vermutlich mit gebrochenem Bein.

Da musste ich einschreiten! Ich trennte die sich streitenden Gruppen, die sich meinen forschen Anordnungen auch widerspruchslos fügten. Auch der besoffene Leutnant, dem ich, wie ich das aus Revolutionsfilmen kannte, beinahe noch seine Offiziersschulterstücke heruntergerissen, also degradiert hätte! Später habe ich ihn dann einer Streife der Sowjettruppen, die damals in Armeestärke in und um Schwerin stationiert waren, zur weiteren Be- und Verurteilung übergeben. Ich vermute, die haben ihn bereits an der nächsten Ecke wieder laufen gelassen.

Mein Interesse für die Weltpolitik war immer stark ausgeprägt. Ich war mit Herz und Sinn dabei. Wo und wann sich eine Gelegenheit bot, da dachte ich mit, machte ich mit und mischte mich ein.

Im Juli 1955 hatte in der Schweiz die berühmte Genfer Konferenz stattgefunden. Zwischen den Siegermächten schienen sich freundschaftliche Beziehungen anzubahnen. Auf der Genfer Konferenz, so hofften viele, könnte sich auch für die deutsche Frage eine Lösung im Sinne von Wiedervereinigung ergeben.

Am 1. August 1955 meldeten die »Norddeutschen Neuesten Nachrichten«, dass die Delegierten des Schneiderhandwerks während einer Konferenz der Nationalen Front ihre Hoffnung zum Ausdruck brachten, dass die Genfer Konferenz die friedliche Einigung Deutschlands ermöglichen werde.

In den Monaten davor und auch noch danach veranstaltete die DDR unter dem Motto »Deutsche an einen Tisch« viele gesamtdeutsche Treffen.

Etwa 6 000 westdeutsche Sänger beteiligten sich am 2. August am 3. Wartburgtreffen. In Schwerin hatte ich während eines Urlaubs mit westdeutschen Teilnehmern eines Sangestreffen auch schon »Verbrüderung« gefeiert. Die Gruppe war aus Hamburg-Volksdorf. Einer von ihnen hieß Werner Peters, genau wie der berühmte Filmschauspieler. Ein anderer trug den Namen Freistadtski. Er stammte aus den früheren deutschen Ostgebieten. Seine Familie hieß ursprünglich Freistadt. Sie musste sich nach irgendwelchen Gebietsverschiebungen in der Vergangenheit »polonisieren« lassen und ihrem deutschen Familiennamen das polnische »-ski« anhängen.

Für mich war das alles aufregend! Für meine Hamburger Freunde war ich ihr »Admirol«.

Im Westen waren solche gesamtdeutschen Treffen auf dem Boden der DDR verpönt. Wie bereits während der Weltfestspiele im Jahre 1951 wurden die westdeutschen Teilnehmer mehr und mehr diskriminiert. Ostdeutsche, die Einladungen in den Westen folgten, dort ebenfalls.

Im Objekt aber immer wieder Sport!

Viel Zeit widmeten wir den unterschiedlichen seesportlichen Disziplinen. Nicht nur dienstlich. Sehr beliebt war das Kutterpullen, landläufig Kutterrudern genannt.

Eine Stamm-Crew um *Lotte* Winter und Gerd Priewe hatte sich schnell herausgebildet. Unser Kutter hatte stetig wechselnde Mannschaften.

Ich war aber immer dabei. Mein Stammplatz: Backbord, 1. Arbeitsducht (Arbeitsbank). Für mich musste es immer mit Kraft zugehen. Solche Spielerei am Schlag oder als »Bugjungfer« mit den kürzeren, leichteren Riemen gab es für mich nicht. Das Segeln galt mir ebenfalls als dekadent. War was für »Weicheier«. So dachte ich damals. Welche Bedeutung das für meine Ausbildung haben könnte, das habe ich damals einfach nicht bedacht.

»Hol weg!« – Kutterpullen vor Stralsund

Beim Kommando »Riemen ein« werden zuerst die Bug- und Schlagriemen eingeholt und in der Bootsmitte abgelegt. Danach, ohne weitere Kommandos, legt man die Arbeitsriemen an beiden Seiten auf die Längsduchten.

Hans-Joachim Thiele setzt einen Winkspruch ab.
Er zeigt den Buchstaben V: »Verstanden!«
An Backbord (links!) sitzen hintereinander Perzel, Borbe, Witt, Zeugner.
Steuerbord: Schumann, Habrecht, Kaiser, Priewe

Diese Kutter besaßen auch eine Beseglung. Kuttersegeln gehörte zur Ausbildung und war zugleich ein beliebter Freizeitsport.

Segeltörn vor Rügen
Von links: Ewald Richter, Ferdinand Haase, Paul Knebel,
Dieter Heinze, Helmut Theodor.

Zur Flotte der Seeoffiziersschule gehörten ebenfalls zwei eigentlich namenlose Hochseejachten mit den unromantischen Bezeichnungen »S 80« und »S 150«. Die Zahlen standen für ihre verfügbare Segelfläche.

Die »S 150« war eine Filmberühmtheit. Sie »spielte« in dem DEFA-Film »Die letzte Heuer«. Unbeirrt hielten deshalb alle an ihrem Filmnamen »Hirondelle« fest.

Höhepunkt der praktischen Segelausbildung war der Einsatz in Greifswald auf der »Wilhelm Pieck« (heute »Greif«) Gruppenbild der nach Greifswald-Wieck abkommandierten Seeoffiziersschüler.
Von links: Hans Montag, Helmut Theodor, Alfons Taube, Hans Lenck, Klaus Semisch, Gerd-Erich Neumann, Dieter Sieler. Verdeckt ist der verantwortliche Offizier

»Wenn Du wüsstest, ach wie ich dich liebe und wie gern ich immer bei Dir bliebe ...« So schrieb Ruth. Sie hatte diese Worte im Radio gehört. Ein neuer Schlager aus dem Westen. Als später die Musikkapelle im RWK diesen Titel spielte und alle danach herumhotteten, hatten diese Worte für mich ihren Zauber verloren.

Hage Hagemann berichtete aus Boizenburg. Einer aus seiner Abi-Klasse, Werner Krischok, habe sich gleich mir für die Marine entschieden. Hoffentlich sah er in mir nicht sein leuchtendes Vorbild und wollte mir eventuell nacheifern!

Als er nach überstandener Parower Grundausbildung auf der Schanze eingetroffen war, schaute ich mir diesen »Kriegsfreiwilligen« einmal an. Lange scheint er nicht dabei geblieben zu sein. Auf alle Fälle war er meinen Augen bald entschwunden.

Mehr Ausdauer zeigten dagegen Peter Rath und Dieter Flohr. Ebenfalls aus diesem Lehrgang. Sie blieben tatsächlich bis zum allerletzten Tag bei der »Fahne«.

Als Journalisten und Buchautoren und als Begleiter der Rostocker HANSE SAIL sollten sie sich später über die Landesgrenzen hinaus einen Namen machen und dann auch zu meinem Freundes- und Bekanntenkreis zählen.

Endlich wieder Heimaturaub.

In diesem Jahr schützten wir die Republik während der Weihnachtsfeiertage mit Wachen und Bereitschaftsdiensten. Dafür durften wir zum Jahreswechsel nach Hause. Urlaub vom 29. Dezember 1955 nach Dienst bis zum 5. Januar 1956 zum Dienst.

Zuerst wieder zu Ruth nach Ludwigslust.

Dann nach Boizenburg, meine Hagemanns in der Stiftstraße 1 besuchen. Auch bei meinem Boxtrainer Krause ging ich vorbei. Da traf ich keinen mehr an. Ein Nachbar zeigte sich: »*Unser Freund Krause hat sich im Zuge der Frontbegradigung planmäßig nach Westen abgesetzt*«. Abgehauen! Der also auch.

In jedem Heimaturlaub wurde ich mit den Gedanken und Düften der großen weiten Welt infiziert. Kam ich zurück auf die Schanze, war meine Motivation für den Dienst wieder im Eimer.

Wenn ich dann gelegentlich von meinem Freund Dieter Grabo hörte oder ihn in Neuhaus traf, wo er seine Verwandtschaft besuchte, wurde ich regelrecht krank.

Dieter Grabo hatte inzwischen als Kadett mit der »Passat« ein Stück Welt bereist und Erfahrungen als Matrose auf Frachtschiffen gesammelt. Er erzählte von den zu Herzen gehenden Treffen mit deutschen Familien in Argentinien, von Landgängen in Spanien, Portugal, Italien, Bulgarien ...

Nach solchen Urlaubserlebnissen war meine Moral jedes Mal vollends im Arsch! Meine Briefe nach Hause, in den »zivilen Sektor«, wurden immer pessimistischer.

Mein Boizenburger Klassenkamerad Hellmut Krause hatte sich bei den Militärmedizinern an der Ernst-Moritz-Arndt-Universität in Greifwald eingeschrieben. Mit ihm blieb ich immer in Verbindung. Auch in den Briefen nach Greifswald schrieb ich von meinen Nöten: »*... Scheiß Spiel hier. Ich will Dir aber auch mitteilen, daß der Offiziersschüler Borbe nicht länger Offiziersschüler sein möchte ...*« Ich *bastelte* an einem Entlassungsgesuch.

Ruth wollte mich in ihren Briefen trösten. Sie fragte in Sorge, was ich machen wolle, wenn mein Entlassungsgesuch genehmigt werden würde und was, wenn mein Gesuch keinen Erfolg haben sollte? Ich wusste es ja selber nicht!

»*... Lothar, hoffentlich wird alles gut. Ich bleibe Deine Ruth!*«

Sie blieb es auch noch eine ganze Weile. Und gut ist es auch bald geworden.

Dann raubte mir zu allem Überfluss mein »verehrter« Polit alle Illusionen. Eines Tages eröffnete er mir, dass ich mir die Handelsflotte aus dem Kopf schlagen solle.

Langsam begann ich deshalb, ernsthaft an meiner vorfristigen Entlassung zu arbeiten. Ich war ja bereit, drei Jahre zu dienen, irgendwo auf einem Kriegsschiff. Aber die 25 Jahre, die ich – ohne Hoffnung auf die weite Welt – noch vor mir hatte, wollte ich nun nicht mehr akzeptieren. Folgerichtig bat ich jetzt um meine Versetzung in die Flotte. Anstelle der Entlassungsgesuche schrieb ich nun Versetzungsgesuche.

Das Leben ging weiter zwischen Dienst, Landgang, Urlaub.

Um Urlaub drehten sich letztlich alle Gedanken. Sonderurlaub müsste man kriegen. Den gab es nicht nur zu den seltenen Auszeichnungen. Sonderurlaub wurde auch gewährt bei eigener Hochzeit und bei Todesfällen in der Familie.

Als sich bei Einem die familiären Tragödien häuften – Oma gestorben, Opa tot, Tante Emma ist von uns gegangen – wurde nachgeforscht. Da kam der Schwindel zutage. Immer handelte es sich bei den Verblichenen um liebe Haustiere, um Hund, Katze, Wellensittich. So ein Schlingel! Mit solchen Lappalien aber wollte ich mich nicht abgeben.

Im Herbst fuhren wir wieder zu Ernteeinsätzen. Das bedeutete eine willkommene Abwechslung zur öden Kasernenhof-Idylle. Die Feldarbeit haben wir nie als hart empfunden. Wir nahmen alles sportlich und waren immer fröhlich bei der Sache. Schön waren auch die Feierabende.

Manchmal kam ein LPG-Vorsitzender oder irgendeine andere Persönlichkeit zum Klönen in unsere Runde. Dann saßen wir lange zusammen und sangen unsere Lieder von der Seefahrt, vom Heim- und vom Fernweh:

Auf einem Seemannsgrab, da blühen keine Rosen ...
...
Wir lagen vor Madagaskar ...
...
Wenn die Wellen singen leis' ihr Lied,
es mit Macht mich in die Ferne zieht.
Lebe wohl, Du Zauberland Hawaii ...
...
La Paloma!

Zum berühmten »Hamborger Veermaster« konnte einer der uns begleitenden Offiziere sogar eine neue Strophe beisteuern:

Wat harr unser Schipp förn Proviant, to my hoday
twee halv Swien und een Kist voll Schüersand ...

»Herrn Pastor sien Kau« bereicherte er mit folgender Strophe:

Und de lütje Edeltraud
kreeg ne niege Jungfernhaut
von Herrn Pastorn sein Kau!

An solchen Abenden erklangen auch unchristliche Sauf- und Kneipenlieder:

Die Zeiten sind vorüber,
die Zeiten sind vorbei

wo früher stand 'ne Kirche
steht heut 'ne Brauerei ...

Immer rin in die Heilsarme:
Schon wieder eine Seele vom Alkohol gerettet,
schon wieder eine Seele vom Alkohol befreit!

Und auch: *Schon wieder mal ein Hemd*
für die Heilsarmee geklemmt!

Stralsund 5 / KII 12.9. 55

Liebe Eltern!

Heute will ich nun doch den längst fälligen Brief schreiben. Viel Zeit habe ich allerdings nicht und unsere Arbeit war und ist sehr bewegt. Nach dem Sommerlager ging es für 1 Woche in's Trainingslager nach Kühlungsborn und anschließend für die gleiche Zeit in die Ernte. Man hat sich jetzt entschlossen, unseren Urlaub vorzuverlegen. Wann ich genau kommen werde, weiß ich noch nicht. Nur bitte ich Euch, daß Ihr meinen Antrag auf Arbeiterrückfahrkarten schnell zurückschickt. Von Horst habe ich auch schon einmal Post bekommen. Am Besten wäre es, käme der Antrag schon in spätesten 14 Tagen an, weil wir schon am 1. Oktober fahren werden. Ist in Neuhaus das Volksfest eigentlich schon gewesen? Am meisten freue ich mich auf die Bickbeeren. Habt Ihr viele eingemacht, oder gab es in diesem Jahr nicht viele?
Jetzt ist Backen und Banken.
Es grüßt Euch alle Euer Lothar

Der erfolgreiche Leichtathlet wird im Winter gemacht. Das kannten wir nur zu gut. Von Emil Zatopeck wussten wir wiederum, dass er sich seine Kondition durch Läufe in Armeestiefeln im tiefen Schnee geholt hatte.

Danach wollten wir uns richten und ihm nacheifern. Hans Lenck und ich trainierten zwar täglich, aber noch nicht hart genug, wie wir selbstkritisch einschätzten.

In diesem Winter wollten wir Zwei es aber wissen! Ähnlich dem bewunderten Emil Zatopeck spulten wir im Winter 1955/56 mit schweren *Botten* am Stralsunder Thälmann-Ufer am Strelasund unser uns selbst gestelltes Programm ab: 500 m Tempo-Lauf, dann dieselbe Strecke im Lockerungslauf zurück. Das wiederholte sich wieder und immer wieder. Den besten Trainingseffekt spürten wir tatsächlich, wenn viel Schnee auf unserer Rennstrecke lag.

Wir hatten bei unserem »genialen« Trainingsplan jedoch unsere Körper vergessen.

Da wir ohne jegliche ärztliche Kontrolle trainierten, kam bald das Aus. Hans musste mit Sehnenscheidenentzündung an den Waden ins Marinekrankenhaus am Sund.

So platzten mit unserer Trainingsgemeinschaft auch die Träume von gemeinsamen großen Erfolgen auf der Aschenbahn.

Ich versuchte, mich Jäckel und Sibillis, den beiden Läuferstars der Schwedenschanze, anzuschließen. Zwischen uns fehlte aber offensichtlich die notwendige Chemie.

So ging ich dann mit Gerhard Priewe, Wolfgang Habrecht und einigen anderen in die Rudersparte von Motor Stralsund. Aus uns sollte sich ein Erfolg versprechender »Vierer ohne« herausschälen. Vorerst war Wintertraining im Wasserkasten angesagt.

Der Krankenhausaufenthalt meines Freundes und Trainingsgefährten Hans Lenck hatte aber auch angenehme Folgen.

Eine ältere Krankenschwester zeigte ihm ein Foto ihrer Enkeltochter mit Anschrift von der Schönen. Doch Hans war nicht nur durch seine Krankheit gehandicapt, sondern bereits in seiner Heimat liiert.

Ich aber war Feuer und Flamme für dieses Stralsunder Gewächs. Ich schrieb ihr einen langen Brief und erhielt sogar Antwort. Die Angebetete zweifelte allerdings an, ob ich meinen Brief auch wirklich selber geschrieben hätte. Selbstverständlich hatte ich ihn ganz alleine geschrieben. Sicher habe ich dabei wieder einmal die »blumenreiche Sprache der Orientalen« gewählt, wie es Hans Lenck auszudrücken pflegte. Getroffen haben wir uns allerdings nie.

Während seines Krankenlagers erhielt Hans eine schicksalsschwere Nachricht aus den Thüringer Bergen und Schluchten. Seine Freundin vermutete, schwanger zu sein!

Wir litten mit ihm, machten uns bei der Namenssuche für den erwarteten neuen Erdenbürger »nützlich«. Was kamen da nicht für Namenskonstruktionen und Neuschöpfungen zutage! Schließlich

»siegte« für das zu erwartende Thüringer Würmchen das Konglomerat *Karl Albert Hans Nebukadnezar Fürchtegott* Lenck.

Stralsund, 2.11. 55

Lieber Vati!

Voller Schuld muß ich heute zur Feder greifen und Dich wegen meines Versäumnis' um Verzeihung bitten. Glaub' es mir, ich hatte es wirklich vergessen, Dir rechtzeitig zu Deinem Geburtstag alles Gute zu wünschen, obwohl ich Anfang Oktober fast täglich mich dessen erinnert habe. Dir noch eine Kleinigkeit zu schenken, wird mir in diesem Monat unmöglich sein, weil ich 300 DM Marga geschickt habe. Ob Marga einen guten Radioapparat gekauft hat?

Mein Paket habt Ihr doch auch erhalten!

Am 5. 11. werden wir einen »feuchten« Kameradschaftsabend veranstalten. Was Berühmtes wird außer den alkoholischen Nachwirkungen nicht herauskommen.

Danach, am 6. u. 7. ist Sportfest.

Neujahr gibt's den nächsten Urlaub – bis dahin wünsche ich Dir das, was überhaupt nur bei Dir sein soll: Alles Gute!

Dein Lothar

In meinem Notizbuch steht:

Urlaub vom 29.12. 55 bis 5.1. 56 z. D.

Und weiter:

5.1.56 Der Urlaub neigt sich seinem Ende. Jetzt tragen mich die Zugplanken wieder meinem Ziel entgegen: S t r a l s u n d!

Ein Blick zum Fenster. Links fliegt Wald an mir vorbei. Dann Äcker, Wiesen. Kein Wald.

Rechts ist nur Ackerland, das auf verschiedene Weise kultiviert wurde, mit verschieden Kulturen bestellt. Versumpfte Pfade schlängeln sich durch diese Einsamkeit. Matsch, Unebenheiten, Wasserlöcher. Der Nebel über der Landschaft verstärkt ihr frostig kaltes Bild. Immer wieder kleine Bahnstationen mit Menschen, die, befangen von der Rauheit diese Klimas, verbissen und brummig hin und her eilen. Ich bin ein Betrachter, Genießer dieser freudlos scheinenden Winterwelt. So verrinnen meine letzten freien, besser wohl halbfreien Stunden vor dem Dienst.

Nach diesem Urlaub bin ich auch meiner Stralsunder Liebschaft verlustig geworden. Sie hieß, so glaube ich, Helga. Helga? Auf keinen Fall hieß sie Ruth. Sie beklagte sich zu Recht darüber, dass ich meinen Urlaub nicht bei ihr oder mit ihr verbracht hatte. Der abrupte Bruch kam dann in dem Augenblick, als ich ihr tröstend über die Wangen streichelte und »Ach, Ruth« ins Ohr flüsterte.

Der größte Teil unserer Freizeitgestaltung erfolgte zu aller Leidwesen auf dem Kasernengelände. »Im Objekt«, wie es hieß. Neben regelmäßigen Filmvorführungen traten im Rahmen der »Truppenbetreuung« namhafte Künstler bei uns auf.

Trude Herr sang vor uns: *»Ich will keine Schokolade, ich will lieber einen Mann ...«*

Günter Gollasch kam mit seinem Orchester. In diesem spielte damals auch Friedhelm Schönfeldt, einer meiner zugeheirateten Cousins! Er galt als der beste Saxophonist der DDR. Eine »Friedhelm-Schönfeldt-Combo« existierte ebenfalls. Friedhelms Ehefrau war die recht bekannte Chansonsängerin Gipsy.

Einmal gastierte ein Tanz- und Gesangsensemble einer der sowjetischen Kriegsflotten bei uns.

Während eines Banketts im Stralsunder HdO zu Ehren des Orchesters durfte ich neben einigen Kameraden dem Admiral Verner bei der Bewirtung seiner Gäste assistieren.

Begegnungen mit sowjetischen Matrosen waren generell herzlich und kameradschaftlich. Gerne haben wir ihnen ihr Zebrahemd »abgeschwatzt«, das uns kleidsamer als das eigene schien. Mützenbänder und Hoheitszeichen haben wir ebenfalls untereinander ausgetauscht. »Ausgerüstet« mit solchen Erkennungszeichen, gestalteten wir dann gelegentlich unsere eigenen »Freundschaftstreffen«.

Mit einem Tänzer des sowjetischen Ensembles hatte ich mich angefreundet. Seinem Chef schien das missfallen zu haben. Aus unserem Briefwechsel ist aus diesem Grunde wohl nichts geworden.

Stralsund, 27. 3. 56

Liebe Eltern!

Bitte verzeiht mir, wenn ich Euch in der letzten Zeit so wenig schreibe. Ihr müsst verstehen, daß ich, nach 10 Stunden täglich anstrengender Arbeit, am Abend stets wenig Verlangen nach einer ähnlich gearteten Tätigkeit verspüre. Ich widme mich lieber anderem: lese ein wenig und nutze in der letzten Zeit vornehmlich, viel freie Zeit schlafend aus. Wenn sich aus dieser Tätigkeit auch kein praktischer Nutzen ergibt, so ist sie doch als Folge des Vitaminmangels dieser Zeit nicht zu leugnen. Die einzigen erholungsreichen Stunden bieten sich sonnabends oder sonntags, da es uns dann zumeist vergönnt ist, für Stunden dem Tagtäglichen zu entrinnen, das uns dann aber nach Zapfenstreich mit alter Grausamkeit empfängt. Wehe dem, der entgegen dem willkürlichen Gesetz sich beim Heimgang Muße nimmt und eine halbe Stunde zu spät von Land zurückkommt. »... es kann drei Tage kosten!« Manchmal bietet das Kino unserer Dienststelle doch auch Neues und Begehrenswertes, doch nur manchmal, denn Filme, die in einem halben Jahr 4-5 mal gespielt wurden, sind nicht gerade selten, doch leider niemals schön. Doch, dieses alles waren nur einige von mir willkürlich aufgezeigte Schatten. Die Sonne unseres Daseins vergaß ich zu erwähnen. Ostern gibt es keinen Landgang! Ob sich ein Osterhase ein Herz nimmt und einige seiner Eier seinen Beschützern zukommen lässt, möchte ich bezweifeln. Nur die Kombüse droht mit »VP-See Einheitskuchen«, der in seiner Beliebtheit bei den uniformierten Massen des stolzen Titels »Marinevernichtungsfraß« sich rühmen darf. Allem Anschein nach könnte Ostern ein wunderbares Wetter sein, und ich freue mich, wenn Ihr mit Genuß dieses Fest erleben würdet. Ein Paket werde ich diesmal nicht schicken, da ich Horst noch einige Kleinigkeiten geschickt habe.

Es grüßt Euch Euer Lothar.

Peenemünde

Anfang des Jahres 1956 warf ein großes Ereignis seine Schatten auch auf die Schwedenschanze.

Die Partei- und Staatsführung der DDR plante zum 1. Mai eine Militärparade in Berlin aus Anlass der Gründung der Nationalen Volksarmee (1. März 1956).

In Westdeutschland war bereits im Juni 1955 aus dem Amt Blank die Bundeswehr geworden. Das schien für die DDR-Führung die Gelegenheit zu sein, das Versteckspiel aufzugeben und die Kasernierte Volkspolizei auch ehrlich so zu benennen, was sie inzwischen bereits war, eine Armee.

Alle drei Teilstreitkräfte hatten eine Ehrenkompanie für die Parade abzustellen. In den Luft- und Landstreitkräfte waren es ebenfalls die jeweiligen Offiziersschulen, die sich für die Parade rüsteten.

Aus den zwei Kompanien unseres Lehrgangs wurden die 30 schneidigsten Soldaten für die Paradekompanie der Marine ausgewählt. Ich war dabei! Ich war mächtig stolz, an einem solch historischen Tag dabei sein zu können. Das tägliche Exerziertraining machte mir nun auf einmal kein Ungemach mehr. Ich wollte dabei sein. Sogar immer wiederkehrende Wechselgedanken hatte ich aufgegeben. Selbst meine Plattfüße, mein Kreuz taten plötzlich, o Wunder, nicht mehr weh ...

Da traf es mich wie ein Schlag. Mein letztes, fast vergessenes Versetzungsgesuch in die Flotte war genehmigt worden.

Während der Umwandlung zur Volksarmee sollten alle, die nicht mit ganzem Herzen Offizier werden wollten, für den normalen Grundwehrdienst freigestellt werden. Der bedeutete zur damaligen Zeit drei Jahre bei Marine und Luftverteidigung, zwei Jahre bei den Landstreitkräften (»Sandlatscher« im Volksmund genannt). Diesem Umstand habe ich den jähen Wechsel meiner Lebensumstände zu verdanken.

In meinem Notizheft steht über diesen Einschnitt:

Offiziersschüler Lothar Borbe ist am 4. 4. 56 als Obermatrose zur Dienststelle Peenemünde (K 17) versetzt worden.

Peenemünde! Man nannte es unterschiedlich: »Panmunjon«, »Arsch der Welt« oder gar »Der letzte Krümel am Arsch der Welt«.

Peenemünde lag wirklich weit ab vom Schuss! Umsteigen in Züssow. In Wolgast zu Fuß und mit der Fähre über die Peene. Dann in Zinnowitz noch einmal umsteigen.

Nach einer langen Bahnfahrt bin ich gegen 22.00 Uhr in Peenemünde angekommen. Der Wachoffizier am Tor brachte mich irgendwo unter, wo ich die Nacht verbringen konnte.

Ich mein Tagebuch schrieb ich:

Am 5. 4. 56 bestieg ich R-Boot 445! Gute Kerls alle. Meine Dienststellung: Ruder-Signalmaat. Alles schön – lediglich fehlt mir Ahnung, derer ich durch erregtes Studium habhaft werden möchte ...

Derjenige, der mir seinen Arbeitsplatz freimachen sollte, war Obermaat Adaschkewitz. Er war für eine andere Aufgabe vorgesehen und freute sich nun darüber, seine Ablösung gefunden zu haben.

Adi Adaschkewitz ist mir Jahre später in Algier im Hotel »Angleterre« über den Weg gelaufen.

Die Austauschbesatzungen der Fruchtschiffe »Theodor Storm« und »Theodor Fontane« trafen sich in diesem Hotel, als sie auf einen Flug nach Berlin warteten. *Adi* gehörte wie der Funker *Ecki* Kühl zur »Fontane«-Crew, die von *Gujackel* (Guayaquil / Ecuador) zurückkam.

Ich wusste, dass die Alten an Bord mit den Neuen gern irgendeinen Schabernack trieben: Kielschwein füttern, die Rudergängerschuhe holen, Decke fegen, die Zimmerdecke mit dem Besen. So hoffte man, dass sich ein armes Würstchen darauf einlässt und dann die Meldung macht: »Genosse Kommandant, Decke gefegt, Dreck gleichmäßig verteilt, Spinnweben aufgehängt!«

Da hatten die Jungs aber die Rechnung ohne den Wirt gemacht. Ich war ja auch nicht mehr so ganz gottgläubig.

Aber immer hungrig. Ich hatte immer Hunger. Kohldampf. Und verschlang oft zwei Portionen. Es schien, als ob ich einen Bandwurm habe und der wiederum auch einen! Auf See – so tröstete man mich – gibt es doppelte Verpflegung. Hoffentlich ist es bald so weit.

Noch lagen die Räumboote an der Pier, im Päckchen. Eines neben dem anderen. Verbunden mit Leinen und einem Landgangssteg als Laufverbindung von Boot zu Boot.

Jedes Boot hat eine Länge über alles von 28,5 m. Die Breite ü.a. beträgt 4, 25 m. Räumpinasse (RPi) ist der offizielle Name dieser auf der Bootswerft Berlin-Köpenick gebauten »Kriegsschiffe« vom Typ »Schwalbe«.

Ich sehe mich noch vor dem Spiegel in dem kleinen Bad stehen und vor Glück jauchzen. Die Freude stand mir im Gesicht, sie strahlte aus meinen Augen. Endlich, endlich an Bord! Auf einem Schiff! Auch wenn es nur ein ganz kleines Schiff ist, ein Boot nur. Ich hatte mein Ziel erreicht. Nach wie vielen Jahren Sehnsucht? Mein ganzes bewusstes Leben lang habe ich von diesem Augenblick geträumt!

Vorschriftsmäßig hatte ich mich beim Kommandanten, Leutnant Hans Schmidt, gemeldet: »Genosse Leutnant, Obermatrose Borbe meldet sich an Bord!«

Allgemein geht das Betreten einer Kommandantenkammer so vor sich: »Genosse Leutnant, Obermatrose Borbe meldet sich in der Kammer«.

Dabei zum Gruß die rechte Hand an die Mütze, dann Mütze ab und links unter den Arm geklemmt, seine Ausführungen machen bzw. den weisen Worten des Vorgesetzten lauschen. Es versteht sich von selbst, dass vorher auch angeklopft wurde.

Irgendwie musste ich mich erkältet haben. War ich unvernünftig gewesen? Ich hatte Atembeschwerden und Schmerzen im Brustkorb. Gerade jetzt konnte ich keine Krankheit gebrauchen. Auf der Schwedenschanze, ja, da wäre eine Krankschreibung als willkommene Abwechslung willkommen gewesen.

Jetzt passte keine Krankheit mehr in mein Leben. In meinem Tagebuch ist weiter zu lesen:

Nach meiner traurigen Lebenslage auf der Schwedenschanze lebe ich auf und bin von einer wahren Lernmanie besessen. Kein übler Zug, fürwahr. Nur lobenswert. Überall und an jeder Stelle frage ich ...

Kommandant Hans Schmidt führte mich in die Grundzüge meines neuen Aufgabenbereichs ein.

Er zeigte mir meine neue Wirkungsstätte: die Brücke mit dem Ruder. Darüber die Signalnock. Links, etwas unterhalb des Brückendecks liegt der kleine Sanitärtrakt mit Seewasser-Handpumpe. Rechts das »Funkschapp«, Funkstation und Unterkunft für den Funker Sonnenschmidt aus Leipzig. Ich werde bald erfahren, dass man ihn *Puster* nennt.

Zwischen diesen beiden Örtlichkeiten führt ein Niedergang ein Deck tiefer. Links – das ist Backbord. Da befindet sich die Zweimannkammer für LM (Leitender Maschinist) und Bootsmann. LM war Obermeister(Oberfeldwebel) Burkhardt, in der Flotte nur *der dicke Bratsche.* Bootsmann war Obermeister Sabin. Den nannte man *Tschu* nach Tschu En Lai, dem chinesischen Ministerpräsidenten. Unser *Tschu,* Pardon Obermeister Sabin, hatte wirklich einen kleinen chinesischen Einschlag um seine Augen.

Rechts im Gang, der Zweimannkammer gegenüber an der Steuerbordseite, befindet sich die Kommandantenkammer. Normalerweise eine Einzelkammer. Nur wenn gelegentlich noch ein weiterer Offizier als WO (Wachoffizier) an Bord kam, mussten sich zwei Mann diese Kammer teilen. Die Wachoffiziere hießen nacheinander: Klebsch, ein großer Leichtathlet, Schwager und Krepling. Jedes Mal im Range eines Unterleutnants, also gerade frisch von der Offiziersschule gekommen. Sie blieben allerdings nie sehr lange. So konnte sich im Allgemeinen der Kommandant als einziger am Luxus einer Einzelkammer erfreuen.

Ob es aber darin so lustig herging wie in unseren Zwei- bis Mehrbettunterkünften, sei dahingestellt. Die Zimmer an Bord heißen allgemein Kammern.

Auf dem Gang weiter Richtung Vorschiff befindet sich links die Kombüse. Ganz winzig klein. Zwei Quadratmeter etwa. Zwischen Herd und Abwasch war gerade so viel Platz, dass ein dünner Koch sich nicht einklemmen konnte. Ein dicker wäre mit Sicherheit darin stecken geblieben.

Gegenüber der Kombüse war meine Kammer, die ich mir mit dem *Schießer*, dem Ari-Maat (Artillerie-Unteroffizier) Klaus Vogel, teilen musste. Die verfügbare Wohnfläche betrug kaum mehr als zwei Quadratmeter.

Im spitz nach vorn sich verjüngenden Vorschiff wohnten die Mannschaftsdienstgrade: Koch, Signäler (Signalgast) und Maschinisten. Der Koch – er wird in der Marine nur *Smut* oder *Smutje* genannt – war gleichzeitig Ari-Gast und hatte bei Alarm seine Gefechtsstation am Geschütz einzunehmen und dem Ari-Maat die Munition zuzureichen.

Insgesamt hatten die RPi also 12 bis 13 Mann Besatzung.

Mit meiner Kammer hatte ich ein großes Los gezogen und gewonnen. Meine Koje lag an der Bordwand, über mir war die Schlafstelle vom Ari-Maat. Die obere Koje wurde am Tage heruntergeklappt. Sie bildete in diesem Zustand die Rückwand einer Couch. Unter der Koje lagen die Backskisten. Sie dienten zum Verstauen des Bettzeugs und einiger persönlicher Gegenstände. Auch unsere Schwimmwesten befanden sich darin. Ein schmaler Spind und ein kleiner Klapptisch vervollständigten das Inventar. Zwei Bullaugen mit Panzerblenden, die bei Seegang und im Gefecht zu schließen waren, ermöglichten einen Blick nach draußen.

Mit *Matz* Vogel verstand ich mich vom ersten Tage an blendend. Ich glaube, er stammte aus Zwickau. War also Sachse, wie viele bei der Marine.

Matz Vogel pflegte ein Ritual, das er bereits von seinen Vorgängern übernommen hatte. Jeden Morgen putzte ein Anderer alle Schuhe, nicht nur seine eigenen. Und er erklärte mir, dass ich der Nächste sei. Gemacht. Am Tag darauf war er wieder dran.

Von ihm erfuhr ich auch eine besondere Schuhputztechnik, die bei angezogenen Schuhen angewendet wurde. Mit einem bestrumpften Fuß poliert man im Wechsel mal den einen, mal den anderen Schuh. Besonderen Glanz konnte man erzielen, wenn die Socken lange getragen und der Sockenboden schön durchgeschwitzt war.

Diese Methode erfreute sich besonders bei Landgang und im Urlaub großer Beliebtheit. Bei meinen Kindern und Enkelkindern sollte mir diese Methode später ebenfalls Achtung und Anerkennung einbringen.

Erstaunlich, je weiter man sich von der Küste ins Binnenland bewegte, desto größer wurde die Begeisterung für Meer und Seefahrt.

Die deutschen Kriegsmarinen rekrutieren ihre Besatzungen zum größten Teil aus ahnungslosen und begeisterungsfähigen Sachsen, Thüringern und Bayern. Bei der christlichen Seefahrt sieht es anders aus. Da ist der Seemannsberuf ja gleichzeitig Lehrstelle und Arbeitsplatz. Wenn auch da inzwischen ein hoher Anteil von Binnenländern zu beobachten ist.

Fotos aus der Maatenkammer unserer Räumboote

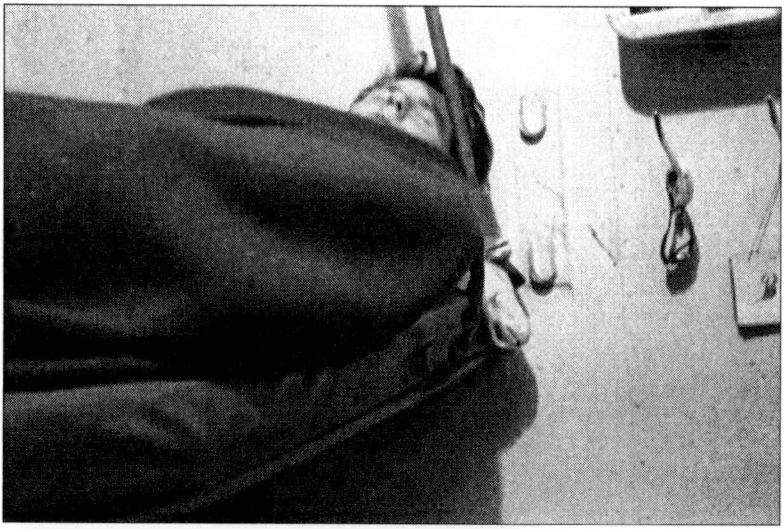

Matz Vogel in der Koje über mir.
Am Kopfende sind die Einsätze für die Schlingerleisten zu erkennen, die bei Seegang benötigt werden.

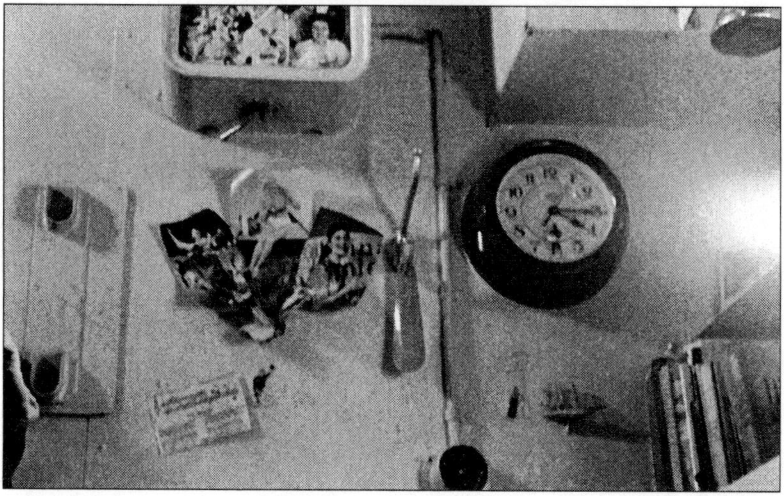

Eine Wand unserer Kammer

Der Morgenkuss für das Mädchen am Lautsprecher.
Bestaunt werde ich dabei vom Maat Polzin.
Am Kleiderhaken hängt das Schild BdW für die wechselnde
Führungsaufgabe eines jeden Unteroffiziers
als »Bootsmann der Wache«.

Später wurde Bernd Renner aus Berlin, ein Sperr-Maat, mein Kammergenosse. Mit ihm verstand ich mich ebenfalls gut.

Die Tage waren ausgefüllt mit morgendlicher Flaggenparade und Morgenmusterung der an der Pier angetretenen Besatzungen.

Dann Frühstück. Der Smutje hatte jeden Morgen einen Sack frischer Brötchen aus der zentralen Verpflegungsstelle heranzuschleppen. Zwei dieser großen Doppelbrötchen gab es pro Mann. Eventuell bei Bedarf noch Brot. Als Belag etwas Butter, Margarine und ganz viel Marmelade.

Dann Dienst. Dazu gehörten auch Reinschiff und Messingputzen. Messingputzen ist eine Wissenschaft und Spielwiese so manchen Kapitäns und Kommandanten. Ich erinnere nur an *Messing-Meier*.

Lappen und Sidol benutzte jeder. Um aber bleibenden blendenden Erfolg und Dauerhaftigkeit zu erhalten, benötigte man Tricks und Erfahrung. Beides eignete ich mir in den kommenden Wochen und Monaten schnell an.

Zigarettenasche ins Putzmittel, leichtes Knochenöl gegen Oxydation auf das blank geputzte Messing auftragen – und schon blitzt und blinkt alles. Das gehörte bald in meine Reinschiff-Trickkiste.

An den nächsten Tagen nahm mich mein Kommandant in Sonderbehandlung. Ich war Rudergänger, hatte bisher noch nie am Ruder gestanden. Er bildete mich erst einmal zum Rudergänger aus: »Ruder Backbord, Steuerbord, hart Backbord, 10 Grad Backbord, Ruder Mittschiffs ...« Die vielen Ruderkommandos mussten sitzen. Dann Steuern nach Kurs. Alles übten wir zwei im »Trockentraining« an der Pier.

Ein Haufen Bücher und Tabellen und jede Menge Seekarten gehörten zu meinem Gefechtsabschnitt I. Zu meinen täglichen Pflichten gehörten u.a. Pflege des Chronometers, tägliche Chronometerkontrolle nach Zeitzeichen, Berechnung des Sonnenunterganges.

Das wiederum war wichtig, um den richtigen Zeitpunkt der abendlichen Flaggenparade zu ermitteln. Ich war ja auch noch Signalmaat und damit eigentlich Chef des im Vorschiff kampierenden Signalgastes. Mein Grundwissen auf den Gebieten Winken und Morsen genügte den vor mir stehenden Aufgaben auch noch nicht. Da musste ich durch. Das alles musste ich begreifen lernen.

Also – frei nach Lenin: »Üben, üben und nochmals üben!«

Leutnant Schmidt war kaum älter als ich. Ein Hüne von Mann, eine absolute Autorität und ein Vorbild. Ein Mensch, den man bewundern könnte. Das begreift man ja wohl immer erst viel später, erst dann, wenn andere Vergleiche vorliegen. Was für ein doller Schwimmer er war und wie ausdauernd er tauchen konnte, erfuhren wir später auch noch.

Von Hans Schmidt übernahm ich mit den entsprechenden Protokollen meinen Gefechtsabschnitt mit all seinen Akten und Geräten. Meine Postanschrift ist jetzt: *Peenemünde I, 2154 d*

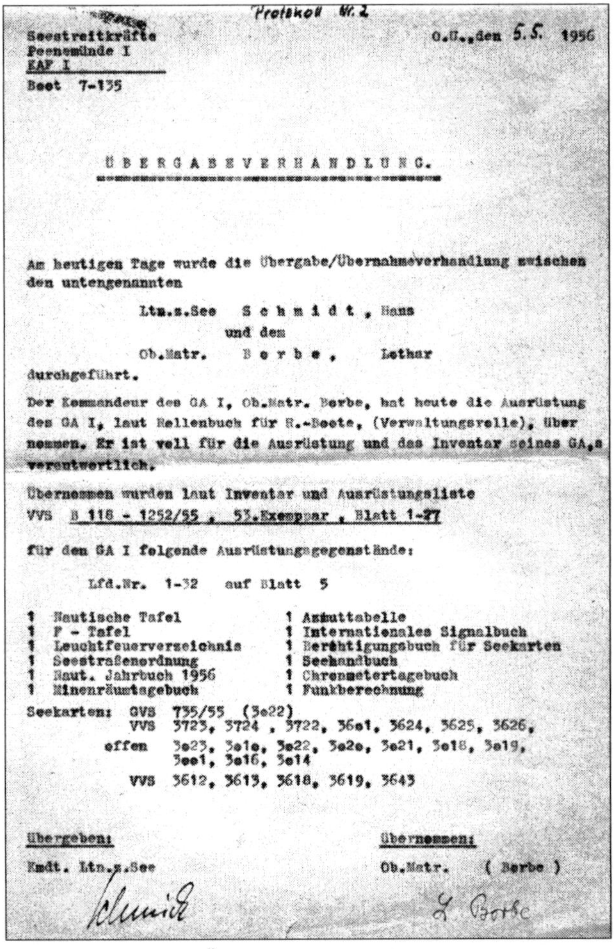

Protokoll Nr. 2

Seestreitkräfte
Peenemünde I
KAF I
Boot 7-135

O.U., den 5.5. 1956

Ü B E R G A B E V E R H A N D L U N G.

Am heutigen Tage wurde die Übergabe/Übernahmeverhandlung zwischen den untengenannten

Ltn.z.See S c h m i d t , Hans
und dem
Ob.Matr. B e r b e , Lothar

durchgeführt.

Der Kommandeur des GA I, Ob.Matr. Berbe, hat heute die Ausrüstung des GA I, laut Rollenbuch für R.-Boote, (Verwaltungsrolle), über nommen. Er ist voll für die Ausrüstung und das Inventar seines GA,s verantwortlich.

Übernommen wurden laut Inventar und Ausrüstungsliste
VVS B 118 - 1252/55 , 53.Exemplar , Blatt 1-27

für den GA I folgende Ausrüstungsgegenstände:

Lfd.Nr. 1-32 auf Blatt 5

1 Nautische Tafel	1 Azimuttabelle
1 F - Tafel	1 Internationales Signalbuch
1 Leuchtfeuerverzeichnis	1 Berichtigungsbuch für Seekarten
1 Seestraßenordnung	1 Seehandbuch
1 Naut. Jahrbuch 1956	1 Chronometertagebuch
1 Minenräumtagebuch	1 Funkberechnung

Seekarten: GVS 735/55 (3o22)
VVS 3723, 3724 , 3722, 36o1, 3624, 3625, 3626,
offen 3o23, 3o1o, 3o22, 3o2o, 3o21, 3o18, 3o19, 3oo1, 3o16, 3o14
VVS 3612, 3613, 3618, 3619, 3643

Übergeben:
Kmdt. Ltn.z.See
Schmidt

Übernommen:
Ob.Matr. (Berbe)
L. Berbe

Übergabeprotokolle

Mein Gefühl und mein Erleben dieser ersten Tage an Bord habe ich natürlich in mein Tagebuch eingetragen:

... an jeder Stelle frage, schaue, probiere und ergründe ich alles, auch das Kleinste, vorerst aber erst das Wichtigste zu erfassen. Meine Haare sträuben sich bei der festgestellten Menge des mir noch fehlenden Wissens! Verschiedene navigatorische Arbeiten,

Morsen, Winken. Alles zusammengenommen: Mein Zustand ist wundervoll schwer, belastend, aber befriedigend und beglückend! Endlich auf See! Wenn auch vorerst noch im Hafen, an der Pier, nur auf Peenemünder Hafenwasser. So habe ich doch die unbedingte Zuversicht im Herzen, rauszufahren, Seewind anstatt Büro- und Aktenstaub zu atmen, ohne die ständige Gängelei unliebsamer Landeier ertragen zu müssen: »Borbe, seien Sie ruhig!« »Wer quatscht da noch!« »Ausscheiden!« »Wer hat denn da keine Mütze auf?« »Genosse Borbe, Sie kommen heute Abend nicht an Land – wegen schulischer Leistung!« Und Recht hatte er ja, der Maat.

Dennoch kann ich es immer noch nicht recht fassen, dass das alles wirklich vorbei ist.

Gemeint waren mein Zugführer Maat Richter sowie mein ungenügender Eifer und meine mangelhaften schulischen Leistungen auf der Schwedenschanze.

Jetzt, da ich sozusagen Blut geleckt hatte, unternahm ich bereits die nächsten Schritte für die Zeit nach der Marine. Meine erste Bewerbung an die DSR ging ab.

Kurz vor mir war auch der lange Paul Schnaugst von der Schwedenschanze hier angekommen. Er gehörte als Maat zu einer Tümmlerbesatzung. Ich war nun der zweite »abgebrochene Akademiker«, wie er unseren Status als gescheiterte Offiziersschüler bezeichnete. Ich wunderte mich, wie so ein langer Kerl auf so einem winzigen Schiff wie dem »Tümmler« Platz finden konnte.

Auf der Schanze waren zwei Schnaugst, Peter und Paul. Zwei Brüder. Schneidige Soldaten, die unbedingt Offizier werden wollten. Vermutlich passte ihre Familiengeschichte nicht in eine sozialistische Kaderakte. Marineoffizier ist keiner der beiden geworden. »Mein« Schnaugst bekleidete später eine hohe Position im SHD (Seehydrografischen Dienst) in Rostock.

Und in dem Meere, da war ein Riff,
es schlich von achtern sich an unser Schiff.
Drum bleibt an Land mir auch der Schiffbruch treu.
Ich bin ja nur ein Seemann, weiter nichts - Ahoi!

1. Mai 1956 in Peenemünde. Alle Boote liegen im Hafen und haben über die Toppen geflaggt. Auf dem Paradeplatz sind alle Einheiten

angetreten. Anlass für diese Parade ist die Übernahme der VP-See in die Seestreitkräfte der Deutschen Demokratischen Republik.

»Wer will, kann jetzt nach Hause gehen«, wird uns mitgeteilt. Wie das klingt! Unsere bisherige Verpflichtung galt nämlich nur für die Volkspolizei-See. Seit dem 1. März waren wir ja keine Polizei mehr, sondern Armee.

Verlockend. Einen ganz kleinen Augenblick habe ich gezuckt ... Was aber wollte ich an Land auch anfangen?

Meine Kameraden hatten an diesem 1. Mai 1956 ihren großen Auftritt in Berlin bei der ersten Militärparade der DDR.
Vorn links: Lothar Winter, dahinter Aribert Perzel, Ewald Richter.
Rechts: Dieter Heinze, dahinter Klaus Semisch.
Die Pressefotos von dieser imposanten Militärparade gingen als eine Sensation buchstäblich um die Welt.

Wo ich nun mit neuem, bisher nicht gekannten Elan bei der Sache bin, beginne ich bereits, die Weichen für die Zeit danach zu stellen.

Ich frage sicherheitshalber schon mal in Rostock bei der Deutschen Seereederei nach.

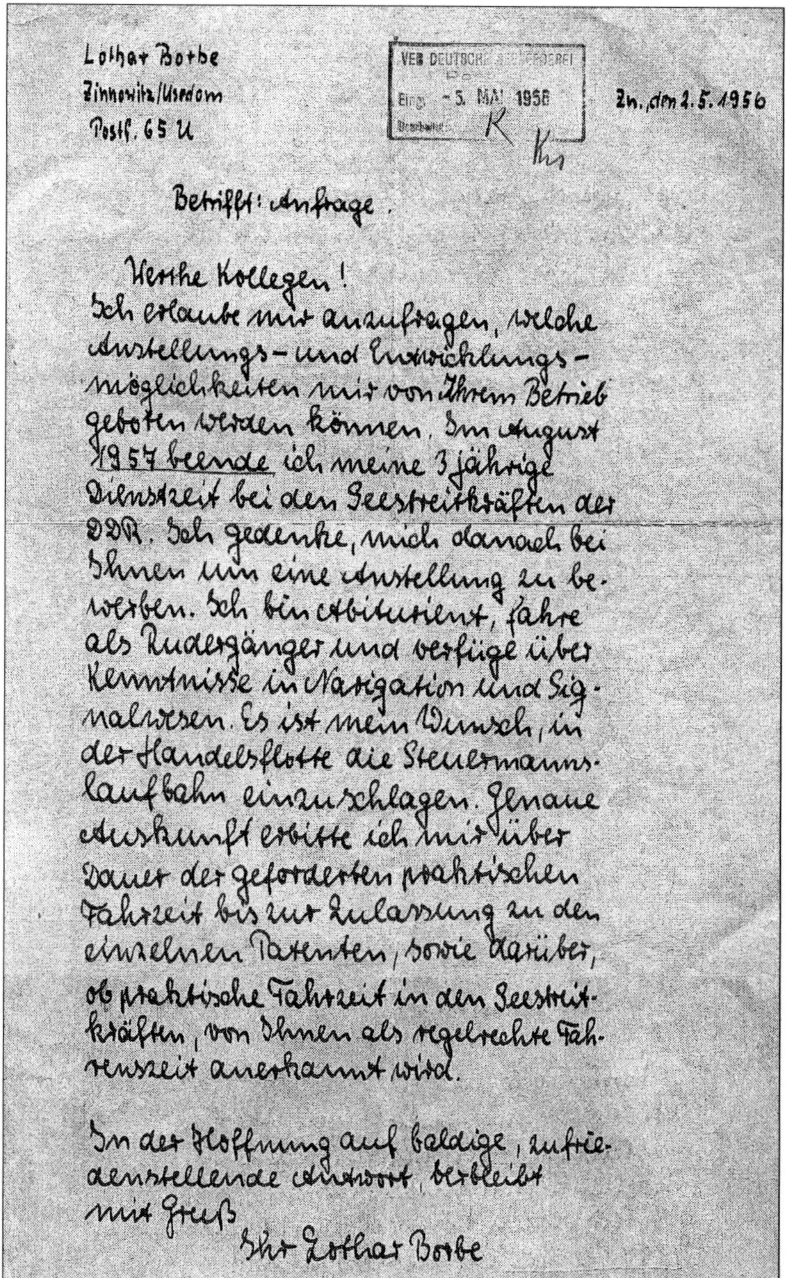

Lothar Borbe
Zinnowitz/Usedom
Postf. 65 U

VEB DEUTSCHE [illegible]EREI
Eing. – 5. MAI 1956
Bearbeiter: K Kr

Zn., den 2.5.1956

Betrifft: Anfrage.

Werthe Kollegen!
Ich erlaube mir anzufragen, welche Anstellungs- und Entwicklungsmöglichkeiten mir von Ihrem Betrieb geboten werden können. Im August 1957 beende ich meine 3jährige Dienstzeit bei den Seestreitkräften der DDR. Ich gedenke, mich danach bei Ihnen um eine Anstellung zu bewerben. Ich bin Abiturient, fahre als Rudergänger und verfüge über Kenntnisse in Navigation und Signalwesen. Es ist mein Wunsch, in der Handelsflotte die Steuermannslaufbahn einzuschlagen. Genaue Auskunft erbitte ich mir über Dauer der geforderten praktischen Fahrzeit bis zur Zulassung zu den einzelnen Patenten, sowie darüber, ob praktische Fahrzeit in den Seestreitkräften, von Ihnen als regelrechte Fahrenszeit anerkannt wird.

In der Hoffnung auf baldige, zufriedenstellende Antwort, verbleibt mit Gruß

Ihr Lothar Borbe

Beim Stöbern in meinen Notizen stutze ich. Am 5.5. 56 bin ich bereits schon wieder auf Urlaub. Kurzurlaub. Ich suche nach Erklärung. Während der Hafenliegezeit gingen die Vorgesetzten anscheinend großzügig mit der Verteilung von Urlaubstagen um. Sie wussten ja am besten, was uns in den kommenden Monaten noch erwarten sollte und taten anscheinend alles, um uns bei Laune zu halten. In meinem Tagebuch finde ich:

5. 5. 56: Einmal kurz überlegen, was Merkenswertes ich bisher erlebt habe. Was soll ich nur schreiben! Eben pfiff die Lok. Die Waggons stampfen. Gerade halten an der »Verpflegungsstelle« Bannemin-Mölschow. St.b. querab von mir sitzen zwei, ihren Gesprächen nach zu urteilen wohl Pennäler. Zumindest lässt der Inhalt ihres geistig hochstehenden Geredes dieses vermuten. Alte, auch von mir vor kurzem noch gebräuchliche Vokabeln fallen: »Pauker«, »Streber«. Sie wecken noch einmal Erinnerung an längst vergangenes, ewig junges Scholarenleben. Ich versuche schließlich mich in ihre Welle einzuschalten. Wie fange ich an? Die geplante Tat konnte nur in der Idee, im kühnen Vorsatz bestehen bleiben. Das Schicksal in Gestalt des Umsteigebahnhofs Wolgast schob sich dazwischen. Ich verlor die Beiden. In Wolgast bummelte ich annährend zwei Stunden umher. Ich sah viel Neues, aber nicht gerade Aufregendes. Kleinstadt. Kirche verfallen. Etwa als augenfällige Demonstration ihrer unchristlichen Jünger? Ich wusste mir auf diese Frage keine Antwort. An einem GST-Schießstand investierte ich darauf 60 Pfennige, wofür mir als Gegenleistung 6 Schuß mit Luftbüchse auf feststehende Scheibe als Gegenleistung geboten wurden. Ich schoß zweimal 3 Schuß. Das Trefferbild wie kopiert! Oben rechts als Dreieck. Mit einer Tüte »Berliner« setzte ich meine Reise fort. Im Abteil setzte ich mich zu jungen Leuten, die mich schnell in ihren Kreis lustiger Plauderei einbezogen. Dafür verspeisten sie nun meine restlichen Berliner. Stralsund: Das Hotel »Rostocker Hof« gewährte mir ein mehr als sehr dürftiges Quartier, das ich in der Hoffnung auf ein Liebesabenteuer für zwei Tage mietete. Mein Vorhaben ließ sich aber nicht verwirklichen. Dann schritt ich weiter fürbaß und erfuhr im schnellen Schritt von einem Treffen von Offiziersschülern in der Schwesternschule. Dort fand ich in schnellem Lauf ein offenes Fenster, in dessen Rahmen ein gar liebliches Mädel sich anpries. Dank ihrer Hilfe fand ich den Eingang und fand mich alsdann in der begeistert johlenden Menge ehemaliger alter Kameraden. Jedem drückte ich die Hand, wechselte einige oder mehrere Worte und befand mich derweil im Pendelverkehr zwischen Sitzplatz am Tisch und Theke, wobei mir immer wohler wurde. Wir erinnerten uns, dass jemand einmal das Lied von den Mädchen aus der Normandie, die so gern küssen, für die Schwesternschülerinnen umgedichtet hatte. Wir sangen »Die Mädchen von der Schwesternschule ...«.

Christa erbot sich, meine Tischdame zu werden. Doch ich wurde in ihrer Gegenwart nicht warm und zog mich bald mehr und mehr zurück. Erika Behrend, da wäre ich gerne gelandet! Bei ihr konnte ich aber nicht bleiben. Sie war doch schon Tischdame eines anderen. Um den Abend nicht als enttäuschter Liebhaber beschließen zu müssen ging ich gegen 22.30 Uhr meine Wege und steuerte wie so oft in der vergangenen Zeit rwk 2000 m unter die Erde (RWK) Hier, im Schacht 4 oder auch Tittenkeller genannt, empfing mich der übliche schon heimisch vertraute Dunst von Bier und Zigaretten. Weit nach Mitternacht verließ ich diesen Ort.

Von 02.30 Uhr bis 12.00 ging mein von Engeln bewachter tiefer Schlaf. Die nun schon vorgerückte Stunde nicht ahnend, begrüßte ich das erste menschliche Wesen mit »Guten Morgen!« Man erwiderte fast ärgerlich meinen Gruß. Ich stutzte: »Entschuldigen Sie, ist es etwa nicht mehr Morgen?« »Es ist 12.30 Mittag!« »Dann also, Mahlzeit!« Wir lachten. Ich beende nun meine Tagebuchnotizen, denn nichts Gewaltiges stürmte weiter auf mich ein. Ich war auf der Schanze und sitze nun auf der Bahn, mit dem Ziel, morgen früh um 7.30 an Bord zu sein. Na, dann Prost! Pardon: Gute Reise! Ex, Fin, Konjetz, Ende.

Wieder an Bord.

Beim ersten Auslaufen besetzte ich meine Gefechtsstation. Ich stand am Ruder.

Die Boote legten nach einem bestimmten Plan von der Pier ab. Alle folgten dem Führerboot mit dem ACH (Abteilungschef) an Bord, das auch verständlicherweise als erstes abgelegt hatte. Die Flaggensignale vom Führerboot werden von den nachfolgenden Booten wiederholt: »K« »I« »E« »1«. In Worten: Karl, Ida, Emil, Eins. Das bedeutete: Der Verband fährt in Kiellinie (KI). Entfernung (E1) zwischen den Booten eine Kabellänge (185, 2 m).

Andere Befehle werden von den Signälern von Boot zu Boot »weitergesagt«. Das Signalwinken geht bedeutend schneller als die Übertragung durch Signalflaggen. Der Winkverkehr hat etwa die Geschwindigkeit einer langsamen deutlichen Aussprache. Eingefuchste Signäler verwendeten sogar Kürzel im *Gespräch* untereinander von Boot zu Boot. Wenn der Empfänger mit der nach oben zeigenden Winkflagge in der rechten Hand vor der Brust kurze Kreise schlug, dann bedeutete das: »Schneller!« Sie winkten dann schon mal in der Geschwindigkeit eines Schnellsprechers.

Es gab aber auch *Nappsülzen* in den Reihen der Signäler, die kaum zu gebrauchen waren. Im Ernstfall übernahm dann einer aus der Besatzung dessen Funktion. Der Rudergänger zum Beispiel. Auch schon mal der Kommandant.

Hier steht der Kommandant selber in der Signalnock eines RPi.

Jeder Satz wurde vom Empfänger mit beiden Armen querab gestreckt, mit dem Buchstaben V (»Viktor«) als »verstanden« quittiert. Es kam aber auch vor, dass ein Winkspruch nicht verstanden worden ist. Dann wurde N (Nanni) gezeigt, indem beide Arme links vom Kopf in die Höhe zu strecken waren.

Gewiss ist bereits bemerkt worden, dass unser damaliges Buchstabieren nicht mit der heute international gebräuchlichen Weise übereinstimmte, die da lautet: Alpha, Bravo, Charly, Delta, Echo, Foxtrott, Golf, Hotel, India, Juliet, Kilo, Lima, Mike, November, Oskar, Pappa, Quebec, Romeo, Sierra, Tango, Uniform, Viktor, Whisky, Xray, Yankee, Zulu.

Wir dagegen sagten (national): Anton, Bruno, Caesar, Dora, Emil. Eben auch Nanni anstelle des heutigen Nordpol und der Buchstabe L (Lima) war Lucie.

Wie daraus der überaus unbeliebte Begriff »Flagge Lucie« entstehen konnte, war mir bis kurz »vor Redaktionsschluss« ein Rätsel geblieben.

Joachim Rudek kann sich aber noch gut daran erinnern. Die Flagge L ist blau-weiß-blau liegend. Dieses »Manöver« stammte auch noch aus der KM-Zeit.

Um die Rekruten zu schinden, wurde in kurzen Abständen Antreten in blau, in weiß, dann wieder in blau befohlen. Dann hatte die Mannschaft innerhalb kurzer Zeit in unterschiedlichen Anzugsarten – »Bordpäckchen blau«, »Bordpäckchen weiß«, »erste Geige blau« »erste Geige weiß« – an der Pier anzutreten. Zur Vervollkommnung des »Spaßes« konnte auch noch das Antreten in Sportzeug darin eingebaut werden. Das nannten die *Lords* (Seelords, engl. *Sealors)* dann »Flagge Lucie«.

Rin inne Klamotten – raus ausse Klamotten!

Das war bei uns so eine Art Schikane nach irgendwelchen gemeinsam begangenen »Untaten«: ungenügend gründliches Reinschiff, nachlässiger Spind- und Kojenbau, Unordnung in Kammern und auf Gefechtsstationen oder allgemeine Gammelei.

»Flagge Lucie« hat uns aber nicht geschadet. Meistens waren wir sogar mit ganzem Herzen und mit Humor bei diesem Matrosen-Ulk dabei. Man wollte sich ja auch nicht unterkriegen lassen. Kann auch sein, dass wir schon zu abgebrüht waren und uns solche Späßchen einfach nicht mehr »juckten«.

Erst jetzt, im Alter, glaube ich, sogar einen tieferen, gar höheren Sinn in dem vermeintlichen Unsinn zu sehen. Diente Flagge Lucie etwa dazu, damit wir das schnelle Anziehen übten? Das wäre im Ernstfalle, bei Gefechtsalarm also, sogar überlebenswichtig gewesen!

Der Signalmaat zeigt ein P
Er ist an dem Winkel am linken Ärmel als ein Längerdienender zu erkennen. Mehr als drei Dienstjahre.
Zwei Winkel würden länger als fünf Jahre bedeuten.

Noch kämpfte ich mit den Tücken meines Arbeitsplatzes.

Ich sollte den geraden Kurs steuern, immer den Vordermann voraus. Gerade hatte ich ihn, dann drehte mein Steven nach Backbord. Wenn ich ihn mit einem schnellen Ruderschlag nach Steuerbord zurückholen wollte, schoss er natürlich über die Kiellinie hinaus nach Steuerbord. Wie alle Anfänger schrieb auch ich meinen Namen achtern ins Kielwasser. Sogar mit einem recht großen »B«!

Hans Schmidt hatte anfangs seine liebe Not mit mir. Er stand hinter mir und gab Hinweise, wann ich das Ruder gegenlegen musste beim Aufkommen und wie ich den dämlichen Kahn auf Kurs bringen und diesen auch halten konnte.

Im Laufe meiner Entwicklung wurde ich später sogar ein »Guter«. Auf allen Schiffen, auf denen ich dann fuhr, wurde ich als Gefechtsrudergänger bzw. Manöverrudergänger geschätzt.

Rudergänger Lothar Borbe

Auf See gab es doppelten Verpflegungssatz. Sogar Bohnenkaffee gehörte dann zur Bordverpflegung. Gereicht wurde er schwarz und in Plastetassen! Der Bohnenkaffee war vor allem für Kommandanten und Rudergänger vorgesehen, die ja ohne Ablösung ihre Wache gingen.

Der Rudergänger hatte am Ruder zu stehen, auch wenn sich seine Ruderwache über Stunden hinzog. Das war eine uralte Unsitte bei der Marine.

Beim Sitzen am Ruder würde er einschlafen, galt als Begründung. Hinweise auf die Flugzeugpiloten, die ihre Arbeit ja auch im Sitzen verrichteten, ohne einzuschlafen, zählten nicht.

Deshalb »drehte« ich bei der Ruderwache oft meine strapazierten Beine und meine schmerzenden Plattfüße zur Ausgleichsgymnastik hin und her.

Es hat noch Jahre gedauert, bis dieser alte Zopf endlich abgeschnitten wurde. Ich selber habe das erst auf dem Tanker »Leuna I« erfahren.

Meist wurden die Boote bei Erreichen des Übungsgebietes aus dem Verband entlassen und führten Einzelaufgaben durch. Zum Beispiel: Räumgerät zur Bekämpfung von Ankertauminen zusammenstellen und an dicken Stahltrossen ausfahren und einholen. Und das immer und immer wieder. Dann: treibende Minen sichten und unschädlich machen. Entweder durch Anbringen einer Sprengladung oder durch Abschießen mit der »Spritze«, der Bordkanone.

Wir wurden ja ausgebildet, trainiert für den Ernstfall. Das sollte gottlob nicht ein neuer Krieg sein. In der Ostsee lagen noch viele Minen aus dem letzten Krieg. An deren Beseitigung sollten wir teilhaben. Wir wollten uns schon über sie hermachen! Die dabei möglichen Gefahren schreckten niemanden.

Allzu verlockend war die in Aussicht gestellte Gefahrenzulage von zwei Mark pro Stunde im Minengebiet. Dabei käme eine zweite Monatsheuer zusammen. Also, viel Geld für die damalige Zeit. Mit der Verpflegung haute das ja auch hin, wenn wir auf See waren.

Trinkwasser hatten wir dagegen nur in ganz geringer Menge an Bord. Alle irgendwie notwendigen Verrichtungen, die den Einsatz von Wasser erforderten, mussten mit Seewasser erfolgen. Da redeten wir uns eben obendrein noch ein, was man auf See auch alles unterlassen konnte. Das Rasieren zum Beispiel. *Wer sich auf See rasiert, der ist schwul* – hieß es schließlich. Schwul war auch keiner! Und so konnte guten Gewissens viel Frischwasser gespart werden.

Gewöhnlich blieben wir die ganze Woche auf See. Wenn vom Führerboot das Flaggensignal S Q = »Sammeln am Führerboot« gezeigt wurde, ging es im Verband zurück in den Hafen.

Nach der ersten Ausfahrt lag Post von der DSR für mich da.

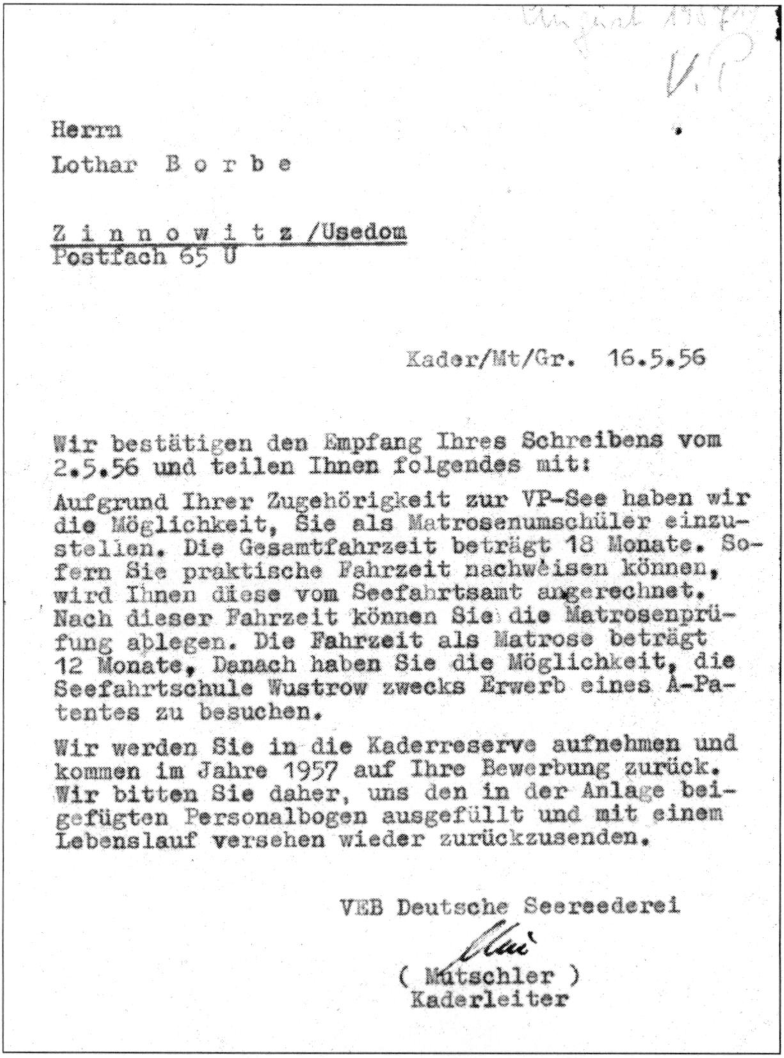

Herrn

Lothar B o r b e

Z i n n o w i t z /Usedom
Postfach 65 U

Kader/Mt/Gr. 16.5.56

Wir bestätigen den Empfang Ihres Schreibens vom 2.5.56 und teilen Ihnen folgendes mit:

Aufgrund Ihrer Zugehörigkeit zur VP-See haben wir die Möglichkeit, Sie als Matrosenumschüler einzustellen. Die Gesamtfahrzeit beträgt 18 Monate. Sofern Sie praktische Fahrzeit nachweisen können, wird Ihnen diese vom Seefahrtsamt angerechnet. Nach dieser Fahrzeit können Sie die Matrosenprüfung ablegen. Die Fahrzeit als Matrose beträgt 12 Monate, Danach haben Sie die Möglichkeit, die Seefahrtschule Wustrow zwecks Erwerb eines A-Patentes zu besuchen.

Wir werden Sie in die Kaderreserve aufnehmen und kommen im Jahre 1957 auf Ihre Bewerbung zurück. Wir bitten Sie daher, uns den in der Anlage beigefügten Personalbogen ausgefüllt und mit einem Lebenslauf versehen wieder zurückzusenden.

VEB Deutsche Seereederei

(Mütschler)
Kaderleiter

Die Antwort der DSR auf meine Anfrage vom 2. 5. 56.
Das sieht ja hoffnungsvoll aus!

An den Wochenenden im Hafen stritten mein Sportgeist und meine Vergnügungssucht miteinander.

Anfangs trainierte ich noch häufig auf der Aschenbahn und entwickelte mich zu einem passablen Mittelstreckler, der zumindest im Standort Peenemünde auffiel. Ein paar »Verrückte« finden sich ja immer zusammen und so hatte ich bald wieder eine dufte Trainingsgruppe um mich herum.

Schließlich entschied ich mich doch fürs Vergnügen und lief nur noch gelegentlich, wenn wir außerhalb der Landgangszeiten an der Pier lagen.

Im Objekt gab es ein Kulturhaus mit Ausschank. Da durften wir Muschkoten allerdings nicht rein. Als wir es später dann doch durften, gingen wir nicht. Außerhalb des Geländes existierte mit der heute weltberühmten (!) »Zwiebel« eine rege frequentierte Gaststätte. Dort durfte jeder rein. Aber da gingen wir damals auch nicht hin. Ich kann mich jedenfalls nicht erinnern, jemals in der »Zwiebel« gewesen zu sein. Ich glaube, ich habe nicht einmal genau gewusst, wo sie sich befand. Jedenfalls kommt mir das heute so vor.

In der »Zwiebel« ging es hoch her, erzählt man sich. So, dass einem die Augen tränten. Daher der Name »Zwiebel«. Ihren legendären Ruf und ihren Ruhm hat sie sich erst nach meiner Dienstzeit errungen. Allen Peenemünde-Veteranen leuchten die Augen, wenn sie von der »Zwiebel« erzählen. Ein Lied hat sie schließlich unsterblich gemacht:

Die Marinezwiebel

In der Peenemünder Zwiebel
liest man sicher keine Bibel,
schwingt Marinerees und klönt,
bis des Seemanns Auge tränt.

Ein Matrose steht in Kühlungsborn
Und beginnt noch einmal ganz von vorn,
trägt von dort durch viele Länder
Mützenbänder!

In Gedanken fährt als Obermaat
er bereits in Richtung Leningrad.
Doch er muss, um sich zu zügeln –
Hosen bügeln!

Als Signalgast winkt er dann von Bord
einen langen Spruch nach Darßer Ort.
Antwort geben auf sein Mixen –
Badenixen!

In Graal-Müritz peilt er, wie bekannt,
eine braungebrannte Maid am Strand,
nur mit Brille und Südwester –
seine Schwester!

Und zur Nacht an Hiddensee vorbei,
träumt er von den Mädchen aus Hawaii.
Morgens sieht er voller Jammer –
Stubbenkammer!

Er begreift am Ende wieder mal.
Mit der Perspektive Admiral,
reicht es bisher nur zum losen
Leichtmatrosen!

Text: Heinz Naujokat Musik: Rolf Zimmermann

Mit Fregattenkapitän Heinz Naujokat bin ich später noch persönlich bekannt geworden.

Wir, das heißt meine Freunde von RPi und den KS-Booten, hatten damals einfach »höhere Ideale« und »ehrliche Absichten«: Weiber! Alkohol interessierte uns nicht.
Unmittelbar nach Dienstschluss und bei Landgangsfreigabe fuhren wir mit der Bahn nach Zinnowitz. Dort ging es vom Bahnhof schnurstracks in den »Seeblick« hinter der Stranddüne. Der »Seeblick« hieß schließlich in Marinekreisen einfach nur »VP-Seeblick«. Mein Freund Peter Schlabinger erinnert sich heute noch mit Wohlbehagen daran, wie wir uns in der kurzen Zeit bemüht haben, die Sachsenmädel »aufzureißen« und in den Strandkorb zu bekommen ...

Der Hals blieb frei – und das selbst an kühlen Tagen. Erst ab 1. Oktober waren neben den blauen Mützenbezügen Zebrahemd und Kolani befohlen.

Da kam auch schon gelegentlich die Frage: »Seemann, frierst du?« Und seine Antwort prompt: »Nein, ich zittere nur vor Wut!« Als Nachsatz vielleicht noch: »... weil es so kalt ist.«

Räumbootsfahrer bei Bier und Wein im »Seeblick«
Von links: Leutnant Voigt, Leutnant Hans Schmidt
und die Obermatrosen Borbe, Metzmacher, Kramer

Der »Seeblick« heute

Urlaub vom 11.5. nach Dienst bis zum 23. 5. zum Dienst, finde ich nun schon wieder als Eintrag in meinem Tagebuch:

»Wem Gott will rechte Gunst erweisen, den schickt er in die weite Welt ...« Nicht mit diesem Lied laut auf den Lippen, so doch leis' im Herzen, strömten Peter Metzmacher und ich fürbaß. Mein Gehalt war auch heute am Freitag noch nicht in Peenemünde eingetroffen. Ich musste es wagen, mit nur 60 DM meinen Urlaub zu beginnen. Was mir in Fülle blieb, das war der Glaube, mein Geld nachgeschickt zu bekommen. Aber sorgenfrei machte ich meine Schritte auf zivilem Festland. Wer kein Geld hat, der hat auch keine Sorgen. Gott sei Dank war draußen eitel Sonnenschein. Frohgelaunt aber hungrig kamen wir zwei in Stralsund an, der Perle der Ostsee mit dem Tor zum Norden. Unser erster Weg galt der Suche nach einem süßen Ruhelager. Danach stellten wir uns die Aufgabe, meinen Photoapparat, den ich bei Delila eingelagert hatte, zurückzugewinnen. »Deli«, sonst ein lustiges, freundliches Gesicht, zeigte sich von unserem plötzlichen Erscheinen nicht erbaut. Meine dummen Reden taten ein übriges. Nach Abenteuern war uns auch nicht zu Mute. Denn Peter zuliebe wollte auch ich »anständig« bleiben, denn er liebt nur seine Annerose Gardini in Weida. Ich hatte doch bereits vermerkt, daß wir hungrig in Stralsund ankamen. Der Weg zu den Speisen war aber lang und voller Klippen. Die ersten in dieser Sache befragten Lokale standen entweder trocken oder führten ausgefallene Speisen, mit deren Reizen wir uns bisher noch nicht angefreundet hatten. Irgendwo machte ein gefährlich seine Zähne fletschender Hund Anstalten, uns zu zerfleischen. Im »Löwen« schließlich aßen wir Kotelett mit Klößen, tranken Bier und empörten uns über zwei artige Mädchen. Sowjetische Matrosen hatten ihnen Getränke spendiert. Diese Zwei schoben das angebotene aber schroff und beleidigend zurück und verließen das Lokal.

Man trinkt in Deutschland wenig und besonders Frauen schickt es sich nicht, Spirituosen und Helles Bier zu trinken. Diese Tatsache ist Fakt, doch niemals eine Entschuldigung für das beleidigende Verhalten zweier »dummer Gänse«. Anstandshalber hätten sie in diesem Falle wenigstens probieren müssen. Na, Schwamm darüber! An deren Statt tranken wir das Bier und später noch mehr und mehr, nachdem ich zu den sowjetischen Leuten Verbindung angeknüpft hatte. Russisch, Englisch und Deutsch sprach man nun an unserem internationalen Tisch. Peter, der außer dem Deutschen keiner weiterer Sprache mächtig war, »sprach« mit dem Russen mit Händen und Wortfetzen. Sein Ge-

genüber »verstand« ebenfalls und bestätigte: »verstehn«, »nix verstehn«, »gut verstehn«. Glücklich über die gelungene Verständigung, schüttelten sich beide die Hände, obwohl Peter nichts verstanden hatte. Die Nacht verlief ohne Zwischenfälle. In unserem Hotelzimmer schlummerten wir schließlich wie in Engelsarmen in frischen Linnen und Federn.

Der nächste Morgen begann spät und in einer Milchbar. Zum ersten Mal in meinem Leben besuchte ich eine. Den Weg von der Milchflasche bis zur Milchbar, eine Welturaufführung sozusagen, habe ich ebenfalls in meinem Tagebuch festhalten müssen:

... als Kind genügte die Milchflasche.

Weltweit existieren Hunderte Milch-Misch Rezepte. In der Stralsunder »Mi-Bar« *befindet sich das Beste, was aus Milch gemacht werden kann: Belebende Joghurts, Frost Sodas, Ice Cream Soda, Egg Noggs ...*

Zum Schluß landen wir beim Cocktail Congreß und denken zurück an unseren langen Weg von der Flasche bis zur Stralsunder Milchbar am Neuen Markt. Auf der Karte finden wir auch alkoholische Mischungen wie Cocktails der Martini-Richtung, der Brandy - Richtung sowie in der Ohio - Richtung. Dazu Gin Fizz und Flips. Darunter, als Fußnote, findet sich der Hinweis: »Selbstverständlich halten wir für Sie auch Edelliköre und Branntweine in ungemixter Form bereit.« Das tröstet!

Und in dem Meere, da war das Salz,
es brannt' die Spucke mir aus meinem Hals.
Drum bleibt an Land mir stets der Branntwein treu.
Ich bin ja nur ein Seemann, weiter nichts – Ahoi!

Ich erfahre auch den weiteren Urlaubsplan meines Bootes.

So finde ich die Notiz in meinen Aufzeichnungen:

Nach Pfingsten fährt Ob-Matr. Borbe voraussichtlich in den wirklich verdienten Urlaub und hat dann planmäßig befehlsmäßig am 31. wieder an Bord zu sein. Das sind ja gute Neuigkeiten.

Das Jahr 1956 brachte neben meiner Versetzung zur »kämpfenden Truppe« – in einen Kampfverband, wie es richtig hieß – noch ein paar weitere Höhepunkte, die sich in meinem Gedächtnis unauslöschbar festgesetzt haben.

Am 1. März 1956 war ja offiziell die Nationale Volksarmee (NVA) der Deutschen Demokratischen Republik gegründet worden.

Tatsächlich geschah das per Volkskammerbeschluss bereits am 18. Januar 1956. Durch Beschluss des Politischen Beratenden Ausschuss des Warschauer Paktes war die NVA sogar schon am 28. Januar 1956 in die Vereinigten Streitkräfte eingegliedert worden.

Nun gab es nicht nur neue Namen. Es gab auch neue Uniformen. Und neue Generäle. Ich glaube, auf einem Foto sogar Erich Honecker in Generalsuniform gesehen zu haben. An dem künftigen Namen für die VP-See wurde viel herumgerätselt. VOLKSMARINE vielleicht, nach der revolutionären Volksmarinedivision während der Novemberrevolution im Jahre 1918 in Berlin? Bei den bereits im März in der »Jungen Welt« vorgestellten neuen Uniformen stand auf dem Mützenband schlicht und einfach nur MARINE. Da gerieten wir in helle Aufregung. Wollte man uns wirklich so herumlaufen lassen?

Am 1. Mai dann die erste Parade dieser jungen Armee. Preußisch – mit Schellenbaum und Tambourmajor. Meine ehemaligen Genossen von der Schwedenschanze in der neuen Uniform, die der Uniform der Kriegsmarine ähnlich war. Mit Knoten und Schleife und Spiegel am Kolani. Auf den Mützenbändern stand jetzt SEESTREITKRÄFTE anstelle von VOLKSPOLIZEI-SEE. Gott sei Dank, ein richtiger Name, mit dem man leben konnte.

Nach der auch im Ausland viel beachteten Militärparade mussten die Paradeteilnehmer ihre neue Uniform wieder abgeben und in ihre alten zurückschlüpfen.

Die Übernahme der Truppenteile in die Volksarmee und die Neueinkleidung erstreckte sich über einen Zeitlauf von Monaten, vollzog sich in Etappen. Die Seeoffiziersschule kam zuletzt. Zuerst waren die Kampfverbände dran. Dazu gehörte die Räumbootsflottille.

Es musste auch neu verpflichtet werden. Die alten Schwüre der Volkspolizei galten nun nicht mehr. Wer wollte, der konnte zu diesem Zeitpunkt seinen Ehrendienst beenden, einfach so.

Ich hatte bei dem Gedanken daran nur einmal kurz gezuckt, hatte mich nur ganz kurz einem solchen Gedanken hingegeben. Was sollte ich an Land auch machen? Ich besaß weder Zivilklamotten noch Geld. Also, ohne Murren weitermachen! Und den Vorsatz ins Auge gefasst, nun doch schon mal Vorsorge für die Zeit nach der Entlassung zu betreiben.

Vor unserer neuen Vereidigung erhielten wir die entsprechenden Utensilien zur Verschönerung der Uniform. Ganz neu waren Kragenspiegel, Knoten und Fliege – als Reverenz an alte Kriegsmarinetradition. Knoten binden und Schleife üben. Die Schleife auf dem Knoten war so ein wackliges Ding. Mit einer Fahrkarte der Deutschen Reichsbahn oder einer Wiegekarte konnte man beim Aus- und Anziehen die Schleife schützen.

Das Kieler Hemd wurde nun nicht mehr über den Hosenbund geklappt.

Jetzt hatten wir zur Ausgehuniform Koppel zu tragen. Das Koppel war ein Zugeständnis an die Kriegsflotten der Sowjetunion, an die Baltiskij Flot, die Tschernomorskij Flot und andere.

Zum ersten Male bekamen wir Stahlhelme ausgehändigt. Auf dem Vorschiff stand seit geraumer Zeit schon das Bordgeschütz. Nun erst waren wir richtige Soldaten. Marinesoldaten!

Thüringen

Im zeitigen Frühjahr bekam ich Pfingsturlaub. Da fuhr ich mit Lothar Winter zu seiner Familie nach Gotha, Gentschstraße 4.

Er trug noch immer seine VP-See Kleidung. Das heißt, er trug sie schon wieder! Die neue Uniform hatte er bei der Militärparade am 1. Mai ja nur vorführen dürfen.

Ich war inzwischen als Angehöriger der Seestreitkräfte zu erkennen. *Lotte* nicht.

In und um Gotha verlebten wir ein paar wunderschöne Tage.

Selbstverständlich haben wir Eisenach besucht. Pflichtgemäß haben wir dort unserem Fritz Reuter einen Besuch abgestattet. Sein ehemaliges Wohnhaus beherbergt nun das »Fritz-Reuter-Museum«.

In Eisenach besuchten wir natürlich auch die Wartburg.

Wir genossen einige Aufmerksamkeit, als wir – Matrosen mit Bändermützen – auf Eseln die Wartburg erstürmen wollten! Unsere Versuche, den Esel zu bewegen, auch nur einen Meter weiter als gewohnt zu gehen, scheiterten. Vergebens zerrte jeder an seinem vierbeinigen Freund herum. Bis dahin und keinen Schritt weiter! Ab dieser Stelle hätten wir den Esel tragen müssen.

Die Wartburg

»Reitende Gebirgsmarine zu Fuß«
So wie ich reitet auch Lothar Winter mit Bändermütze, Kamera und Wanderstock

Unsere unterschiedlichen Marineuniformen stifteten Verwirrung. »Kommt ihr aus Kiel oder aus Wilhelmshaven?«, fragte ein Kriegsmarineveteran. Wir »klärten« ihn auf. *Lotte* wäre aus Stralsund, ich käme aus Kiel ...

Da freute er sich! Kiel kannte er aus seiner Soldatenzeit. Er befragte mich nach alten Spelunken und wie es denen jetzt wohl so ergehe. »Alles kaputt«, erklärte ich ihm.

Dann ging aber ich zur Offensive über und fragte, ob er »La Paloma« kenne, die lustige Kneipe am Hafen. Die kannte er nun nicht. »Na, ich denke«, meinte ich nun, »die ist sicher erst nach dem Krieg gebaut worden...«

Ich bin doch noch nie in Kiel gewesen und wusste auch ehrlich nichts von »La Paloma« oder irgendwelchen anderen Lokalitäten.

Ich muss wohl einen Hang zur Hochstapelei haben!

Nach diesem Urlaub musste *Lotte* nach Stralsund auf die Schwedenschanze zurück. Ich fuhr wieder nach Peenemünde.

Mein Urlaubsbericht in die Heimat:

Liebe Eltern!

Ich schreibe Euch heute einen kurzen Brief, bloß, um Euch wieder ein Lebenszeichen von mir zu übermitteln. Bitte verzeiht mir, daß ich in den letzten Wochen gar wenig schrieb! Hier ist viel Arbeit, von früh bis spät, und die Tage verrinnen, so, daß es einem wie ein Wunder dünkt, wenn man feststellen muß, daß, ohne das dies' groß auffiel, 4 weitere Wochen vergangen sind. Die Wochen addieren sich! Meinen Pfingsturlaub habe ich in Thüringen verbracht. Wir, d.h. mein Freund und ich, waren in Eisenach und besuchten dort die Wartburg, durchstreiften Gotha, wo wir auch wohnten und waren auch für ein paar Stunden in Weimar. Mir gefiel die Landschaft prächtig! Wir haben Bilder gemacht, die aber wahrscheinlich nur zum Teil gelungen sind. Ein Kuriosum muß ich noch zum Thema »Photo« berichten: mein Freund Lothar Winter ist jeglichen fotografieren lassens abhold und besitzt zum Leidwesen seiner Mutter (sein Vater ist gefallen), kein einziges gutes Bild. Jedes Drängen erwies sich als nutzlos. Nun erhielt ich von seiner Mutter den Auftrag, gleiches zu versuchen, und mir gelang diese, wir nannten sie »Kulturtat«. Eines Nachmittags trollten wir uns zu einer »Lichtbildwerkstatt«, wie sie sich nannte, um unsere Visagen bildlich der Nachwelt zu überliefern, uns unsterblich zu machen. Ca. 1 1/2 Stunde warteten wir, ehe man uns ins Atelier lud. Zwischen altertümlichen Sofas, Kissen, Lampen und Kommoden traktierte uns eine alternde, »ernst-würdige« Dame mit einer sorgenden Umsicht, als ob sie Willens wäre, einen Kinofilm zu drehen. Nach langen Verzögerungen »schnappten« die ersten »Schüsse«. Wieder waren weitere dreiviertel Stunden Urlaub verschwitzt, was letztlich unseren Galgenhumor nährte. Die Dame ward uns offensichtlich bös, denn kein Lächeln erhellte ihre »arbeitsgequälte« Miene. Schließlich, nach 11/4 Stunden waren wir fertig, aber auch total fertig ... Wir gingen. Die Bilder haben wir nun, sind zu erkennen. Unser Doppel scheint aber einem Verbrecheralbum entlehnt worden zu sein. Zur Stunde fahren wir noch Patrouille östlich von Rügen und werden um 18.00 Uhr im Hafen sein. Morgen Mittag gehts dann auf 10 Tage hinaus. Seid nun alle gegrüßt –

Lothar

»Unsterblich« – Lothar Borbe und Lothar Winter

Noch einmal Schwedenschanze

Im Sommer kam ich wieder auf die Schwedenschanze. Der Grund: Agitatorenkonferenz der Seestreitkräfte. Aus jeder Einheit wurde ein Mann dazu abkommandiert. Ich – FDJ-Sekretär und als vorbildlicher Soldat geltend – hatte meine Räumbootsabteilung zu vertreten.

Von der KS-Bootsabteilung, die an der gegenüberliegenden Hafenseite in der Nähe des Kraftwerks lag, stieß Obermatrose Jürgen Pankow zu uns. Jürgen hatte sich schon bei der Hochseefischerei den Wind um die Nase wehen lassen und ließ sich auch nicht mehr so schnell und nicht von jedem ins Bockshorn jagen.

Der übergroße Teil unserer Delegation bestand aber aus »Sandlatschern« von der Wachkompanie. Als Delegationsleiter wurde uns ein Politoffizier mitgegeben.

Auf der Schanze große Reden. Wir Zwei aber hatten uns gesucht und gefunden und wir waren überzeugt, etwas mehr aus dieser Dienstreise machen zu können.

Am Ende der letzten Vorträge ging der *Politnik* zu jedem Einzelnen aus unserer Truppe, um ihn über den Ablauf der Heimfahrt zu unterrichten. Das sahen wir und verpissten uns so lange, bis er mit seinen Hanseln die Schanze verlassen hatte. Wir hatten ja keine Information erhalten und konnten folgedessen auch nicht wissen, wann es zurückgehen sollte ...

Nach Ablauf einer gewissen Karenzzeit, bis wir sicher sein konnten, dass unsere Delegation bereits im Zug auf der Rückfahrt nach Peenemünde war, marschierten wir zum Kasernentor. Dort meldeten wir uns »empört« beim OvD und beschwerten uns über diesen Vorgesetzten, der seine Leute, also uns Zwei, einfach im Stich gelassen hatte. Dieser »Angriff« war unsere »Verteidigung«. Denn der OvD hatte bereits Order, uns bei Auftauchen sofort zu verhaften. Unsere bekümmerten Mienen und unsere Anklage überzeugte den diensthabenden Offizier von unserer Unschuld. Statt Festsetzung und Knast gab er uns einen schriftlichen Marschbefehl mit der Maßgabe, den nächsten Zug nach Peenemünde zu nehmen.

Wir wollten uns diesen schönen freien Tag aber nicht vermiesen lassen.

Wir ließen den nächsten Zug ohne uns abfahren. Auch den übernächsten. Nach einem wunderschönen langen Abend begannen wir in aller Frühe unsere Heimreise.

Dass das nicht gut gehen konnte, war uns beiden klar. Und so legten wir uns unsere Ausreden fest.

An dem Teil, der auch den OvD bereits überzeugt hatte, brauchten wir nichts zu ändern. Der war bombenfest.

Unsere verspätete Heimfahrt entschuldigte sich damit, dass wir die Wartezeit bis zur Abfahrt des Zuges im »Baltik« verbrachten. Wir hatten dabei aber nicht die Länge des Weges zum Bahnhof beachtet und so leider, leider (!) den nächsten Zug versäumt. Also, so viele dumme Zufälle. Wir waren »untröstlich«...

»Baltik« hatten wir mit Bedacht ausgewählt. Das war eine neue, saubere Lokalität, ein sozialistisches Hotel mit gehobener Gastronomie.

Nie haben wir uns je darin sehen lassen.

Dieser gute Ort sollte aber unsere Chancen bei der Obrigkeit verbessern helfen. Täten wir unseren wahren Aufenthalt, den »Tittenkeller« unterm Rathaus angegeben, dann hätten wir von Anfang an schlechtere Karten gehabt.

Die Methode des vorausplanenden Ungehorsams habe ich später noch oft und mit Erfolg angewendet. »Intelligenzbolzen« nannte ich diese Methode. Einen »Bolzen drehen« hieß es, wenn jemand »über den Zapfen gehauen«, also etwas Unerlaubtes sich zu Schulden hat kommen lassen.

Als wir schließlich wieder in Peenemünde waren, begann der Polit seinen Rachefeldzug. Wir hatten Befehl bekommen, an Bord zu bleiben, bis er zur Einzelvernehmung erscheint.

Erst nahm er sich Jürgen Pankow vor. Danach kam er zu mir. Er behauptete, dass Jürgen all unsere Fehler eingestanden hätte. Als Beweis dafür schilderte er mir, wie es sich in Wahrheit zugetragen hatte. Haarklein. Sollte Jürgen etwa ...?

Einen Moment kämpfte ich mit mir, auch zu gestehen. Dann überzeugte mich aber folgende Sichtweise: für alle Vergehen würde es in jedem Falle eine strenge Bestrafung geben. Die Gründe dafür wären unerlaubtes Entfernen von der Truppe und Landgangsüberschreitung. Selbst wenn es herauskäme, dass ich gelogen hätte, würde sich das Strafmaß kaum erhöhen. Und so entschloss ich mich, bei meinen Ausreden zu bleiben. Komme da, was wolle. Schließlich ließ er von mir ab.

Dann kam Jürgen zu mir. Er hatte nicht geplaudert!

Die Kombinationsgabe unseres Politniks nötigte uns Respekt ab. Sie zeigte seine gute Menschenkenntnis und Praxisnähe. Da er uns trotz hundertprozentiger Gewissheit keine Schuld nachweisen konnte, überließ er es unseren Kommandanten, uns zu maßregeln.

Mit diesen aufregenden Erlebnissen begann meine Freundschaft mit Jürgen, die ein ganzes Leben lang halten sollte.

Ich erhielt als Strafe zweimal Reinschiff außer der Reihe. Das war allerdings nur auf dem Papier, um den Politoffizier zu beruhigen. Ich hatte bei Schmidt ja einen Stein im Brett.

Leider habe ich sein Vertrauen in mich eines Tages schnöde missbraucht. Funker Sonnenschmidt und ich hatten uns zum Wochenende etwas vorgenommen. Es sollte weiter weg gehen. An jenem Wochenende herrschte für Peenemünde aber ein allgemeines Landgangsverbot.

Unserem Kommandanten versprachen wir, am Montag 06.00 Uhr wieder an Bord zu sein. Auf diese Zusage hin ließ er uns ziehen. Den Kurzurlaub und auch die Heimfahrt gestalteten wir uns recht lustig. Durch Bummelei und infolge von Zugverspätungen saßen wir schließlich zu sehr später Stunde in Ribnitz-Damgarten Ost fest. Es fuhr kein Zug mehr in dieser Nacht in Richtung Osten. Als wir dann gegen Mittag in Peenemünde anlangten, war unsere Pier leer. Keines unserer Boote lag im Hafen.

Am Montag in aller Frühe war Gefechtsalarm ausgelöst worden. Alle Räumboote sollten auslaufen und sich zu Übungen im Seegebiet um den Ruden sammeln. Leutnant Schmidt hatte nun weder Funker noch Rudergänger.

Wie er diese missliche Situation schließlich gemeistert hat, nötigt mir noch heute Hochachtung ab. Er soll aber grässlich gebrüllt haben ...

Auch das hat er uns nachgesehen. Allerdings, ich habe mir diesen Fehler nie verziehen. Vertrauen zu missbrauchen, galt und gilt für mich als ein unverzeihliches Vergehen.

Meine Stralsunder Kameraden unternahmen während dieser Zeit einen Ausflug auf die Insel Hiddensee. Nun endlich auch in der neuen Uniform.

Offiziersschüler Dieter Heinze bewacht den mitgenommenen »Marschproviant«.

Das kleine Abzeichen »Für gutes Wissen« und das größere Sportabzeichen »Bereit zur Arbeit und zur Verteidigung des Friedens«, kurz nur Sportleistungsabzeichen genannt, waren die einzigen Orden und Ehrenzeichen, die wir Mariner zur damaligen Zeit erwerben konnten.

Leipzig 1956 und danach

Am 4. August 1956 war die Eröffnung des II. Deutschen Turn- und Sportfestes in Leipzig.

Zu diesem Treffen ist eine kleine Delegation von der »Küstenabschnittsflottille Ost« aus Peenemünde abkommandiert worden. Das waren wir von der Räumbootsabteilung. Unsere Delegation setzte sich aus einem Offizier, zwei Maaten und zwei Obermatrosen zusammen. Da nur die Allerbesten dafür ausgewählt wurden, nimmt es nicht wunder, dass auch ich dazu gehörte ...

Hier lernte ich nun auch Karl *Korl* Prestin und Wolfgang Abendroth näher kennen.

In einer Kaserne in Gohlis Nord hatten wir unsere Unterkunft. Dieser Leipziger Stadtteil war bekannt durch den Sportklub »Motor Gohlis Nord«. Hier bekamen wir Frühstück und Verpflegungsbeutel und Karten zu fast allen Veranstaltungen im Leipziger Zentralstadion. Das war in der Rekordzeit von gut einem Jahr aus dem Boden gestampft und gerade fertig geworden. Dank vieler freiwilliger Helfer.

Die unterschiedlichen Massendarbietungen verblüfften und begeisterten uns. Eine Formation älterer Sportler zog unter dem alten Turnerlied »Turner, auf zum Streite« ins Stadion. Auf der Ehrentribüne tauchten Sprüche und Wappen auf, dargestellt durch bunte Tücher, die auf Kommando von Tausenden Mitwirkenden gezeigt wurden. Diese roten, grünen, gelben Fähnchen oder Tücher fügten sich dann zu den Losungen und dem Staatswappen der DDR. Beeindruckend.

Der I. Höhepunkt. Entfachung des Olympischen Feuers
auf dem Glockenturm u. Einläuten der Festspiele.
Das Bild zeigt die fortziehenden Friedenstauben,
die überm Stadion aufstiegen.
Vorn rechts die Spielmannzüge,
die unser aller Lob noch ernten sollten.

Das 100 000-Mann-Stadion
Aufmarsch der Sportvereinigungen, des Fahnenblocks, der Verdienten Meister des Sports (rechts vorn in dunkler Kleidung) und der Spielmannszüge.

Das hatte ich damals auf meinen Fotos notiert.

Eine Sportvorführung kam aus der ägyptischen Befreiungsprovinz El Tahir.

Diese Provinz war Neuland, Ackerland, das der Wüste Sahara abgerungen worden war. Das revolutionäre Ägypten unter Nasser zeigte demonstrativ sein Verhältnis zu den sozialistischen Ländern und zur DDR, die zu der Zeit noch von allen westlichen Ländern boykottiert wurde.

Die Ägypter brachten den Hauch des Orients und den Duft der großen Welt in unsere kleine Republik.

Einer der sportlichen Höhepunkte war der Fußballvergleich Wismut Aue gegen Honved Budapest, die damals wohl stärkste Klubmannschaft der Welt. Aue, mit den unvergesslichen Willi Tröger, mit Erler und Kaiser, verlor zwar, hatte sich aber wacker gegen die Stars um Ferenc Puskas geschlagen.

Gegen Ende jeder Veranstaltung, wenn die Stadionbesucher ins Freie strömten, sahen wir uns nach Leergut um, das wir dann zu Geld machen wollten. Unauffällig steckten wir leere Flachen ein, die hier und da unter den Bänken herumlagen. Um unseren Leutnant nicht zu kompromittieren, beorderten wir ihn an solche Stellen, wo besonders viele leere Buddeln lagen. Wenn die kleinen Leipziger Jungs, die ebenfalls leere Bier- und Brauseflaschen aufsammelten, ihn fragten: »Sind das Ihre Flaschen?«, dann hatte er »Ja« zu sagen. Seine Flaschen sammelten wir dann auch noch unauffällig mit ein.

Das Leergut setzten wir an den Kiosken gegen Flaschenpfand um und kauften uns von dem erzielten Erlös belegte Fischbrötchen. Warum taten wir das?

Den ersten Abend in Leipzig hatten wir an der Bar im exklusiven Ring-Messehaus verbracht. Dort trafen wir auch auf Puskas Ferenc (hier in der ungarischen Nennung der Namen). Neben interessanten Gesprächen über den Fußball zeigten wir uns gegenüber unseren ungarischen Freunden sehr spendabel. Unser Ziel war, die Ungarn durch die Bargetränke zu schwächen, damit Wismut Aue am Tag darauf mit ihnen leichtes Spiel haben würde. Hatte – wie bereits beschrieben – nichts genützt.

Dieser patriotische Einsatz überforderte aber unsere Finanzen derart, dass wir zu den beschriebenen Maßnahmen greifen mussten. Unsere Grundbedürfnisse waren durch die Armee gedeckt. Um den weitergehenden Luxus wie Fischbrötchen und Brause hatten wir uns aber selber zu kümmern. Fazit: Ideen muss man haben!

Bald ging es »nach Hause«, auf die Insel Usedom. Die gute Laune begleitete uns.

In Trassenheide machten wir Zwischenstopp. Hier existierte eine bei den Älteren wie *Korl* und Wolfgang beliebte Kneipe. In diese stürmten wir nun. Im Gänsemarsch. Noch in bester Leipzig-Laune. Und mit einem lustigen Lied auf den Lippen:

Tante Emma, Tante Emma,
du bist die schönste Frau der Welt,
so wie du gebaut bist!

So sehr begeistert schien Emma, wie die Chefin der Gaststätte wirklich hieß, von unserem lauten Auftritt nicht zu sein.

Nach kurzem Aufenthalt – und nachdem wir uns wieder mit Tante Emma vertragen hatten – fuhren wir dann weiter nach Peenemünde auf unsere Boote zurück.

Karl, Wolfgang und ich sind über die gesamte Peenemünder Zeit gute Freunde geblieben und haben uns auch später hin und wieder an »herausragenden« Ereignissen beteiligen können.

Fast hätte ich vergessen, die Leipziger Gohse zu erwähnen. Selbstverständlich haben wir sie gekostet, dieses leichte Bier, das so ähnlich schmeckt wie die Berliner Weiße.

Wer die Gohse nicht kennt,
ist nie in Leipzig gewesen.

Wir waren in Leipzig!

Mehrmals noch – wenn auch nur in großen Zeitabständen – habe ich Leipzig besucht und jedes Mal schöne Erinnerungen an diese Stadt mitgenommen.

Eine Freundin zeigte mir den »Scherbolino« (Scherbelberg). Wir tanzten im Haus »Auensee«. Fred Frohberg sang: *»Ich hab' dich so lieb, immer sehn ich mich nach dir…«*

Das sollte aber nicht lange vorhalten.

Bei einer politischen Veranstaltung im Frühjahr 1957 traf ich hier in Leipzig Gewerkschafter aus Saarlouis. Bis vor kurzem waren sie »Franzosen«! Sie hatten sich am 23. Oktober 1955 in einer Volksabstimmung gegen das Saarstatut und dadurch für Deutschland entschieden. Nun freuten sie sich darüber, wieder »richtige« Deutsche zu sein. Von ihnen hörte ich zum ersten Male von Herbert Wehner. Er sei der Hoffnungsträger für ein demokratisches, für ein sozialistisches Deutschland.

Ein sozialistischer Balladensänger sang vor großem Publikum vom Sieg gegen die »Konterrevolution« nach dem niedergeschlagenen Volksaufstand in Ungarn vom Herbst 1956:

... Und dann dachten sie, sie hätten uns im Sack,
und sie wollten ihren Gulasch aus uns machen.
Sie verbrannten sich an Paprika den Rachen,
der Herr Dulles und sein Bonner Knochenkopp.

Eine nicht alltägliche Episode erinnert an einen späteren Leipzig-Aufenthalt. Mich begleitete mein Kollege Mischa Rohde. Wir waren in Zivil.

In einer Gaststätte nahmen wir am Tisch einer älteren Dame Platz. Sie schaute mich immer wieder an, bis sie endlich fragte: »Sie sehen aus wie Gerry Wolf. Sie sind doch Gerry Wolf?« Was ich »entrüstet« verneinte. Dennoch blieben offensichtlich ihre Zweifel.

Als wir dann gehen wollten, stand Mischa als Erster auf, klopfte mir auf die Schulter und sagte: »Komm, Gerry, wir müssen los!« Wir sagten überaus freundlich »Auf Wiedersehen«.

Mischas spontaner Einfall hat mir imponiert.

Die alte Dame wird sich bestimmt noch lange und gerne an ihre Bekanntschaft mit Gerry Wolf, dem großartigen DEFA-Schauspieler und Sänger, erinnert haben ...

»Mein Leipzig lob' ich mir«, sagte Goethe. Ich lob' es mir auch!

Schiffskoch

Kurze Zeit nach meiner Rückkehr vom II. Turn- und Sportfest entwickelte sich ein Problem auf unserem »Dampfer«. Wir sollten zur Tromper Wiek auslaufen. Der Koch, sein Name war Kracht, hatte überraschend Kurzurlaub nehmen müssen. »Kann jemand kochen?« – so eine Anfrage des Kommandanten an seine Leute. Ich konnte!

Besser, ich glaubte, dass ich es kann ...

Also vertauschte ich meine Gefechtsstation Brücke gegen das winzige Kochschapp unseres »Dampfers«.

Noch lagen wir im Päckchen an der Pier. Da der Verpflegungssatz während der Hafenliegezeit äußerst gering war, entschloss ich mich, vorrangig solche Lebensmittel zu verwenden, die billig waren: Mehl, Kartoffeln, Zucker, Salz, Brot. Diese Produkte waren zu dieser Zeit, da Fleisch und Fett noch rationiert waren, sogar spottbillig. Zum Anderen wollte ich mir nun auch eigene Wünsche erfüllen und kochte – Grießbrei, Milchsuppen, Kartoffelpuffer. Ich briet Berge von Eierkuchen. Weil aber auch Eier teuer waren, enthielten meine Eierkuchen nur wenig Ei. Sie waren aus diesem Grunde auch mehr Kuchen als Eierkuchen. Die Eier hatte ich nur in der Nähe zu liegen gehabt und über die Pfanne geschwenkt, wie die Spötter so sagten.

Das Erstaunlichste war, die Jungs haben gefressen! Keine Klagen wegen der von »echten Männern« häufig als »Babynahrung« verspotteten Süßspeisen. Das waren eben Jungs, die sich – wie auch ich – gern an die Gerichte aus der nicht so weit zurückliegenden Kinderzeit und an Mutters Küche erinnerten, an Grießbrei, Pudding, Kartoffelpuffer, Eierkuchen, Milchsuppe. Nie hörte ich jemanden »Milchreisbubi« rufen, wie ich es später bei der christlichen Seefahrt regelmäßig hören musste.

Schließlich wagte ich mich auch an die Gerichte aus der höheren Kochschule. Kartoffeln, Schweinebraten und Rotkohl.

Der Rotkohl! Als Kind hatte ich, im Vorübergehen sozusagen, die Zutaten erfahren: Rotkohl, Apfel, Schmalz, Zwiebel, Nelken. Nur – die Abmessungen für die Beigaben zum Grundstoff Kohl waren mir nicht geläufig. Und so kochte ich munter drauflos: Schmalz in den Topf, den klein geschnittenen Rotkohl, zwei Zwiebeln, zwei Äpfel, zwei Handvoll Nelken.

Das köchelte gemächlich vor sich hin. Nun hatte ich ein bisschen Zeit, um auf dem Nebenboot ein wenig Erfahrungsaustausch zu machen. Dumm zu fragen, das wäre gegen meinen Stolz. Der Koch Prudek auf dem Nebenboot war ein echter, also gelernter Koch. Er stammte aus der Lausitz. Meinen Erfahrungsaustausch begann ich etwa so: »Bei mir gibt's heute Rotkohl«. Denkpause: »Kocht ihr in der Lausitz auch Rotkohl?« »Ja, selbstverständlich!« Ich: »Wie wird er bei euch denn zubereitet?« »Wie überall«.

Dann führte er alle Zutaten auf, die mir ja auch bekannt waren, und beendete seine Angaben so: »Schließlich zwei Zwiebeln und auf jede Zwiebel vier Nelken.« »Ja, so mache ich das auch!« Ich hatte aber statt der acht Stück zwei Handvoll Nelken am Köcheln. Das Vielfache! Schnurstracks drehte ich mich um, eilte an meinen Rotkohlkochtopf zurück. Da stand ich dann und »pukte« Nelke für Nelke aus dem Topf heraus. Prüfung bestanden. Keine Klagen.

Beim Kotelettbraten wusste ich im Wesentlichen auch, wie man es ungefähr macht: Klopfen, Salzen, Pfeffern. Nur von den Abmessungen der Gewürzbeigaben wusste ich auch bei dieser Speise nichts. Vorsichtshalber hatte ich aber erst einmal eine Probe gemacht. Ungenießbar. Schnell von den anderen vorbereiteten Koteletts Salz und Pfeffer abgekratzt – und fertig!

Meine Suppen kreierte ich ähnlich zeitaufwändig und würzte vorsichtig. Ich war ja nun gewarnt und verwandte viel Zeit mit dem Abschmecken. Hierbei entwickelte ich auch eine meiner grandiosen Kochregeln, die da heißt:

Nachsalzen kannst du immer.
Rücksalzen, das geht nimmer!

Später hat sich daraus mein kreativ-kühnes Kochen entwickelt. Ohne feste Rezepte. Und doch kommen da manchmal Dinge heraus, die wirklich einmalig sind. Ich schreibe mir nichts auf. Deshalb ist jedes von mir zubereitete Gericht ein Unikat. Immer noch. Und immer und überall verwende ich Knoblauch! Mit Ausnahme von Puddings und Milchsuppen. Wenn die Welt davon erführe, müsste die Kochgeschichte wahrscheinlich umgeschrieben werden. Das will ich nicht.

Auf meinem Boot befand sich auch eine Menge Salzheringe im Verpflegungsbestand. Daran wollte sich vor mir anscheinend niemand heranwagen. Ich aber liebäugelte schon eine geraume Zeit mit diesen *Außenbordskameraden.*

Solthering mit Schausterstipp. Salzhering mit Schustertunke (braune Mehlsoße) und Pellkartoffeln hatten mich durch meine Kinderzeit begleitet. Ein Arme-Leute-Essen eigentlich. Doch für mich war und ist das eine Delikatesse!

Lange traute auch ich mich nicht, der Besatzung dieses Gericht anzubieten. Schließlich siegte meine Gier darauf. Die uralten Salzheringe musste ich wohl 24 Stunden wässern, bis sie genussreif waren. Die Soße! Speckwürfel auslassen, Zwiebeln darin bräunen und dann nach und nach Mehl hinzugeben, bis es ebenfalls schön dunkelbraun geworden ist. Nach und nach Wasser hinzu. Wenn daraus dann eine dunkelbraune, würzige Soße geworden ist, dann ist das *Schausterstipp.* Dazu serviert man Pellkartoffeln. Diese sind an Bord allgemein nicht beliebt. In meinem Falle bekam ich aber keine Probleme.

Die einzige unliebsame Überraschung war, dass ich von diesem Leckerbissen, den ich ja eigens für mich zubereitet hatte, nichts abbekam. Die haben mir doch tatsächlich die Haare vom Kopf gefressen!

Ein einziges Mal nur bekam ich Ärger mit den Ergebnissen meiner Kochkünste, das heißt beinahe Ärger. Ich hatte ein größeres Stück Schweinefleisch in der behelfsmäßigen Kühllast entweder vergessen oder ich wollte es für ein späteres Festmahl aufheben.

Als ich mich diesem Batzen Fleisch dann endlich widmen wollte, roch es bereits unangenehm. Nun war Fleisch nicht nur teuer, sondern wegen der Rationierung ja auch noch nicht in beliebiger Menge verfügbar. Einfach wegschmeißen, wäre doch Sünde.

Ich versuchte, aus diesem stinkenden Etwas noch was Brauchbares zu machen. Erst einmal lange mit kaltem Wasser abwaschen. Brachte nicht viel. Dann habe ich es mit viel, viel Salz eingerieben und schließlich kleingeschnitten und als Gulasch in den Bräter gegeben und scharf angebraten, wieder üppig mit Salz vermengt. Salz war ja das einzige Gewürz, das preiswert und in unbegrenzter Fülle immer zur Verfügung stand. Mit einer gewaltigen Zwiebelmenge hatte ich diesem kulinarischem Meisterwerk dann zu guter Letzt wohl auch noch die Krone aufgesetzt ...

Das Mittagessen verlief ohne besondere Vorkommnisse. Bis auf dieses. Der *dicke Bratsche* kam wütend aus seinem Kabuff heraus und herrschte mich an: »Borbe, wer soll das fressen?« Ich aber stellte mich frech und gottesfürchtig hin (*cool* würde man heute sagen) und entgegnete ihm im Brustton absoluter Überlegenheit und Überzeugung: »Also, LM, wenn Sie keine Ahnung haben von *Gulasch à la Bourbon*, dann tun Sie mir leid!« »Ich hab's ja nicht so gemeint, ist ja alles gut«, stammelte er verlegen. Als Gourmetbanause wollte er nicht gelten und nahm seine spontane Kritik mit Bedauern zurück.

Ich war begeistert von mir, von meiner Kocherei und von meiner Schlagfertigkeit. Auf *Gulasch à la Bourbon* soll erst einmal einer kommen!

Ich hoffe, dass der *dicke Bratsche* noch Jahre danach davon geschwärmt haben wird, dass bei ihm ein Koch an Bord war, der sogar seltene französische Spezialitäten zaubern konnte.

Kartoffelnschälen brauchte ich nicht. Das machte die Besatzung. Zum Beispiel die Ankerwache. Im Hafen wurde am Vorabend die Mannschaft an Deck, bei schlechtem Wetter im Vorschiff, versammelt und schälte gemeinsam. »Granaten drehen«, hieß dieses »Alle-Mann-Manöver«.

Einfacher und schneller ließen sich »italienische Lochkartoffel« (Makkaroni) zubereiten.

Der *dicke Bratsche* war nicht nur ein kritischer Genießer. Er war auch ein leidenschaftlicher Kreuzworträtsel-Rater.

An einem schönen Sonntagmorgen saß er an Deck und frönte seiner Lieblingsbeschäftigung: Kreuzworträtsel.

Bootsmann Sabin und ich standen in seiner Nähe, als er begann, uns gelegentlich zu fragen. Uns muss der Teufel geritten haben. Wir fanden auf jede seiner Fragen eine Antwort. Selbst die kniffligsten Felder konnte er dank unserer Hilfe ausfüllen.

Unser Trick dabei war, dass wir einfach Wörter so konstruierten, dass sie passten. Schwierig wurde es, wenn zu der Konstruktion waagerecht nun eine solche auch senkrecht gefunden werden musste. Wenn ihm Zweifel kamen, fragte er: »Stimmt das auch?«

Ich beruhigte ihn dann mit den Worten: »Na, klar, ich hab' doch schließlich Abitur!« Das überzeugte. Als er das Kreuzworträtsel schließlich fertig hatte, war er doch froh und strahlte über seine dicken Backen: »Zum ersten Mal ein Kreuzworträtsel ganz gelöst. Und dabei noch so schnell!«

Bootsmann Sabin interessierte sich für Astronomie. In Mußestunden übte ich mit ihm gemeinsam das Erkennen der Sternbilder und das Finden von Sternen.

Wenn wir auf den von uns befahrenen »Tümpeln«, den Bodden und küstennahen Ostseegewässern, keine astronomische Navigation betreiben konnten, so wusste ich doch, dass mein weiterer beruflicher Werdegang nicht ohne Kenntnisse der Himmelskörper vonstatten gehen würde. Also übte ich mit ihm mit und merkte mir viele seiner sinnigen Eselsbrücken. Zum Beispiel diese: *Die Jungfrau will gespiekt werden ...*

Die Spica befindet sich im Sternbild der Jungfrau.

In den Kochgefechtspausen entspanne ich mich an meinem Notizbuch, mit dem ich auch weiterhin »bewaffnet« bin. Ich schreibe nicht nur Neues auf, sondern ergötze mich an Altem. Die in ihm befindlichen speziellen Redewendungen und Kraftausdrücke erinnern mich an Stralsund und an meine Kameraden und Freunde von der Schwedenschanze. Hier in der Flotte habe ich solche Sprüche kaum noch gehört.

Diese Sprüche waren wohl überwiegend Eigenschöpfungen. Bei der »geballten Intelligenz« auf unseren Stuben kein Wunder. Die meisten flossen aus der Feder unseres unvergessenen Hans Lenck.

Die folgende Auswahl dokumentiert derben Witz und volkstümliche Schlagfertigkeit:

»Das walte Hugo!« (etwa wie: da kannst du Gift drauf nehmen)
»Da bricht der Schuppen zusammen«
»Das juckt nicht«
»Das juckt 'nen Toten«
»Mach kein Fass auf«
»Der macht aber ein Fass auf!«
»Teufel, Teufel«
»Erzähl weiter – du scheinst was zu wissen«

»Das ist doch mein Reden seit '33' »
»Das gibt's in keinem Russenfilm!«
»Das ist säuisch«
»Leck mich fett!«
»Olden Orsch«
»Leckarsch«
»Older Leckarsch«
»Halt die Schnauze oder ich piss Dir ins Gehirn«
»Ist doch arschklar«
»Da wird doch der Affe krank!«
»Um Himmelsgottswillen«,
»Du hast wohl 'nen feuchten Keks«
»Der brüllt wie ein Floh«
»Da staun ick aba«
»Sei ruhig, det is neu«
»Holzauge, sei wachsam«
»Dumm wie ein Kommissbrot«
»Dat stinkt mia aba«
»Nieskapsel« (für Nase)
»Futterluke« (für den Mund)
»Manning, Manning!«
»Faustrecht der Liebe«
»Sittlichkeitstribunal«
»Saufen mein Leben – Sterben mein Tod«
»Bin ich Jesus – wächst mir Gras aus der Hose?«
»Lüft an das Gatjen«

Jemandem etwas »unter'n Troyer zu jubeln«, das bedeutete, ihm etwas »in die Schuhe zu schieben«.

»Rees« nannten wir ein Gespräch und ein »Rees an Backbord« war eine wenig tiefgründige Plauderei.

»Nach außen vergammelt, nach innen auf Draht, das ist der deutsche Marinesoldat.«

Wer aber nicht nur nach außen vergammelt gewesen ist, den bezeichnete man als »Gefechtsschlampe«.

»Achten Sie auf meinen Daumen!« – wenn jemandem klargemacht werden musste, dass er gefälligst seinen Stuhl freizumachen habe ...

»So hoch liegt der Schnee!« Bei diesem Spruch zeigte die rechte Hand in Brusthöhe die »Höhe des Schnees« an, womit man seine totale Abneigung gegen irgendetwas ausdrückte.

Die klügsten aller unserer »klugen« Sprüche lauteten:

»Die Basis ist die Grundlage aller Fundamente.«

»Da muss man ein Exempel stationieren!« und endlich »Initive greifen«.

»Das haut nicht hin«, war dagegen ein geflügelter Satz unseres Hauptfeldwebels, wenn er etwas zu bemängeln hatte.

Häufig war »Wahrschau!« zu hören. Das hatte aber nichts mit der polnischen Hauptstadt zu tun. Das bedeutete *wahr schauen*, vorsichtig äugen oder einfach »Achtung!«

Wie wohl in allen Armeen der Welt, versuchten auch wir, uns gelegentlich dem täglichen Trott zu entziehen, uns »einen Fetten zu machen«, uns zu »verholen«, auf »Tauchstation« zu gehen oder sich auf »Verholstation aufzuschießen«.

In meinem Notizbuch finde ich diesen Eintrag:

Schulzes sind umgezogen. Siegfrieds Eltern wohnen nun in der Huttenstraße 2 in Frankfurt/O.

Mit Siegfried Schulze habe ich im Sommer 1953 als Oberschüler eine interessante Radwanderung durch die DDR unternommen. In meinem Buch »auf der PENNE« erinnere ich an ihn. Ich habe Siegfried nie wieder gesehen. Auch seine Spur verlor sich in den Jahren. Schade!

Von Ruth kam noch einmal Post. Sie hatte inzwischen wohl auch ihr Abitur gemacht und sich mit den ersten Schritten ins Arbeitsleben begeben. Sie teilte mir ihre neue Anschrift mit.

Bellin, Kr. Güstrow
Verwaltungsschule

Ich habe sie mir in mein Tagebuch eingetragen.

Dann müssen sich unsere Spuren irgendwo im Nirwana verloren haben. In der Distanz von Jahren, Jahrzehnten, also nach einem halben Jahrhundert, muss ich mir (und uns?) eingestehen, sie war doch wohl meine erste große Liebe. Was mag auch aus ihr geworden sein? Bestimmt war es nicht ihr Unglück, dass wir uns verloren haben.

Das Schicksal treibt eben seine Spielchen mit uns Menschenkindern. Oder zieht ein überirdisches Wesen mit seinen Hände an den Strippen unseres Lebens? Selbst dem lieben Gott muss mein Suchen und Irren gefallen haben. Mich hatte er bestimmt gesondert im Blick.

Ich habe viel erlebt in meinem Leben, Siege errungen, doch oft auch verloren. Unterm Strich ist die Bilanz meines Lebens dennoch positiv.

Minen

Schließlich machten wir uns auf den lange geplanten Weg in die Tromper Wiek zum Meilenlaufen.

An Land waren Holzgerüste, nautisch *Baken*, in genau einer Seemeile voneinander aufgestellt. Diese Distanz fuhren wir mehrmals in genau gestoppten Zeiten ab. Drehkreis, Stoppstrecken und Auslaufstrecken bestimmen. Stoppstrecke ist, von Vorausfahrt durch Voll Zurück zum Stehen zu kommen. Auslaufstrecke ist die Strecke, die bei Stopp Maschine noch zurückgelegt wird, bevor das Schiff zum Stehen kommt.

Eine weitere Methode zur Fahrtbestimmung geht mittels ins Wasser geworfener Holzscheite vor sich. An Deck wird dazu eine Messstrecke genau abgeteilt. Das Holzscheit wird am Bug ins Wasser geworfen. Beim Passieren des ersten Punktes der Messstrecke wird an Deck die Stoppuhr gedrückt und die Zeit gestoppt, in der das Schiff an diesem Scheit vorüberfährt. Meridian-Terzie (0,51cm) pro Sekunde entspricht dann Seemeilen pro Stunde (Knoten).

Bei diesem Messverfahren muss Windstille herrschen. Auch darf im Wasser keinerlei Strömung vorhanden sein.

Der Begriff *Knoten* selbst kommt aus einem anderen alten Messverfahren.

Dazu wird ein kleines Holzgebilde, das *Log*, achtern ins Wasser geworfen. An der daran befestigten Logleine sind tatsächlich Knoten, durch welche die Geschwindigkeit ermittelt wird.

Die von unserem Boot erzielte Höchstgeschwindigkeit entsprach im Wesentlichen den auf den Tabellen angegebenen Werten von knapp 12 Knoten. Das sind 12 Seemeilen pro Stunde (1 sm = 1.852 m).

Die Stärke unserer Räumboote war nicht ihre Geschwindigkeit. Sie zeichneten sich infolge ihrer Maschinenleistung und einer speziellen Schiffsschraube durch große Schleppleistung aus. Die wurde auch gebraucht für die unterschiedlichen Räumgeräte, die sie an mehr als hundert Meter langen dicken Schleppleinen hinter sich herziehen mussten.

Mit gewisser Achtung sprach man über unsere Räumboote von den »Arbeitsbienen der Ostsee«. Leutnant Schmidt trainierte mit uns gegenseitige Ersetzbarkeit. Der Signäler ging ans Ruder und ich kletterte in die Signalnock. Das war für mich ja nicht so neu. Im Maschinenraum, beim Anfahren der 350 PS Buckau-Wolf- Motoren aus Magdeburg und beim Warten der »Jockel« (Hilfsdiesel zur Stromerzeugung) machte ich schon einen hilfloseren Eindruck. Ich eignete mich jedenfalls nicht zum *Schwarzfuß*. Diese, im Grunde sinnvollen Übungen sind allerdings im Ansatz stecken geblieben.

Einmal lagen wir in einer ruhigen Bucht vor Anker.

Schönstes Badewetter. Da verblüffte uns Hans Schmidt mit seinem riesigen Lungenvolumen. Er konnte tatsächlich unter unserem Boot durchtauchen! Auch beim Schwimmen vermochte niemand, sich mit ihm messen.

An diesem Abend, ganz spät, haben Peter Metzmacher und ich mit noch zwei anderen heimlich unser Schiff verlassen und sind an Land geschwommen. Eine Weile spazierten wir vier dort am Strand herum. Nichts los! Einzelne Urlauber, auf die wir trafen, schüttelten nur ungläubig den Kopf, als wir ihnen glaubhaft machen wollten, wo wir herkämen. Dann sind wir zurückgeschwommen und unbemerkt, wie wir gegangen waren, wieder an Bord gekommen. Eigentlich war das keine Heldentat. Purer Leichtsinn.

An den nächsten Tagen verschlechterte sich das Wetter. Die See wurde unruhig. Unsere Übungsaufgaben hatten wir aber ungeachtet der Wetterlage durchzuführen. Peter Metzmacher und ich hatten den Auftrag, mit dem Schlauchboot auf eine Minen-Attrappe zuzurudern und einen Sprengsatz anzubringen. Peter musste bei dieser Schaukelei die Möwen füttern. In mir würgte es ebenfalls: »Bloß nicht hinsehen!«

Noch war ich um das Erlebnis Seekrankheit herumgekommen.

Obermeister Joachim Rudek, Kommandant von H 0-41 (bekannt als Hilfsschlepper »Berger« I) erklärt uns die Ankertaumine:

»Bei diesem Minentyp handelt es sich um Einheitsmine Typ C (EMC) der deutschen Kriegsmarine. Der Typ A wurde bereits im Jahre 1912 in Dienst gestellt. Die Typen unterscheiden sich im Wesentlichen nur durch die Menge des Sprengstoffes. Beim Typ C sind es 250 kg. Die Mine besteht aus drei Hauptteilen:

- dem Schwimmkörper mit Sprengstoff und Zündvorrichtung,
- dem Minenstuhl, als Anker mit einer Stahlleine mit dem Schwimmkörper verbunden,
- dem Voreilgewicht, auf dem eine dünne Stahlleine aufgespult ist.«

Beim Werfen der Mine fällt das Voreilgewicht auf den Grund und löst den Fall des Minenstuhls aus. Dieser hält die Mine auf die eingestellte Tiefe. Die Mine kann auch als Fernzündungsmine ausgerüstet sein.

In unserem Falle handelt es sich um eine Berührungsmine. An den vorgesehenen Stellen werden Stacheln aus Blei eingeschraubt. In jedem Stachel befindet sich eine Glasröhre mit einer Elektrolytflüssigkeit. Wird der Stachel verbogen, zerbricht das Glasröhrchen. Die ausfließende Säure aktiviert eine Batterie und der dabei entstehende Strom löst die Explosion des Zünders aus, der darauf die gesamte Ladung zur Sprengung bringt. Vor Einsatz der Mine werden die Stacheln durch Stahlkappen geschützt. Nach etwa 15 Minuten im Wasser löst sich ein Zuckerstück auf und die Stahlkappen springen ab. Erst dann ist die Mine scharf.

Zwei unscharfe Ankertauminen

Minen mit Stachel und Stahlkappen. Jetzt sind sie scharf!

Einholen einer Übungsmine.

Der Umgang mit Minen war nur ein geringer Teil unserer Arbeit. Das betraf auch das Werfen von Wasserbomben.

Nach einer solchen Aktion konnte man sich die betäubten oder gar getöteten Fische von der Wasseroberfläche sammeln. Sie bereicherten unseren Speiseplan.

Die Hauptaufgabe unserer Boote war das Beseitigen von Minen und Minenfeldern.

Das Räumgerät zur Bekämpfung von Ankertauminen war das Scherdrachenräumgerät vom Typ SDGR. Auch dieses Gerät stammte noch von der KM.

Eine lange, dicke Stahlleine wurde von einem oder zwei Räumbooten gezogen. Die daran befestigten Schwimmbojen, die Scherdrachen, hielten die Leine auf Tiefe. Scherbretter drückten die Räumleine nach außen, bei einem Einzelboot v-förmig auseinander.

An der Leine befanden sich entweder Schneider (Reißkeilschneider) oder Sprenggreifer. Diese hakten sich hinter die Ankerleine der Mine und zerschnitten bzw. sprengten diese. Die Mine trieb dann auf und konnte, an der Wasseroberfläche schwimmend, abgeschossen werden.

Es war auch üblich, eine treibende Mine zu sprengen.

Dazu paddelten zwei Mann, meistens war es der Sperrmaat mit einem zuverlässigen Gehilfen, an die Mine heran. Dann hatte alles ganz schnell zu gehen: Sprengmittel über einen Stachel hängen, Zündschnur anzünden und nix wie weg!

Neben den Ankertauminen gibt es noch die Grundminen. Diese können von Flugzeugen abgeworfen werden. Sie sind im II. Weltkrieg in großem Umfang im Ostseeküstenbereich zum Einsatz gekommen. Zu deren Beseitigung stand uns spezielles Räumgerät zur Verfügung.

Die Bewaffnung der Räumpinassen vom Typ Schwalbe (RPi) bestand zu Anfang aus einem überschweren MG Kaliber 12,7 mm. Das wurde später ersetzt durch das 2,5 cm Geschütz Typ 2 M 3. Beide Waffentypen kamen aus der Sowjetunion.

Bordgeschütz

Bereit zum Schuss!
Im Marinejargon: Der Schießer an der »Spritze«

Vom Frühjahr 1957 bis in den Sommer hinein ging es wieder in die Minen im Greifswalder Bodden. Vor allem ging es ins große Geld. Die Räumzulage winkte wie ein Segen und wirkte wie ein Geldregen.

Wir waren jetzt Führerboot. Alle anderen Boote hatten sich in ganz genauen Abständen nach uns zu richten. Radar und andere heute nicht mehr wegzudenkende Navigationsmethoden waren damals unbekannt. Zumindest bei uns noch.

Die Abstandsmessung zwischen den Booten erfolgte durch Höhenmessung mittels Sextanten nach der Formel:

$$E = 13/7 \times H / M$$

E (Entfernung) = 13 Siebtel mal H (Höhe des Objekts) durch M (Höhenwinkel in Minuten am Sextanten).

Verringerte sich der Höhenwinkel, dann wurde der Abstand zum Führerboot größer. Man musste gegensteuern. Ebenso, wenn der Höhenwinkel größer wurde. Das war dann ein Zeichen dafür, dass man sich zu nahe kam.

Ein Räumverband fährt unter Geleitschutz eines MLR
(Minenleg- und -räumschiff) ins Einsatzgebiet.

Das Minengebiet wird vor Beginn des Einsatzes von Hilfsschiffen mit Bojen markiert. Die Kunst des Rudergängers bestand darin, durch Geschick und Augenmaß den Hohlstab so dicht wie nur möglich an diese Begrenzungsbojen heranzubringen.

Bei einem zu großen Abstand hätten Stellen entstehen können, an denen die Magnetwirkung auf dem Meeresboden nicht garantiert wäre. Pech hatte der Rudergänger, wenn er im Übereifer zu dicht an die Boje heran kam und das Gerät an dieser hängen blieb. Dann musste ein Kommando mit Schlauchboot heraus und den »Knoten« an der Boje entwirren.

Die in unserem Einsatzgebiet vermuteten britischen Magnetminen besaßen ein Uhrwerk. Durch diesen Mechanismus konnte die Explosion verzögert werden. Das Zählwerk ließ maximal 15 Überläufe zu. Spätestens beim 15. Überlauf eines Schiffes würde die Mine hochgehen.

Dieses wie auch die Lage der Minengebiete wussten wir aus Unterlagen, welche die Alliierten untereinander ausgetauscht hatten.

Während des Einsatzes im Minengebiet hatte sich alles an Deck aufzuhalten. Lediglich der *Smut* durfte für die Zeit des Eintopfkochens hin und wieder in seine »Schmiede« unter Deck. Gegessen wurde aber im Freien an Deck, um bei einer Zerstörung des Schiffes wenigstens ins Wasser zu gelangen. Und das hoffentlich lebendig.

Uns Rudergängern ist eingeschärft worden, nicht steif, sondern locker in den Knien am Ruder zu stehen. Durchgedrückte Knie könnten bei einer Minenexplosion schwerwiegende Gelenkschäden zur Folge haben.

Drei speziell ausgebildete Maate, darunter Karl Prestin und Wolfgang Abendroth, maßen mit ihren Sextanten Horizontalwinkel zwischen – auf der Seekarte angegebenen – Landmarken. Ihre Werte riefen sie einem Offizier im Kartenraum zu. Dieser verglich die Winkelangaben auf einer speziellen Seekarte mit Kurvenaufdruck (ähnlich den späteren Decca-Karten) und erhielt dadurch die genaue Position des Bootes.

Dieses recht mühselige und aufwändige Navigationssystem gestattete Räumeinsätze nur am Tage und bei guten Sichtverhältnissen.

Räumverband

Der Sperrmaat gibt Leine (unten) und Stromkabel für den Hohlstab bis auf 200 m Abstand.

Die drei Maate beim Horizontalwinkel messen.

Karl Prestin misst mit dem Sextanten den Höhenwinkel.

Ein »Prisenkommando« kommt mit Schlauchboot vom Beheben einer Störung zurück.

Mittagessen beim Minenräumen

Abends und an Wochenenden hatten wir frei.

Schott dicht, Bulleye auf,
und heraus mit dem Schifferklavier,
denn stärker als Sturm und als Wellengebraus
tönt unser Lied in die Ferne hinaus:
Ahoi! übers weite Meer!

Ein Räumboot steuert nach erfolgreichem Einsatz
seinen Heimatstützpunkt an.
Es hat zur Feier des Tages über die Toppen geflaggt.
Die wachfreie Besatzung steht in Paradeaufstellung an Deck.

Sogar die später so geheimnisvolle und verbotene Insel Vilm haben wir damals besucht. Immer in Begleitung wunderschöner Studentinnen. Das Lehrerbildungsinstitut Putbus befand sich doch »gaanz« in unserer Nähe. Auch das Putbuser Theater ließ seine jungen Schauspielerinnen und Tänzerinnen in unserer Nähe frei herumlaufen ...

Offiziersschüler von der Schwedenschanze machten während dieser Zeit ein Praktikum in unserem Verband. Bei uns war ein Waduschat (nicht zu verwechseln mit *Hein* Wadischat von der DSR). Ein angenehmer Bursche, der mich gern auf meinen Landgängen begleitete.

Im Hafen erledigten wir die notwendige Zeug- und Körperpflege. Meine Schmutzwäsche schickte ich nicht mehr so oft nach Hause. Wir schrubbten unsere Wäsche an Deck mit »P3«. Das war ein stark ätzendes, grobkörniges, kristallines Mittel. Ursprünglich war es für die industrielle Reinigung gedacht, so zum Beispiel bei ölverschmutzten Fabrikhallen. Wir bekamen »P3« zum Deckschrubben geliefert.

Die größeren Kleidungsstücke, die weißen Kieler Blusen, Bordpäckchen weiß und auch die weißen Mützenbezüge, brachten wir dank dieses Mittels und mit viel Muskelkraft und Schrubber-Energie auf ihre Ursprungsfarbe zurück, in ihre Nähe zumindest. Alles, was eigentlich weiß sein sollte, aber inzwischen unter einem Grauschleier lag, bezeichneten wir als »marineweiß«. Kleine Unschönheiten an weißer Bluse und am weißen Mützenbezug übertünchten wir gerne auch mal mit Kreide.

Unsere Unterwäsche legten wir in eine »P3«-Brühe, spülten sie anschließend mit viel Seewasser – und fertig.

Welch eine enorme Zerstörungskraft dem »P3« innewohnte, sollte ich noch erfahren. Vor einem – wohl überraschend über mich hereingebrochenen – Kurzurlaub hatte ich meine Wäsche in einer Pütz (Wassereimer) vergessen. Als ich zurückkam, fand ich in einer schleimigen Brühe nur noch ein paar Knöpfe vor ...

Schließlich gelangte ein neues, harmloseres Waschpulver in unser Matrosenleben. WOK mit Namen. WOK sollte die Abkürzung sein von »Waschen Ohne Kochen«. Wir vereinfachten den Begriff zusätzlich in »Waschen Ohne Kraft«.

Die Unterwäsche blieb aber dessen ungeachtet »marineweiß«. Nur am Anfang empörte ich mich, wenn man im Urlaub zu Hause meine »saubere« Wäsche noch einmal nachwusch.

Das Linoleum in den Gängen reinigten wir mit Diesel. Meine Laufbahnabzeichen und die Spiegel auf dem Kolani nähte ich nun auch nicht mehr an. Ich hatte herausgefunden, dass man alles auch recht gut und vor allem viel bequemer mit »Kittifix«, einem unerhört wirksamen Klebemittel aus heimischer Produktion, ankleben konnte. Dieses »Kittifix« war wohl unschlagbar auf dem Weltmarkt. Später übernahm sogar ein kleiner Tanker der Deutschen Seereederei den seeseitigen Export dieser Klebmasse. Den echten Namen des Tankers habe ich nicht mehr parat. Sein Spitzname in der Flotte war einfach M/S »Kittifix«. Das habe ich nicht vergessen.

Großreinschiff: Deckspulen, Deckschrubben

Messingputzen. In der Mitte lacht Peter Schlabinger

Seegang

Während der weiteren Seetage nach dem scharfen Minenräumen ging der für diese Zeit angemusterte Schiffskoch wieder von Bord. Jetzt konnte jeder andere wieder am Ruder stehen. Besondere Künste waren nun nicht mehr gefragt. Auf mich wartete in der Kombüse noch einmal mein Spezialauftrag: Kochen!

Die See wurde stürmisch. Der Seegang gestaltete sich immer ungemütlicher. Ich erlebte nun am eigenen Leibe, wie es unserem *Smut* in seiner Kombüse bisher immer ergangen sein musste. Arbeiten bei geschlossenen Bullaugen, ohne Luftzirkulation, inmitten von Küchendunst.

Wie gut hatte ich es bisher am Ruder gehabt. Frische Luft im Überfluss. Wie sonst er, so rührte nun ich in dem Eintopf, der bei jedem Seegang auf allen Schiffen Usus war. Wie bei ihm, so stand nun auch bei mir neben dem Herd eine Pütz festgezurrt. Etwas klares Wasser bedeckte seinen Boden. Anfangs. Im Laufe meines Küchendienstes trübte es sich ein.

Wie mein unglücklicher Vorgänger musste auch ich immer wieder mein Rühren unterbrechen und in die festgezurrte Pütz speien. Wenn ihr Inhalt schließlich sichtbar nach Kotze aussah und roch und der Eimer sich etwas gefüllt hatte, dann war auch meist das Essen fertig ...

Viele »kluge« Ratschläge und »todsichere« Rezepte gegen die Seekrankheit lassen in solchen Momenten nicht auf sich warten. Eines dieser Wundermittel bestand darin, einen Speckwürfel am Bindfaden immer wieder herunterzuschlucken. Da ich meinen Kampf gegen das Unwohlsein ohne Zeugen und ganz allein in meinem kleinen Kombüsenschapp auszufechten hatte, blieb ich von derlei Belehrungen nahezu verschont.

Irgendwann ist auch unser Koch wieder eingetroffen. Mein aufregendes Gastspiel in der Kombüse fand sein Ende.

Achterdeck bei Sturm

Ein Koch kommt aus der Verpflegungslast

Zu den wichtigsten Richtlinien für ein richtiges Verhalten an Bord gehörte das Tragen von festem Schuhwerk. Wegen der Glätte auf nassen Decks und feuchten, schmierigen Niedergängen erwies sich diese Verhaltensmaßregel in der Praxis von Wert.

Dazu zählte auch das Verbot, Halsketten und Ringe zu tragen. Ausnahme waren Ehe- und Verlobungsringe. Die durften an den Fingern bleiben. Wie inkonsequent! Dreimal habe ich miterlebt, wie jemand beim Ausrutschen auf den Stufen eines Niedergangs an seinem Ring hängen geblieben war. Jedes Mal dann böse Fleischwunden und zerbeulte Eheringe, die mit der Zange entfernt werden mussten.

Das war mir eine Lehre! Ich habe niemals Ringe getragen. Auch keinen Ehering. Nur für die wichtigen Minuten beim Standesamt hatten wir für mich einen »Alibi-Ehering«, einen sogenannten Hühnerring, beschafft. Das war eigentlich nur sparsam vergoldetes Eisen.

Meine Frau und ich »teilten« uns später einen teueren goldenen Ehering. Getragen hat nur sie ihn.

Aus Gründen der Geheimhaltung und wohl auch, um den »Klassenfeind und seine Agenten«, eben alle »Sabogenten« und »Bonner Ultras«, in die Irre zu führen, erhielten alle Räumboote neue Nummern. Wir waren jetzt Boot 7-135.

Vorn, also am Bug, »pönten« (malten) wir auf Anweisung in Höhe der Wasserlinie auf das vordere Schiffsgrau eine große weiße Welle. Diese sollte eventuellen Gegnern eine hohe Geschwindigkeit vortäuschen. Ich denke, dass wir den Klassenfeind damals ganz schön verwirrt haben müssten!

Unter dem Schutze unserer neuen Tarnung machten wir mehrere Navigationsbelehrungsfahrten, wie es so hieß. Wir schipperten dann durch enge Boddengewässer und entlang der Ostseeküste.

Auf Vorpostenfahrten hatten unsere Boote Seegefechtsschießen zu üben. Dazu zog ein Schlepper bzw. eines unserer Boote eine schwimmende Schießscheibe durch die See. Natürlich in einem gehörigen Sicherheitsabstand.

Alle Boote hatten nacheinander die Aufgabe, dieses schwimmende Seeziel zu treffen. Die Anzahl der Durchschüsse auf der Leinwand ergab die Abschlussnote für den betreffenden Richtschützen und für das jeweilige Boot. Ein »Sehr gut« brachte gewöhnlich zwei Tage Sonderurlaub ein.

Die Schießscheibe wird ins Schlepp genommen

Für kurze Zeit lagen wir im Alten Hafen von Wismar. Ich war BdW – Bootsmann der Wache (Unteroffizier vom Dienst). Unter Deck erteilte ich meinen Leuten Anweisungen. Da hörte ich von der Pier jemanden fragen: »Heißt einer bei euch Lothar Borbe?« Da war ich perplex. Tatsächlich. Da stand Georg Buhl. Das war eine Überraschung, so weit von Zuhause jemanden aus der Heimat zu treffen. Er hatte ein Jahr nach mir in Boizenburg Abitur gemacht und erholte sich von seinen ersten Studiensemestern.

An meiner Stimme hatte er mich erkannt. Bei unseren Landgängen in Wismar traf ich auch Eckard Vollstädt, der 1954 die Boizenburger Oberschule mit der Mittleren Reife verlassen hatte. Er ist Lehrer geworden.

Wir lernten auch neue Menschen kennen. Die liebste meiner Wismarer Bekanntschaften hieß Brigitte.

Während einer längeren Liegezeit in Peenemünde sollten wir in freiwilligem Arbeitseinsatz an zwei Booten, die auf Slip, also auf dem Trockenen lagen, das Unterwasserschiff entrosten und die alte Farbe abkratzen. Sie bekamen einen neuen Unterwasseranstrich. Ich blieb als Einziger an Bord. Aus *Geigel* eben. Mein Leutnant fragte, weshalb ich nicht mit den anderen zum Arbeitseinsatz mitgegangen bin. Ich antwortete keck: »Ich bin zum Verteidigen bei der Marine, nicht zum Arbeiten!« Was ich wieder einmal sehr, sehr witzig fand …

Leutnant Thiele sah das gar nicht so. Er hatte mich durchschaut. Er bemerkte sofort, dass ich ihm einen Streich spielen wollte. Und genau so »witzig« befahl er mir: »Genosse Borbe, im Laufschritt, Marsch. Ab zum Arbeitseinsatz!« Und ich trabte mit einem guten Gefühl meinen Genossen hinterher zu diesem nicht ganz freiwilligen »freiwilligen« Arbeitseinsatz. Wer von uns beiden mag sich am meisten über seinen »Humor« amüsiert haben?

Unsere Boote auf Slip

Zur Abi-Feier nach Boizenburg habe ich es wieder nicht geschafft. Einen triftigen Grund, mich in Boizenburg sehen zu lassen, hatte ich. Der Grund war weiblich: Gisela von Bergen. Sie war der Schwarm manchen Jünglings. Mag sein, dass ich zu feige war, mich dieser Aufgabe zu stellen. Es war wohl meine Angst, einen Korb zu bekommen, die mich von der Fahrt nach Boizenburg abgehalten hatte. Also, nicht nach Boizenburg. Nicht in diesem Jahr.

Sassnitz, 19.9.56

Liebe Eltern!

Heute liegen wir wieder einmal im Sassnitzer Hafen, für besondere Aufgaben bereit. Eben war Horst bei mir. Leider konnte er nur wenige Zeit an Bord bleiben. Die Zeit genügte aber, ihm mein Arbeitsrevier zu zeigen. Er war immerhin über mein nettes Wohnen überrascht, was mich schmeichelte. Einige Abende war er mit mir schon an Land, denn in der letzten Zeit lagen wir schon des öfteren hier, was mich jedesmal erfreute. Leider ist in Sassnitz kein schönes Ausgehen. Um 24.00 Uhr ist es schon unmöglich, auch nur ein klein wenig Trinkbares zu bekommen, so daß es einen stets vor Zapfenstreich zurücktreibt. Dieses hat allerdings den Vorteil, daß man früh am Ruder nüchtern ist. Heute hatten wir einen an und für sich leichten Tag. In wenigen Tagen sollen wir scharfe Minen, Reste des letzten Krieges, räumen. Dann beginnen naturgemäß einige Anstrengungen, zumal unser Boot unterbesetzt ist. Ihr werdet gewiß schon etwas skeptisch auf meinen Besuch warten. Das ist verständlich. Wenn ich mich recht erinnere war es Januar, als ich das letzte Mal

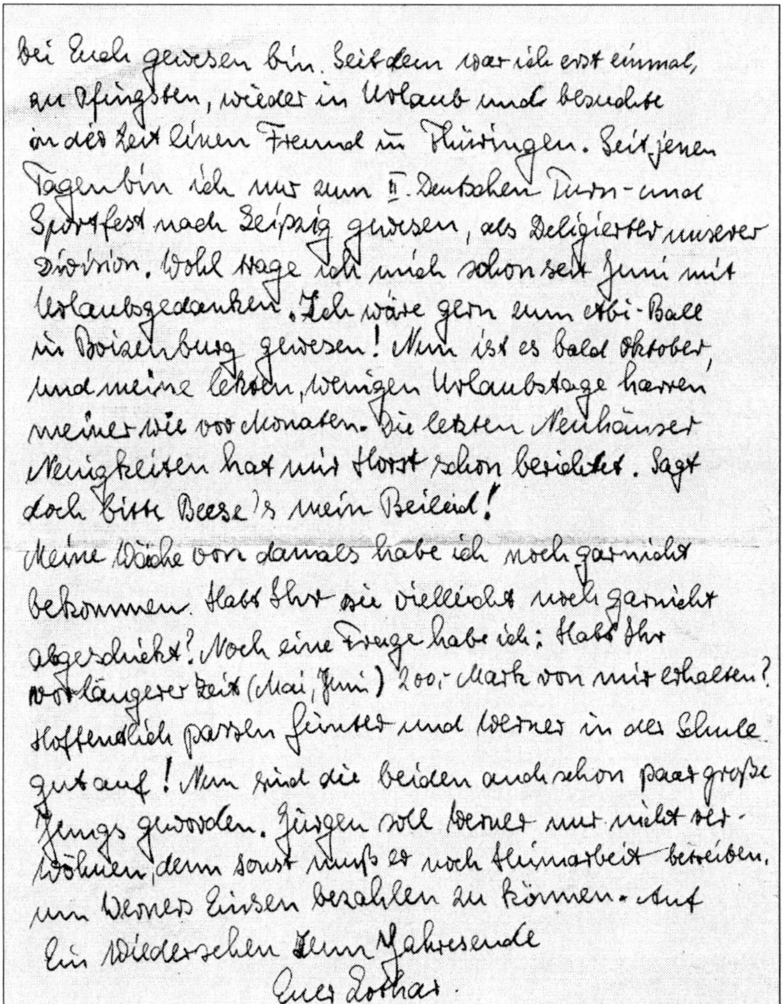
bei Euch gewesen bin. Seitdem war ich erst einmal, zu Pfingsten, wieder in Urlaub und besuchte in der Zeit einen Freund in Thüringen. Seit jenen Tagen bin ich nur zum II. Deutschen Turn- und Sportfest nach Leipzig gewesen, als Delegierter unserer Division. Wohl trage ich mich schon seit Juni mit Urlaubsgedanken. Ich wäre gern zum Abi-Ball in Boizenburg gewesen! Nun ist es bald Oktober, und meine letzten, wenigen Urlaubstage harren meiner wie vor Monaten. Die letzten Neuhäuser Neuigkeiten hat mir Horst schon berichtet. Sagt doch bitte Beese's mein Beileid!

Meine Wäsche von damals habe ich noch garnicht bekommen. Habt Ihr sie vielleicht noch garnicht abgeschickt? Noch eine Frage habe ich: Habt Ihr vor längerer Zeit (Mai, Juni) 200,- Mark von mir erhalten? Hoffentlich passen Günter und Werner in der Schule gut auf! Nun sind die beiden auch schon paar große Jungs geworden. Jürgen soll Werner nur nicht verwöhnen, denn sonst muß er noch Heimarbeit betreiben, um Werners Eisen bezahlen zu können. Auf ein Wiedersehen zum Jahresende

Euer Lothar.

Jemand von den 1956er Abiturienten (ich vermute, es war Manfred Bartel aus Kaarßen) ließ bei meinen Eltern in Neuhaus/Elbe Grüße an mich ausrichten. Er war es sicher auch, der das Klassenfoto mit Pauker Vick dort abgegeben hatte. Um es vorweg zu nehmen: ich habe es in den folgenden Jahren ebenfalls nicht geschafft, zu einer Abi-Feier nach Boizenburg zu fahren.

Zu Wiebke Hagemanns Schulabschluss und Abi-Feier, ein paar Jahre später, wollte ich auf alle Fälle hinfahren. Hat wieder nicht geklappt.

Klassenfoto von 1956
Hintere Reihe (v. l.): Wolfgang Laude, Erich Hausmann, Hans Herfert, Dieter Böttger, Rolf Furcht, Dirk Backhaus, Jürgen Rolfs, Manfred Bartel, Jürgen Konow
Mitte: Hans Steinbach, Margot Schnarre, Gisela Wahrmann, Bärbel Brandt, Friedel Schwenck, Elvira Graf, Renate Gallert, Anneliese Ritter, Wilfried Baganz
Vorn: Gabriele Wichmann, Gisela von Bergen, Christa Otto, Hans Vick, Christa Krause, Edeltraut Brückner, Marianne Schulz
Einige Namen haben bereits in meinen Buch »auf der PENNE« eine Rolle gespielt.

Mehrmals unternahmen wir mit unseren Räumbooten an seichten Küstenabschnitten Landungsübungen. Einmal fand eine solche Übung am Südende von Hiddensee, dem Gellen, statt. Mit einer Ladung »Sandlatschern« (Infanteristen), in Lasten und Gängen verteilt, näherten wir uns der vorgesehenen Landungsstelle.

Die Unterkunft unserer Gäste war miserabel. Aufkommender Seegang tat seinen Teil dazu. Als wir unsere Helden dann mehr tot als lebendig anlandeten, hatten wir Bedenken, ob auch wirklich alle das schützende Ufer erreichen würden. Bei diesem Manöver setzten wir unser Boot ganz vorsichtig mit dem Bug im flachen Wasser auf den Sand. Dann sprangen die Jungs in das brusthohe Wasser, um sich an den Strand durchzuschlagen. Manch einer stolperte, von Seegang und Seekrankheit geschwächt. Andere suchten nach ihren Gewehren, die sie beim Sprung ins kalte Wasser fallen gelassen hatten. Es ist zu vermuten und zu hoffen, dass jeder seine *Spritze* auch wiedergefunden hat.

Zu lange konnten wir nicht verweilen. Wir wären sonst Gefahr gelaufen, durch die See auf den Strand geschoben zu werden.

Diese Übung sollte nur ein Vorspiel auf ein großes Landungsmanöver in der Prorer Wiek sein. Da sind dann tatsächlich einige der Landungsboote an den Strand gespült worden und konnten erst durch starke Seeschlepper geborgen werden.

Bald darauf sollte es mit unserem Boot ein Ende haben. Es wurde ausgemustert und an die GST in Tarnewitz bei Wismar übergeben.

Meine Empfindung damals, meine traurigen Gedanken, lese ich in meinem Tagebuch:

»... die Mary Ann aber ließ ihn nicht los!« So endet eine tragisch-süßliche Seemannsschnulze. Ich sang sie auch gern. Seit vielen Wochen kenn ich dieses Lied. Auch ich glaubte, auf meiner »Mary Ann«, meinem Minenräumboot 7-135 eher den Heldentod zu sterben, als sie jemals lebend zu verlassen. Ich empfinde darüber keinerlei sentimentale Romantik sterbender Seehelden, wenn ich mich solchen Träumen hingab. Jetzt ist er ausgeträumt, der Traum von meiner »Mary Ann«! Am 11. November 1956 wurde die Besatzung ausgebootet, in einen »Steinkreuzer« einquartiert und ihrem Schicksal überlassen. Ein Prisenkommando überführte das Boot nach Tarnewitz, wo sie von nun an von einer fremden Gang (Mannschaft) geleitet wird. Die »Mary Ann« hatte mich nun doch losgelassen. Loslassen müssen. Die alte Crew geisterte Stunden umher, unfähig, klare Gedanken zu fassen ...

O je, wieder mal dick aufgetragen. Ich verwende – dieser Eintrag beweist es – die »blumenreiche Sprache der Orientalen« nicht nur in Liebensbriefen.

Übrigens: an jenem »historischen« 11. November 1956 wurde in Rostock meine Tochter Barbara geboren.

Greifswald

Als »Steinkreuzer« bezeichneten wir das Kasernengebäude im Objekt Peenemünde, in dem wir in einer sogenannten »Durchgangskompanie« weiteren Einsatzbefehl abwarten sollten. Die meisten meiner Kameraden wurden bereits irgendwo gebraucht. Ich fand mich schließlich mit einem Rostocker, Roloff oder Detloff, in einem Zimmer wieder, in dem andere bereits seit Wochen auf ihre Weiter- oder Wiederverwendung warteten.

In einer solchen Durchgangskompanie herrschte ständiges Kommen und Gehen. Auch die dort zufällig einquartierten Maate, Meister, Obermeister und Offiziere waren diesem Rhythmus unterworfen. Wenn man ihnen auch auf Grund ihrer Dienstgrade die notwendigen Leitungsfunktionen in dieser Kompanie übertragen hatte, bekamen sie doch nur einen unvollständigen Überblick über Namen und Anzahl ihrer zeitweiligen Untergebenen.

Es herrschte also ein gewisses Durcheinander. Das erkannten wir blitzschnell. Wir passten auf, dass sich keiner unserer Vorgesetzten unsere Gesichter einprägte. Wir gingen mit der Truppe nur in den Speisesaal. Schon beim anschließenden Reinschiff verdrückten wir uns. Von den schon länger hier Einquartierten erfuhren wir auch, dass sich am Tage niemand um die Anwesenheit kümmerte. Diesen Umstand machten wir uns gleich am ersten Landgang zu Nutze.

Wir gingen mit den anderen gemeinsam an Land, kamen aber nicht mit ihnen um 01.00 Uhr zurück. Wir blieben einfach irgendwo auf der Insel. Wir hatten ja nun endlich einmal viel Zeit. Erst am kommenden Tag kamen wir »pünktlich« mit allen anderen Landgängern mit dem Zug aus Zinnowitz an. Am Tor keine Probleme. Die hätten wir aber gehabt, wenn wir auch nur eine Minute nach 01.00 Uhr dort erschienen wären.

Dieser erste Erfolg machte uns mutiger. Er verlieh uns regelrecht Flügel. Bald darauf ging es weiter weg. Nach Greifswald. Hellmut Krause, mein ehemaliger Mitschüler aus Boizenburg, studierte jetzt dort Militärmedizin.

Diese Studenten trugen bereits nach zwei Studienjahren Offiziersuniform, waren Unterleutnant. Nach einem weiteren Semester wurden sie Leutnant. Manche fühlten sich auch so.

Ich war immer noch Obermatrose. Aber was für einer! Nach mehr als zweijähriger Dienstzeit und Flottenerfahrung stellte man schon etwas dar. Auf alle Fälle glaubte man, etwas darstellen zu können.

Ich nun auf dem langen Fußweg vom Greifswalder Bahnhof zur Ernst-Moritz-Arndt-Universität. Es war offiziell Winter. Der Kolani war Pflicht wie der dunkelblaue Mützenbezug. In der linken Hand trug ich meine Aktentasche mit den wenigen, notwendigen Reise-Utensilien. Die rechte Hand war seitwärts in den Kolani geschoben.

Wie ich nun schnellen Schrittes der EMA-Uni entgegenstrebte, kamen mir reihenweise junge Offiziere entgegen. Ich kannte ihren »Background«. Es waren ja »nur« Studenten, die ich nicht weiter beachtete. Die mich auch nicht. Die meisten wenigstens. Wir gingen im Wesentlichen unmilitärisch grußlos aneinander vorüber, bis mich dann einmal so ein studierender »Wichtigmann« anranzte: »Genosse Matrose, können Sie nicht grüßen?« Das MATROSE überhörte ich als OBERMATROSE einfach. Mein großer Auftritt aber folgte unverzüglich. »Genosse Unterleutnant, Sie sehen doch: in einer Hand trage ich meine Tasche, die andere steckt im Kolani. Wie soll ich da grüßen?«, entgegnete ich schnippisch und setzte meinen Marsch munter fort. »Eine Frechheit!« hörte ich diesen Studentenlümmel noch hinter mir herrufen.

Zu meiner und unserer Ehrenrettung möchte ich aber sagen, dass wir Räumbootsfahrer durchweg alles grüßten, was wenigstens Unterleutnant war. Mit Ausnahme dieser Studenten-Offiziere.

In Peenemünde hielten wir es genau so und niemand beklagte sich darüber. Wurde man aber außerhalb von Peenemünde von einem höheren Offizier einmal wegen irgendeiner Undiszipliniertheit zur Rede gestellt und auf die Frage »Wo kommen Sie eigentlich her?« stolz »Peenemünde!« antwortete, winkte der nur ab. Von den Peenemündern hatte man nichts Anderes erwartet.

Ich vermute, die Seefahrt und der Umgang mit Minen und schwerem Räumgerät hatte den Männern aus den Kampfeinheiten solches Selbstbewusstsein verliehen. Und wohl auch eine gewisse

Achtung bei Anderen. Und Nachsicht. Ein wenig fühlten wir uns wie die U-Boot-Fahrer im letzten Krieg, denen bei ihren Landgängen auch manches verziehen worden ist.

Diese Ausflüge nach Greifswald machte ich noch ein paar Mal. Gelegentlich sogar offiziell mit Urlaubsschein. Greifwald stellte schon etwas dar und ich darin wohl auch.

Meine Zelte hatte ich immer im Hotel »Stadt Greifswald« aufgeschlagen. Dieses noble Hotel galt als »Erstes Haus am Platze«, wie man so sagt. Hohe Staatsgäste stiegen hier ab. Kurz vor mir war Ministerpräsident Otto Grotewohl dort gewesen. Nun also auch ich. Die Nacht kostete fünf Mark. Das war teuer damals. Kaum zu glauben.

Meine Abende verbrachte ich generell in irgendwelchen Tanzlokalen wie dem »Ratskeller«. Getanzt haben wir in dieser Zeit zu

Cindy, o Cindy,
dein Herz muss traurig sein,
der Mann, den du geliebt,
ließ dich allein ...

Und gesungen wurde:

Mona Lou, Mona Lou,
wann werd ich dich wieder sehn ...

Im »Ratskeller« traf ich einmal Hannes Löw, einen Boizenburger Abiturienten des Jahres 1952. Er hatte sich der Physik verschrieben wie schon Alex Rutscher, der 1950 in Boizenburg Abitur gemacht hatte. Hannes bekam aus mir unbekannten Gründen wenig oder gar kein Stipendium. Ich glaube, seine Eltern galten nicht als Arbeiter oder Kleinbauern. Nur deren Kinder erhielten ein Stipendium.

Als Mitglied in einer Tanzkapelle und gelegentlich sogar als Gesangssolist verdiente er sich ein paar Mark. Er hatte einen schönen Bariton. Sein Talent war mir in Boizenburg gar nicht so bewusst geworden. An jenem Abend sang er das englische oder amerikanische Bergarbeiterlied »Sixteen tons« im Originaltext:

You load sixteen tons, what do you get?
Another day older an deeper in debt.

Saint Peter don't you call me 'cause I can't go
I owe my soul to the company store

In Deutschland war dieses Lied zu dem Schlager *Sie hieß Mary Ann und war sein Schiff* ... umgedichtet worden.

Ich bin ja kein doller Tänzer. Lediglich beim Langsamen Walzer blitzt mein Talent gelegentlich auf. Wenn ich dann eine schlanke, biegsame und langbeinige Tänzerin fand, dann konnte ich ganz gut und elegant übers Parkett schweben. Sogar linksrum!

Ich fand diese Schlanke, Biegsame, Langbeinige. Sie hatte eine weitere gute Eigenschaft. Nach dem Tanzabend nahm sie mich zu sich nach Hause. Am nächsten Morgen musste sie zur Arbeit. Ich sollte auf sie warten. Das wollte ich auch gerne tun.

Als mir die Zeit schließlich zu lang wurde, ging ich vor die Tür, um in der Nähe ein wenig herumzubummeln. Ich muss wohl ein wenig weiter gebummelt sein. Schließlich fand ich meinen Unterschlupf nicht wieder! So sehr ich mich auch bemühte, ich hatte mir nichts Vertrautes in der Umgebung gemerkt. Ich wusste weder Straße noch Hausnummer, geschweige denn den Namen meiner hübschen Tanzpartnerin. Schließlich gab ich das Suchen auf. Möglicherweise wartet sie noch heute auf mich ...

Peinlich! Ich bin ja auch so ein Schussel.

Mein Orientierungssinn ist denkbar schlecht. Aus meinen unliebsamen Erfahrungen habe ich Lehren gezogen. Später habe ich mir Straße, Hausnummer, Liegeplatz des Schiffes immer auf einen Zettel geschrieben.

In meiner Greifswalder »Residenz« fand ich generell viel Abwechslung.

Mit einer älteren, lebenserfahrenen Hotelangestellten habe ich des öfteren lange und ernsthafte Gespräche geführt. Dabei kam heraus, dass sie sich aufs Kartenlegen verstand.

Wenn mich auch der Hokuspokus vom Wahrsagen wenig berührte, so ließ ich mich doch zu einer Sitzung verleiten. Da kam Erstaunliches zu Tage. Die Karten versprachen Dinge, mit denen ich im Augenblick gar nichts anfangen konnte.

Nach weniger als einem Jahr hatten sich ihre Prophezeiungen erfüllt! Gibt es doch Wunder?

Einmal hatte sich in »meinem« Hotel eine rassige Schönheit einquartiert. Mit ihr hatte ich mich zum Abend 20.00 Uhr verabredet.

Gegen 19.00 Uhr machte ich aber einen entscheidenden Fehler. Ich war doch so müde vom vielen »Herumjachten«. Ich wollte mich für einen Augenblick ausruhen.

Als ich erwachte, war es taghell! Ich hatte wohl 12 Stunden oder mehr in einem Ritt durchgeschlafen. Schlafkoma! Da war guter Rat teuer. Schließlich entschloss ich mich, meine Angebetete planmäßig »pünktlich« um 20.00 aufzusuchen. Allerdings mit 24 Stunden Verspätung. Sie machte ihre Tür nur ganz kurz und nur einen ganz kleinen Spalt auf ...

Wie hart das Schicksal zuschlägt! Ich hoffe, dass auch sie mir längst verziehen hat und über meine Unzuverlässigkeit hinweggekommen ist.

Es gab doch so viele Veränderungen in meinem Leben, so viele Ereignisse, die auf mich einstürmten. Dabei ist so manche Verbindung abgerissen. Auch zu einigen Kameraden, nach denen ich jetzt suchen muss.

In jedem Hafen hab ich 'ne Braut,
die bügelt glatt, die alte Seemannshaut,
drum bleibt an Land mir nie ein Mädel treu.
Ich bin ja nur ein Seemann, weiter nichts – Ahoi!

Wenn ich mich nach einem Urlaubsabenteuer wieder auf meinem langen, umständlichen Heimweg befand, mit der DR (Deutsche Reichsbahn), umsteigen in Züssow, Wolgast und Zinnowitz, dann hatte ich Muße, vom Geschehenen und Erlebten in mein Tagebuch zu schreiben. Das war gewöhnlich schon das Konzept für einen Brief, der dann von Peenemünde aus an die Lieben oder die Liebe »an Land« ging.

Wismar

Bei der Übergabe unseres Bootes nach Tarnewitz war es mir – planvoll vorausschauend – gelungen, etwas zu »vergessen«. Als FDJ-Sekretär unterstand mir die Bordbibliothek. Ich hatte »versäumt«, sie ebenfalls zu übergeben. In der Hoffnung, dass mir daraus eventuell Nutzen erwachsen könnte. Ich war also belastet mit einem Bücherbestand, der sich jetzt bei der GST in Tarnewitz befand.

Meine Vorgesetzten, denen ich diese »peinliche« Sachlage vortrug, sahen es ein, dass ich dieses Versäumnis schleunigst bereinigen müsse: Dienstreise mit Dienstauftrag nach Tarnewitz. Alles war tatsächlich so gekommen, wie ich mir das in meiner kriminellen Energie vorausberechnet hatte.

Unser Durcheinander in der Durchgangskompanie ausnutzend, begann ich meine Fahrt vorsorglich ein oder zwei Tage vor offiziellem Beginn.

So hoffte ich, nach der Erledigung meines Auftrages noch etwas Zeit für meine neue große Liebe zu finden. Ich hatte sie bei einer kurzen Liegezeit unseres Räumbootes in Wismar getroffen und mit ihr Adressen ausgetauscht.

24. November 1956. Bücherübergabe befehlsgemäß vollzogen. Ich fahre von Tarnewitz nach Peenemünde zurück.

In Wismar legte ich erst einmal einen Stopp ein und besuchte Brigitte. Ihre Eltern machten auf mich einen guten Eindruck. Und ich – so glaube ich – auf sie auch. Ihr Vater war mit dem Wismarer Fußball verbunden. Stolz erzählte er, dass ein Junge aus Wismar zur deutschen Weltmeistermannschaft von 1954 gehörte. Fritz Laband, am 1. Januar 1925 in Schlesien geboren, spielte nach 1945 bei Anker Wismar, bevor er sich zum HSV absetzte. Er wurde zwar nur in dem hoch verlorenen Vorrundenspiel gegen Ungarn eingesetzt. Aber immerhin, einer von uns war dabei! Kürzlich hatte er in Wismar seinen alten Freund und Fußballlehrer besucht.

Abends war ich mit Brigitte bummeln gewesen ...

Auf der weiteren Heimreise schrieb ich mir Glück und Unglück von der Seele:

... doch diese Rose war nicht ohne schmerzende Dornen! Der Unterschied unseres Alters, doch mehr noch der der Entwicklung, schnitt einen klaffenden Spalt zwischen uns.

Und doch schien mir an unserem ersten Abend das Glück aus ihren Augen zu leuchten. Wir waren gemeinsam ausgegangen. Wismar ist anscheinend überbevölkert. Wir fanden kein Lokal mit dem ruhigen, stillen Plätzchen, wie Verliebte es sich ersehnen. Wo wir auch reinsahen, überall unterschiedliches Publikum. Da saßen Verliebte in innigem Sehnen, an anderer Stelle in munterer Plauderei beieinander. An anderen Stellen lümmelten sich Scharen junger Männlichkeit der Ausschweifung frönend. Dass dergleichen laute Umgebung nicht unser ersehntes Plätzchen war, liegt auf der Hand. Wir schlenderten weiter, umschlungen, hier und da in eine Kneipe lugend und spürten unsere Herzen in Liebe schlagen. Schließlich saßen wir im »Fritz- Reuter- Haus«. Wir tranken eine Art Sekt (Goldperle) und plauderten unmögliche Albernheiten. Mit zunehmender Stunde lag das Sprudeln und Strömen des Sektes in unseren Adern. Uns durchströmte heiße Glut. Wir nahmen uns bei der Hand, sahen uns an. Mir öffneten sich zwei in seliger Melancholie fragende Augen. Ich glaubte mich in diesem Augenblick glücklich. Wie lange habe ich dieses wärmende Gefühl ehrlicher Liebe nicht mehr gespürt.

Schon war es 23.45 Uhr geworden. Wir mussten aufbrechen. Brigitte hoffte, früh genug daheim zu sein. Ich begleitete sie, umschlang ihren Leib und wärmte sie mit meinem Feuer. Artig lehnte sie ihr Köpfchen an mich und forderte mich, ohne Worte zwar, zu immer neuen Liebkosungen heraus, deren Art sich vor ihrer Haustür zu toller Raserei steigerte. Lange Küsse – Umschlungen – ihre Umarmungen! O, welch eine Lust zu leben. Liebe! Unsere Glut stachelte zu gefährlichem Liebesspiel auf. Unsere Leidenschaft drohte alle Fesseln klirrend zu sprengen und sich in ihre natürliche Bahnen zu stürzen. Mich durchschauderte es, wenn sie sich gertengleich in meinen Armen wand. Mal wollüstig aufbäumend, dann wieder sinnend mit offenen Augen zu träumen schien. Verführerisch zeigten sich zwischen ihren halb geschlossenen Lippen die kleinen weißen Zähne. Ich küsste sie, rasend derb, gar wollüstig? Mein Knie in ihrem Schoß, den sie im Rhythmus meiner mit mir durchgehenden Gefühle an mich schmiegte und sich wiegte im Traum der Erfüllung. Fester fasste ich sie, küsste mit verzehrender Leidenschaft alle Teile ihres Körpers, die sich mit teuflischer Grausamkeit mir anboten. Nein! Ich durfte nicht. Ich wollte, ich musste Mann bleiben! Sollte solch ein strahlend junges Geschöpf durch mich in Schande gestürzt werden? Ich durfte diese Rose nicht brechen!

Tags darauf aber stach sie mich. Ich machte ihr laufend Vorwürfe, quälte sie mit Unmöglichem.

Ich hatte nicht begriffen, dass ihr Verhalten gestern ein Sieg des Lebens war. Und ich Trottel habe nichts gemerkt …

Sie schlug vor, sie wolle nach Hause. Ich brachte sie noch bis an ihre Haustür und schied von ihr. Kühl, zerschmettert! Sie will mir schreiben. Ich werde ihr zuvorkommen. Mein Verhalten verlangt Entschuldigung, denn sie muß einmal mein werden!

Auf der Heimreise von Tarnewitz nach Peenemünde mache ich auch wieder in Greifswald Halt.

27. November 56

Augenblicklich »kneipe« ich. Wie gewöhnlich. Gestern berauschten wir, Hellmut und ich, uns mit Wein. Heute früh bin ich allein. Als ich gegen 03.00 Uhr in meinem Heim ankam, »reeste« ich eine Weile mit finnischen Sportlern von VASA Helsinki. Des Finnischen unkundig, außer ein paar Brocken wie Hüver Bewer (Guten Tag), Näkemi (Danke) oder den urfinnischen Fluch Satana Berkele, fügte es sich, dass wenigstens einer der Finnen Englisch sprach und mich verstand. Es waren prima Kerle und sie erwarben sich einen angenehmen Leumund. Unsere Städte gefielen ihnen nicht, bis auf Greifswald, das sie lobten. Doch unser Bier! Ein jeder ward zum Schwärmer, saß er vor einem vollen Glase deutschem Bier. Bei ihnen Zuhause trinke man Gin und Whisky. »TURF ist not so bad«, meinte einer. Das überraschte mich allerdings.

TURF hieß eine Zigarettensorte minderer Qualität aus heimischer Produktion. Über Geschmack soll man nicht streiten.

Nun bin ich allein. Ich erwarte zu 12.00 Uhr noch einmal Hellmut. Ich sitze unbekümmert. Wenn mir auch wegen meines eigenarti-

gen, eigenmächtigen Urlaubs doch Reue kommen müsste. Ich bin ja schon wieder einmal Illegaler! Ich hoffe aber, heute Abend abzureisen und »pünktlich« mit den anderen Landgängern wieder im Objekt zu sein, weil ja auch mein Gesicht wieder einer Rasur bedarf …

Als ich schließlich in Peenemünde anlangte und mein Zimmer betrat, berichteten mir meine Kameraden, dass ich bereits gesucht werde. Sie hatten sich aber sehr anständig verhalten: »Gerade aus dem Zimmer … Muss sich irgendwo im Objekt aufhalten … Vermutlich in der Bibliothek …«

Am nächsten Morgen meldete ich mich im Stab. Da erhielt ich neue Order. Ich habe meinen neuen Dampfer! Einige meiner alten Kameraden waren auch schon an Bord.

Ich schreibe noch schnell einen ganz kurzen Geburtstagsgruß nach Wismar:

Liebe Brigitte!

Zu Deinem Geburtstag wünsche ich dir alles Gute, Schöne und Erlebenswerte! Ich werde am 29. eine Minute lang ganz fest an Dich denken. Es mag dann sein, daß Dich der Gruß dann durch Gedankenübertragung erreicht.

»Dein« (durchgestr.!) Lothar

Auch die Verbindung zu Brigitte verlor sich. Sie begann im Erich-Weinert-Ensemble bei Wolfgang Schottke eine Karriere als Tänzerin und Sängerin.

Nach 1990 hatte ich sie telefonisch ausfindig gemacht. Mein Foto und die Erinnerung an mich waren ihr in all den Jahren nicht ganz abhanden gekommen. Sie sagte es wenigstens …

Brigittes jüngerer Bruder ist später ein über die Landesgrenzen hinaus bekannter Fotograf geworden.

Minenräumen

Meine Aufgaben hier an Bord glichen denen auf meinem alten Kahn. Da ich auch die meisten meiner Vorgesetzten bereits kannte, wusste ich, wie ich mit ihnen umzugehen hatte. Unser Training für den nächsten scharfen Räumeinsatz wurde immer intensiver. Als Übungsgebiet ist uns das bereits minenfreie Küstengewässer vor Usedom zugewiesen worden.

Der Streckelsberg als markante Landmarke blieb immer in Sichtweite. Gewohnt sicher hantierten die Jungs am Räumgerät. Sie kamen kaum noch zur Ruhe. Ich konnte mir das vom Ruder gut anschauen, wenn ich gelegentlich aufs Achterdeck blickte. Immer wieder übten sie, den gewaltigen Hohlstab auszubringen. Den zog dann unsere Arbeitsbiene an einem dicken Schleppdraht in 200 m Abstand hinter sich her. Über ein dickes Starkstromkabel erhielt er *Saft* vom *Jockel* und konnte nun ein gewaltiges Magnetfeld erzeugen, das dem eines großen Frachtschiffes glich.

Mittels dieses Magnetfeldes sollten vorhandene Grundminen zur Explosion gebracht werden. Vor dem »Betreten« eines Minenfeldes musste zur Entmagnetisierung *Schleife* gefahren werden. Dadurch konnte der eigene Magnetismus gemessen werden. Auf der Grundlage dieser Werte wurde an Bord ein gleichstarkes, aber entgegengesetztes Magnetfeld erzeugt, wodurch sich das eigene Schiffsmagnetfeld einfach aufhob. Somit drohte uns keine Gefahr durch feindliche Grundminen. Die Entmagnetisierungsstelle befand sich an der Hafeneinfahrt von Peenemünde.

Sowohl die deutsche Kriegsmarine als auch die westdeutsche Bundesmarine benutzten hölzerne Räumboote. Die Schiffskörper solcher Boote waren naturgemäß unmagnetisch. Lediglich ihre eisernen Motoren »sonderten« noch ein bisschen Magnetismus ab. Bei ihnen erübrigten sich Schleifefahren und Entmagnetisieren.

Für die Zeit des Räumeinsatzes wurde wieder Lauterbach auf Rügen unser Einsatzhafen. Auch Sassnitz sind wir gelegentlich angelaufen. Dann lagen unsere Boote an der langen Sassnitzer Mole.

Da gerieten wir ins Blickfeld der Sachsen, die hier Urlaub machten und die so begehrten, in den Betrieben heiß umkämpften gewerkschaftlichen Ostsee-Ferienplätze genossen. Gespräche mit den Urlauberinnen waren selbstverständlich. Irgendein Naseweis beziehungsweise irgendeine »Naseweiserin« bemerkte Rost an einigen Stellen unseres Boote. »Tarnrost«! – kam da prompt die Antwort.

Nach einer lebhaften Unterhaltung mit einer Schar junger Mädchen auf der Mole sagte der Funker Peter Schlabinger, Wortführer auf unserer Seite: »Meine Damen, wenn es Ihnen recht ist, wäre ich jetzt bereit, Autogramme zu geben!«

Es war ihnen recht. Peter – ein Adonis, hochgewachsen, schlank, blond – entsprach hundertprozentig dem Bild eines Seemanns aus Märchen und Legendenbüchern.

In unseren schmucken Marineuniformen und mit den Matrosenmützen mit den lustig flatternden Mützenbändern machten wir schon was her. Wir waren angesehen und anerkannt. Nicht nur bei den Frauen. Mit unserem lässigen, auffälligen, auffallenden Auftreten trugen wir aber auch zusätzlich noch zur »Imagepflege« bei.

Die Sassnitzer Lokalitäten boten einen erbärmlichen Zustand. »Pommernhof« und »Reichshof« befanden sich bereits auf dem Höhepunkt ihres Verfalls. Das aber alles nur äußerlich. Ungeachtet dessen waren auch sie ständig überfüllt und es ging meistens hoch her.

Einmal »stürmte« ich mit meinem Kumpel Peter Metzmacher in ein Lokal. An einem Tisch mit Urlaubern waren noch zwei Plätze frei. Beim Ansteuern an diese bestellten wir bei einer vorbeihuschenden Kellnerin sechs Bier.

Jeder setzte sich dann vor eine Dreierreihe gefüllter Biergläser und zischte diese, ohne ein Wort zu sagen und ohne eine Pause zu machen, hinunter. Dann erst nickten wir den staunenden Gästen freundlich zu und sagten: »Guten Abend!«

Eine andere »Gewohnheit«.Wenn das Bier im Glas schäumend vor uns stand, rührten wir es »unauffällig« um. Mit 'nem Kamm! Den Landratten standen die Haare zu Berge!

Mein Bruder Horst, nach seinen Boizenburger Querelen auf der Elbe-Werft, nun ein stolzer Lehrling der Hochseefischerei, schloss sich unseren Umzügen an, wenn wir fröhlich singend durch die

Stadt zogen. Horst wohnte im Lehrlingswohnheim Dwasiden. Dort hatte ich mich bei einem Urlaub auch einmal für eine Nacht »illegal« einquartiert.

Kultureller Höhepunkt unserer Sassnitzer Tage wurde der Film »Bonjour, Catrin« mit Caterina Valente. Den Filmblick in die südliche Traumwelt haben wir genossen und die Schlager noch lange nach diesem Erlebnis beschwingt vor uns hingeträllert.

Minenräumboote im Päckchen an der Sassnitzer Mole

Die Begriffe *Minen* und *Minenräumen* in meinen Briefen müssen meinen Vater sehr beunruhigt haben. War doch schon Onkel Franz im Jahre 1942 an der Ostfront beim Minenräumen umgekommen.

Mein lieber Junge, sei bloß immer vorsichtig. Mit den Minen ist nicht zu spaßen ... – so stand es in seinem Brief.

Ein MLR (Minenleg- und -räumschiff) aus Peenemünde hatte kürzlich etwas abseits der Sassnitzer Hafeneinfahrt mit einem zufällig eingeschalteten Hohlstab eine Grundmine zur Detonation gebracht. Gerade rechtzeitig. Früher oder später wäre ihr mit Sicherheit eine der Schwedenfähren zum Opfer gefallen. Wir waren also gewarnt! Wir wussten nun, dass es wieder ernst werden könnte.

Wenn mein Vater geahnt hätte, an welcher Stelle der Ostsee sein Sohn Horst seinen Fisch fing, wäre er nicht weniger besorgt gewesen. Der Adlergrund, südlich von Bornholm, galt als das beste Fanggebiet in der Ostsee.

Am Rande des Adlergrunds erzielten die Sassnitzer Fischer sagenhaft dicke Hols.
Zweiter von links: mein Bruder Horst

Im Adlergrund befand sich aber auch das größte Munitionsversenkungsgebiet. Als solches war es in jeder Seekarte zur Warnung für Fischerei und Schiffahrt rot markiert. Nach dem II. Weltkrieg hatten die Siegermächte an solchen Plätzen überschüssige Beutemunition versenkt. Schön tief, schön weit aus den Augen.

Zwischen Munitionskisten und Giftgasgranaten fühlten sich Hering und Dorsch anscheinend sauwohl. Hier »brüteten« sie auch ihre Jungen aus.

Giftgasgranaten in der Ostsee? Tatsächlich. Noch zu meiner Zeit sind Schiffe, voll beladen mit Giftgasmunition, im Adlergrund versenkt worden.

Inzwischen haben wir alle Übungsprogramme für den Mineneinsatz abgeschlossen. Jetzt sind wir Kampfkern I. Also vorderste Linie!

Winter 1956/57

Am 23. Oktober 1956 beginnt der Ungarnaufstand.

Vom Ungarnaufstand bekommen wir direkt einiges mit. Offiziell erfuhren wir von einer »Konterrevolution«, die schließlich durch die sozialistische Hilfe der Sowjetunion niedergeschlagen wurde.

Inoffiziell konnte man in Zinnowitz bald einiges mehr erfahren.

Die DDR-Führung hatte ungarische Kinder zur Erholung in die DDR eingeladen. Eine große Gruppe erholte sich auch in Zinnowitz. Gemeinsam mit ihren jungen Lehrerinnen. Das waren nette Gesprächspartnerinnen. Von ihnen lernte ich auch die wichtigen ungarischen Worte für *Prosit, Gesundheit, Liebe ...*

Von ihnen erfuhren wir manches, worüber nichts in unseren Zeitungen geschrieben stand. Für sie galten »die Russen« nicht als Befreier, wie sie in den DDR Zeitungen gepriesen wurden.

Die Situation in Ungarn brachte mir die Zweifel zurück, die ich schon zum 17. Juni 1953 in Boizenburg bekommen hatte. Wie sollte ich mich verhalten, wenn das Volk gegen seine Arbeiter- und Bauernregierung aufstand? Könnte ich mit gutem Gewissen an der Seite dieser Regierung den Sozialismus verteidigen? Gerüchte verwirrten die Lage noch mehr. So auch dieses, dass Major Ferenc Puskas im Kampf gefallen ist.

Ja, während der Suezkrise, da hatte ich es leicht. Ich wäre sogar mit meiner ganzen Begeisterung für die Freiheit eines unterdrückten Volkes in den Krieg gezogen! Damals habe ich sogar spontan ein Solidaritätstelegramm verfasst, das alle meine Kameraden mit unterzeichneten.

Den letzten Satz habe ich noch gut in Erinnerung:

Wir grüßen Dich, tapferes Ägypten!

Aber nicht nur das. Einige von uns wollten sogar als Freiwillige nach Ägypten gehen. Das war allerdings nicht erwünscht. War »nicht im Sinne von Partei und Regierung«, wie es hieß. So weit sollte die Solidarität nun doch nicht gehen und es blieb bei den »kämpferischen« Lippenbekenntnissen.

Das Jahr 1956 geht zu Ende.

Meine letzten Weihnachten in Peenemünde. Unsere Boote liegen im Päckchen an der Pier.

Wie zu Feiertagen üblich, darf eine Hälfte der Besatzung nach Hause. Die andere Hälfte verbringt Weihnachten an Bord. Diese andere Hälfte sind wir sechs Mann.

Wir nutzten die Gelegenheit und bestellten uns ein paar Gänse für den Festtagsbraten. Für sechs Mann genau drei dicke fette Gänse! Auf eigene Rechnung natürlich. Die Verpflegungsrolle sah keinen Raum für derartige Völlerei. Dienst nach Plan und nach Vorschrift, aber christlich, sinnig, ruhig. Kein Auslaufen, kein Gefechtsalarm. Der »Klassenfeind« im Westen feierte ja ebenfalls Weihnachten. Deshalb konnte sich unsere Wachsamkeit auf die Wache an der Pier beschränken.

Ein- oder zweimal bin auch ich während dieser Zeit als Posten Pier rangekommen. Der Postenbereich umfasste die Länge eines Bootes. Da war nicht viel Bewegung.

Mit Einlegesohlen aus mehreren Lagen Zeitungspapier in den Filzstiefeln, die generell ein bis zwei Nummern größer waren, dazu einige Paar Socken übereinander, hielt ich meine Füße dennoch einigermaßen warm. Der lange Wachgängermantel aus Schaffell und die Pelzmütze trugen ihren Teil zu meinem Wohlbefinden bei.

Darüber hinaus hatte ich nicht viel mehr zu tun, als täglich meinen Glashütte-Chronometer mit der genauen Zeit nach Zeitzeichen zu vergleichen, das Chronometertagebuch zu führen, die Flaggenparaden nicht zu versäumen. Das tägliche Reinschiff war ebenfalls auf das letzte vertretbare Minimum reduziert.

Unser »Kampfauftrag« beschränkte sich also im Wesentlichen auf das Zubereiten der Gänse – alle drei auf einmal – und deren Verzehr. Weder das Eine, noch das Andere bereitete uns Probleme. Wir hatten mit *Smutje* Prudek den besten und wohl einzig richtigen, das heißt gelernten Koch der Räumbootsabteilung bei uns an Bord. Er war es doch, der mir damals bei meinem Rotkohl geholfen hatte.

Nach zwei Fresstagen gab es außer den abgenagten Gänseknochen keine weiteren Spuren dieser kulinarischen Seemannsweihnacht.

Dann kamen unsere Urlauber zurück. Bevor wir uns von dannen machten, habe ich den Rückkehrern einen offenen Brief ans Schwarze Brett geheftet. Darin beschrieb ich unsere Völlerei zu Weihnachten, die internationale politische Lage und unseren politisch-moralischen Zustand.

Auf die Leere in den Verpflegungslasten habe ich besonders hingewiesen.

Liebe Mitmenschen!

Euch, die Ihr gerufen seid, unser Erbe anzutreten, wollen wir die politische und wirtschaftliche Küchenlage erläutern. Urteilt nicht ungerecht über uns, wenn Ihr zwar mit viel Spott, mit Wein, Bier, Schnaps und Lebensmittel aber ach so knapp bedacht wurdet. Seid gerecht und gütig! Bedenkt, daß uns Armen zwischen 28. Dezember und 3. Januar die ganze Last der Belustigung keuscher Jungfrauen obliegt und wir Sorge tragen müssen, daß unseren Enkeln dereinst kein Tropfen Pilsner oder Rotwein des Jahrgangs 56 in die Hände fällt. Männer der Hochfinanz fahren zu Sylvester in Heimateinsatz und vollenden, was Ihr schlotternden Weihnachtsmänner zögernd begonnen habt. Verlaßt Euch darauf! Zu Weihnachten ging es bei uns hoch her. Gegen eine gebratenen Gänseschar kämpften wir uns todesmutig an. Wir zerfleischten ihre fetttriefenden Leiber und verschlangen alles Genießbare. Ein erbärmliches Häufchen blanker Knochen zeugte am 26. 12. 13.00 Uhr noch von verblichener Gänsepracht. Zürnt uns nicht, wenn wir jetzt von Bord gehen. Der König der Kombüse hat seine Pflichten getan. Einer aus Eurer Schar mag sich nun um die geheimnisvollen Künste des Bratens und Backens versuchen. Eure eingefallenen Bäuche werden ihm Dank sein, wenn er Undefinierbares aus Salzkartoffel und Fleisch aufträgt, das nach Klößen mit Kraut oder gar nach Nudelsuppe aussieht. Ein soldatisch seemännisches Kohldampfschieben zum Jahreswechsel wünschen Euch Eure glücklichen Genossen. Prosit Neujahr! Gez. Seestreitkräfte Boot 7-17

Unsere Heimkehrer zeigten sich beeindruckt.

Jetzt aber hatten endlich wir Urlaub. Jeder fuhr zu seinen Eltern. Ich zu meinen nach Neuhaus / Elbe. Mein Bruder Horst kam aus Sassnitz. Meine alten Freunde Dieter Grabo und Fred Hartmann waren auch bei Verwandten in Neuhaus. Und es wurde wieder einmal ein schöner Urlaub.

Da wurde Neuhaus »auf den Kopf« gestellt. Was haben wir gesungen und dazu manchen *Spijök* gemacht!

Eines Nachts trugen wir den schmächtigen Fred Hartmann in voller Marineuniform auf einem Kneipenstuhl durchs Dorf. Fred war Obermeister, also schon ganz was »Hohes«.

Horst und ich hatten sogar unsere Kleidung untereinander getauscht. In meiner Uniform sah auch er schmuck aus!

Bald war der Silvesterurlaub zu Ende.

Bei unserer Rückkehr in Peenemünde empfing uns eine Neuigkeit. Unser Boot soll schon wieder eine neue Nummer erhalten. Die Postanschrift ist ebenfalls geändert worden. Verwirrend. Für den Klassenfeind natürlich! Wir sind ja flexibel!

Zinnowitz, der Kurort der Wismutkumpel, hatte zu Beginn des Jahres 1957 auch die Marine in seine Faschingsfeiern mit einbezogen. Die FDJ-Organisation des Ortes organisierte diese Feiern. Anstelle von »Kölle Alaaf« oder so wurden die Massen mit »Macke, Macke, Ähnäh!« mobilisiert.

Der zentrale Faschingshöhepunkt auf der Insel sollte aber Heringsdorf werden. Im zeitigen Frühjahr wurden die Besten von uns zu dieser Veranstaltung mit den »regierenden« Tollitäten eingeladen.

Da sah ich sie: Sonja! Sie war hübsch. Zu hübsch. An sie traute ich mich nicht ran ...

Als ich sie aber mit unserem Delegationsleiter tanzen sah, der nicht gerade ein Mann von außergewöhnlicher Schönheit war, da fasste ich Mut.

In mein Tagebuch, das ich ja immer bei mir hatte, trug sie mir mit Bleistift ihre Adresse ein:

Sonja Wehrmann, Heringsdorf, Albin-Köbis-Heim.

Sonja war erst kürzlich von Leipzig nach Neuenhagen bei Berlin, Fichtestraße 40, gezogen. Ich vermutete, dass ihr Vater ein ganz hohes Tier gewesen sein musste.

In Heringsdorf nahm sie an einem Steno- und Schreibmaschinen-Lehrgang teil. Vielerorts bestanden solche Schulen, an denen zuverlässige Töchter aus klassenbewussten Familien für ihren Einsatz als Sekretärinnen in Parteizentralen und Parteischulen ausgebildet wurden.

In sehr lustiger Runde. Unser Kommandant Walter Thiele geht mit gutem Beispiel voran.
Vorne (v. l.): Prudek, Leutnant Thiele mit Partnerin, Karl Prestin, Leutnant Labecki mit Frau.
Hinten stehend: ein Prachtkerl von Seemann (Callies?), Bauer, Borbe, Funker Sonnenschmidt und unser Delegationsleiter, ein Oberleutnant.

In Heringsdorf traf ich auch Rudi Ahrendt wieder, einen Boizenburger Abiturienten des Jahres 1950. Rudi stammte aus Brahlstorf. Durch Günter Manow und über Rudi Erben und *Charly* Karl Watzke wurden auch wir Freunde.

Dr. Rudolf Ahrendt hatte in Rostock sein Medizinstudium beendet und im Heringsdorfer Krankenhaus seine erste Assistentenstelle erhalten.

Das Seebad Heringsdorf war doch etwas ganz anderes als das von *Seemollis* überlaufene Zinnowitz. In Heringsdorf galt der Seemann noch was. Da waren die Blauen Jungs Exoten und hatten Schlag bei den Frauen. Obwohl Heringsdorf außerhalb des Standortsbereiches lag, also nicht zu dem für uns zugelassenen »Operationsgebiet« gehörte, bin ich nun öfter dort hingefahren. Immer heimlich natürlich. Das Verlassen des Standortes war verboten und galt als schweres Vergehen.

In Heringsdorf traf ich auch meinen alten Schulfreund Hellmut Krause mit Käthe, seiner späteren Frau, und deren Schwester. Ich hatte kein Glück bei ihr ...

Irgendwann um diese Zeit herum besuchte ich auch Rudi Erben in Hagenow. Er war Boizenburger Abiturient des Jahres 1951, hatte seine Rostocker Studienjahre erfolgreich beendet und hier seine erste Lehrerstelle bekommen.

Rudi Erben – das war mein geschätzter Arbeitskollege während des Feriensommers 1954 auf der Boizenburger »Plattenbude«. Das gemeinsame Arbeiten und Erleben verband uns. Wir tranken edelsüßen »Tokaji Szamorodni« und hatten viel zu erzählen.

In der DDR wurde die Lehrerausbildung groß geschrieben. Rudi wusste vom Westen, dass man es dort damit nicht so genau nahm. Etwa 25 % der benötigten Lehrer fehlten in jedem Jahr. Die Verantwortlichen waren sich aber sicher, diese Lücken durch gut ausgebildete Kräfte aus der DDR schließen zu können.

In diesem Zusammenhang erinnerte ich mich daran, dass sich die Hamburger Werft Blohm &Voss überschwänglich bei der Elbe-Werft Boizenburg bedankt haben soll für deren hervorragende Lehrlingsausbildung

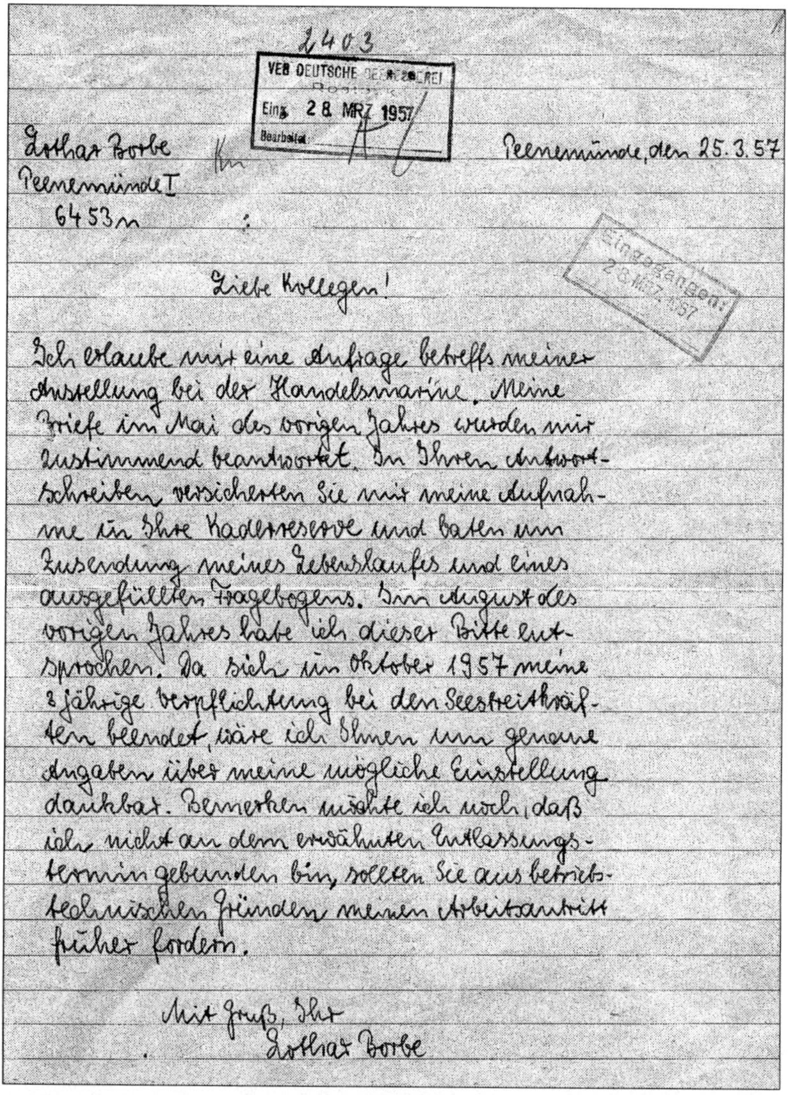
2403

VEB DEUTSCHE [illegible]REI
Eing. 28. MRZ 1957
Bearbeiter

Lothar Borbe
Peenemünde I
6453 m

Peenemünde, den 25.3.57

Eingegangen: 28. MRZ. 1957

Liebe Kollegen!

Ich erlaube mir eine Anfrage betreffs meiner Anstellung bei der Handelsmarine. Meine Briefe im Mai des vorigen Jahres wurden mir zustimmend beantwortet. In Ihrem Antwortschreiben versicherten Sie mir meine Aufnahme in Ihre Kaderreserve und baten um Zusendung meines Lebenslaufes und eines ausgefüllten Fragebogens. Im August des vorigen Jahres habe ich dieser Bitte entsprochen. Da sich im Oktober 1957 meine 3jährige Verpflichtung bei den Seestreitkräften beendet, wäre ich Ihnen um genaue Angaben über meine mögliche Einstellung dankbar. Bemerken möchte ich noch, daß ich nicht an dem erwähnten Entlassungstermin gebunden bin, sollten Sie aus betriebstechnischen Gründen meinen Arbeitsantritt früher fordern.

Mit Gruß, Ihr
Lothar Borbe

Auf meine Anfragen bei der DSR habe ich immer noch keine Antwort.

Rudis Freundin und künftige Ehefrau studierte damals noch in einer anderen Stadt. Wir verfassten einen tiefsinnigen Text und gaben ihr Kunde von unserem Treffen. Zum krönenden Abschluss adelten wir die Postkarte mit einen Tropfen Tokajer!

Sportfeste

Was ich unbedingt noch erwähnen muss. Beim jährlichen großen Sportfest in Peenemünde im Herbst 1956 hatte ich den Matrosenmehrkampf gewonnen. Ich war Meister der Küstenabschnittsflottille Ost!

Dieser 1. Platz bedeutete gleichzeitig zwei Tage Sonderurlaub. Er musste nicht mehr durch Streichung einer Strafe geschmälert werden. Im Gegenteil. Ich galt nun als ein vorbildlicher Marinesoldat!

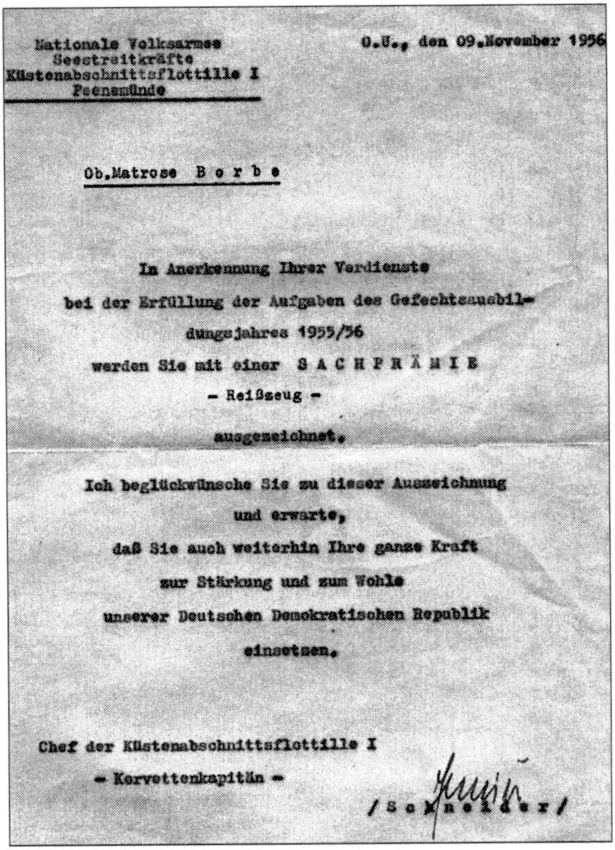

Nationale Volksarmee
Seestreitkräfte
Küstenabschnittsflottille I
Peenemünde

O.U., den 09.November 1956

Ob.Matrose B o r b e

In Anerkennung Ihrer Verdienste
bei der Erfüllung der Aufgaben des Gefechtsausbil-
dungsjahres 1955/56
werden Sie mit einer S A C H P R Ä M I E
- Reißzeug -
ausgezeichnet.

Ich beglückwünsche Sie zu dieser Auszeichnung
und erwarte,
daß Sie auch weiterhin Ihre ganze Kraft
zur Stärkung und zum Wohle
unserer Deutschen Demokratischen Republik
einsetzen.

Chef der Küstenabschnittsflottille I
- Korvettenkapitän -
/S c h n e i d e r/

Zur Erinnerung und als Beweis
O.U. bedeutete »Ortsunterkunft«.

Danach habe ich auch tatsächlich weiterhin meine Kraft zur Stärkung und zum Wohle unserer Deutschen Demokratischen Republik eingesetzt. So, wie das Gesetz es befahl!

Im Ergebnis dieses Erfolges hat man mich nicht nur zur Zentralen Meisterschaft der Seestreitkräfte nach Stralsund geschickt, sondern auch zu den ebenfalls dort stattfindenden Leichtathletik-Meisterschaften.

Bei den Zentralen Meisterschaften im Matrosen-Mehrkampf befand ich mich unter »ferner liefen«. Ich war am Vorabend intensiv und lange an Land gewesen und schien selbst bei Wettkampfbeginn noch zu schlafen.

Zum ersten und einzigen Male bin ich nicht im ersten Anlauf über die Eskaladierwand gekommen. Meine Handgranaten fielen weit neben dem Ziel in den Sand. Erst beim abschließenden Geländelauf »erwachte« ich. Ich machte da wohl einige Plätze gut. Mehr aber auch nicht.

Auf dem Siegerpodest standen dieses Mal andere. Gesamtsieger wurde der damals in Peenemünde hinter mir Zweitplatzierte. Die Unterlegenen hatten zum Abschluss der Veranstaltung an der Ehrentribüne im Exerzierschritt zu paradieren, auf der neben hohen Offizieren auch die Sieger Aufstellung genommen hatten.

Bei solchen Ausflügen an alte Wirkungsstätten nahm ich einmal zur Probe an einem Training der Boxer vom ASK (Armeesportklub) »Vorwärts Parow« teil.

Im Amateurboxen hatte sich inzwischen eine Wende vollzogen. Das Training war härter, als ich es aus meiner Zeit bei Motor Boizenburg kannte. Beim Armeesportklub kam noch hinzu, dass hier nahezu unter Bedingungen des Profisports trainiert wurde. Nicht mehr zweimal in der Woche je zwei Stunden wie in einer Betriebssportgemeinschaft. Die Parower Boxer trainierten täglich.

Nach einer einzigen harten Trainingseinheit unter diesen Bedingungen merkte ich, dass es mit dem »So-nebenbei-mal- Boxen« vorbei war. Ich wusste nun, dass der Zug für mich endgültig abgefahren war.

Für die dann folgenden Leichtathletik-Meisterschaften in Stralsund aber war ich »gesetzt«.

Unsere Abteilung hatte nämlich in grandioser Manier die 4 x 400 m in Peenemünde gewonnen. Mit mir als Schlussläufer. Die vor uns liegende Offiziersstaffel schien uneinholbar. Leutnant Klebsch, ihr Schlussläufer, lag wohl bereits 50 m vor mir und rannte wie um sein Leben. Ich tat das in dieser Situation einzig Richtige. Ich blieb locker, ohne auf Höchstgeschwindigkeit zu kommen. Klebschs Eifer rächte sich. Bei 300 m war er fest und ich konnte ihn mühelos hinter mir lassen.
Bei den Offiziellen hatte das Eindruck gemacht. Ich war mir aber bewusst, dass ich bei meinem Trainingszustand nirgendwo, außer in Peenemünde, Bäume ausreißen könnte. Ich nutzte meine Delegierungen zu zentralen Sportveranstaltungen einfach nur, um ein bisschen Spaß zu haben.

Ich schrieb mich auch immer nur in Disziplinen ein, die nicht so lange dauerten, in denen ich ohne große körperliche Anstrengung bereits in den Vorläufen ausscheiden konnte. Die 110 m Hürden zum Beispiel.

Mit Klaus Landgraf von der KS-Abteilung wurde ich zu den Leichtathletikmeisterschaften auf die Schwedenschanze delegiert. Klaus war genau so ein »Schlummschütze« wie ich. Er galt als Speerwerfer.

Die Organisatoren schienen solche wie uns einkalkuliert zu haben. Sie hatten angeordnet, dass es für die Gastsportler keinen Landgang geben sollte. Aber nur wegen des Landgangs waren wir doch nach Stralsund gefahren!

Der Torposten ließ uns nicht durch. Da war guter Rat teuer. Aber eine Lösung schien in Sicht. Der OvD war ein alter Bekannter von Klaus. »Der wird uns den Landgang schon genehmigen«, sagte Klaus dem Posten. Schon sauste er die Treppe hoch, zum »Kumpel«. Als er diesen verließ, ging ich ihm, nicht Gutes ahnend, auf der Treppe entgegen. »Was hat er gesagt?«, fragte ich flüsternd. »Kein Landgang!«, flüsterte Klaus genau so leise zurück. Dann wir, wie abgesprochen, fröhlich zum Posten: »Na, was haben wir gesagt? Genehmigt!«

Wir grüßten und marschierten fröhlich nach draußen. Stolz auf unser freches Husarenstück.

An Bord, den 5.5.37

Liebe Eltern!

Das höchst seltene Glück, Post von mir zu bekommen, hat Euch nun wieder einmal erreicht! Ich glaube, es sind schon wieder ein Paar Tage vergangen, seit meinem letzten Brief. Gleich vorneweg: Der Urlaub war teuer! Kein Wunder, denn ein Leipzig mit seinen diversen Methoden ~~zur~~ des Geldverdienens und seinen raffinierten Bars und Belustigungsorten läßt keinen Geldbeutel ungeschröpft. Doch schön war es! Leider ist jedes schöne Erlebnis stets zu kurz, als daß es vollauf befriedigen könnte. Nun mach ich erst einmal 6 Wochen ungefähr Pause und starte im Juli meine große Tour im Thüringer Wald.

Vor kurzem war ich wieder in Saßnitz mit Horst zusammen. Wir sind ein bischen ausgewesen. Doch viel los ist dort nicht. Er erzählte mir auch von dem besagten „Weitgucker", daß Ihr mir zuschicken sollt. Laßt den Krempel doch bloß zu Hause. So etwas gebrauche ich hier nicht. Mein eigenes Dienstglas ist bedeutend besser und stünde mir selbst auf der Wanderung zur Verfügung. Ich laß es aber an Bord. Ich starte nämlich keine Thüringenexpedition mit langem Troß und einigen hundert eingeborenen Trägern, sondern wandere nur auf meinen eigenen Stelzen, die für alle unnützen Lasten schwitzen müßten. Vor kurzem habe ich mir 2 Tage Sonderurlaub verdient. Ich startete beim Sporttag der gesamten Flotille im Matrosendreikampf. Im Einzelnen mußte ich mich im 3000 m Lauf, 200 m Sturmbahn mit 2x Handgranatenzielwurf und KK-Schießen gegen eine Konkurrenz von annähernd 50 Mann behaupten. 8. Platz im Lauf, 1. Platz auf der Sturmbahn und 1. Platz beim KK Schießen gaben mir die Punkte

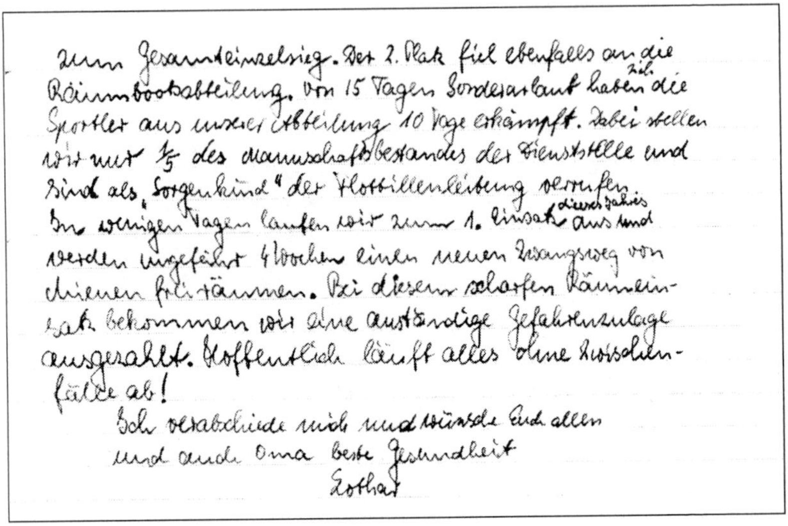
zum Gesamteinzelsieg. Der 2. Platz fiel ebenfalls an die
Räumbootsabteilung. Von 15 Tagen Sonderurlaub haben die zål.
Sportler aus unserer Abteilung 10 Tage erkämpft. Dabei stellen
wir nur 1/5 des Mannschaftsbestandes der Dienststelle und
sind als „Sorgenkind" der Flottillenleitung verrufen.
In wenigen Tagen laufen wir zum 1. Einsatz dieses Jahres aus und
werden ungefähr 4 Wochen einen neuen Zwangsweg von
Minen freiräumen. Bei diesem scharfen Räumein-
satz bekommen wir eine anständige Gefahrenzulage
ausgezahlt. Hoffentlich läuft alles ohne Zwischen-
fälle ab!
Ich verabschiede mich und wünsche Euch allen
und auch Oma beste Gesundheit
Lothar

Der Gipfel meiner Entgleisungen sollte aber noch kommen. Wir lagen mit unserem Boot im Marinewerfthafen Wolgast. Er galt als das am besten gesicherte aller Marineobjekte. Das gesamte Objekt war von einer riesenhohen Mauer umgeben. Feste Strahler alle 100 Meter. Hinzu kam ein Wachturm mit einer Besatzung, die in kurzen Abständen, wohl auch aus Langeweile, einen Scheinwerferstrahl kreisen ließ.

Mit meinem *Puster* Sonnenschmidt war ich wieder einmal gemeinsam an Land. Kurz vor Zapfenstreich eröffnete er mir, dass er noch keine Lust hätte, an Bord zu gehen ...

Sollte ich ihn nun im Stich lassen, gewärtig, dass ihm noch weitere Streiche einfallen könnten? Ich blieb bei ihm. Aus Solidarität eben.

Irgendwann in der Nacht begannen wir unser Heimkomm-Manöver. Das Tor zu passieren, kam nicht in Frage. Die mehrstündige Landgangsüberschreitung bedeutete unweigerlich Bau. Die Frage wäre nicht nach »Dickem« oder »Leichtem«. Lediglich die Anzahl der Tage wäre noch diskutierbar.

Uns blieb nur der Weg über die riesenhohe Mauer! In einiger Entfernung präparierten wir unsere Uniform. Koppel über den Kolani, wie auf Wache vorgeschrieben. Man weiß nie, wozu das gut sein könnte.

Nach einiger Beobachtungszeit glaubten wir, auch den Rhythmus des Scheinwerfers zu kennen. Unmittelbar nach Erlöschen des

Scheinwerferlichtes sprangen wir auf die Mauer zu. Wir pressten unsere Leiber stehend gegen sie, genau an der Stelle, wo das Licht der festen Leuchter einen kleinen Schatten ließ. In dieser Position harrten wir eine Weile aus. Erst einmal mussten wir lauschen. Wir hatten die Schritte einer Streife gehört. Als sich diese wieder entfernt hatten, waren wir erst einmal sicher, dass die Streife hier so schnell nicht wieder auftauchen würde.

Nach dem nächsten Scheinwerferschwenk hochspringen! Hände fest am Mauerrist und hoch den Körper! Über die Mauer und runter!

Da! Schon wieder der Scheinwerfer. Jeder kleine Ganove würde jetzt Reißaus nehmen. Nicht wir. Wir bewegten uns, Schulter an Schulter, gemächlichen Schrittes entlang der Mauer. Immer im Scheinwerferlicht, das dann wieder abschwenkte.

Kein Alarm wurde ausgelöst. Unsere Kaltschnäuzigkeit hatte uns geholfen. Wohl auch, dass ich in »weisester« Voraussicht »Koppel über den Kolani« angeordnet hatte. So sahen wir wie eine offizielle Streife aus.

Jetzt hieß es nur noch, geräuschlos an Bord zu kommen. Das wäre bei unseren dünnblechigen »Schwimmhilfen« aber ein Problem.

Und der gute *dicke Bratsche* wollte mich doch so gern einmal bei einem Vergehen auf frischer Tat ertappen. Um ihm diesen Spaß zu verderben, schlichen wir uns über den Landgangssteg leise an Bord. Im Ruderhaus entkleideten wir uns bis auf »Schlüpfer« und Turnhemd. Unsere Uniform, einschließlich Schuhe und Strümpfe, versteckten wir in dem Ruderbezug, eine einem Sack ähnliche Persenning aus Leinenstoff.

Danach ins »Scheißhaus«, das sich über der Kammer vom *Bratsche* befand. Dann die Handpumpenwasserspülung kräftig einige Sekunden lang hin und her gezogen und laut den Niedergang an der *Bratschen* -Kammer vorbei nach unten gepoltert.

Am nächsten Morgen böse Worte vom LM: »Borbe, wenn Sie noch mal in der Nacht pissen müssen, dann aber bitte mehr Rücksicht auf die Schlafenden!« Wären wir geschlichen, hätte *Bratsche* uns am Knarren der Stufen mit Sicherheit erkannt und »enttarnt«!

Wieder war alles gut gegangen. Ich hatte bei diesem Manöver ja noch ein Ass im Ärmel. Den Trumpf hätte ich ausgespielt, wenn wir auf einen Posten gestoßen wären. Auf diesen wäre ich mit dem *Pus-*

ter gezielt zugegangen und hätte ihn angehalten: »Halt, FDJ-Kontrolle!«

Ob dieser Coup gelungen wäre? Man darf ja mal spekulieren.

Übrigens – ich hätte gar nicht über die Mauer springen müssen. Mir stand als lang gedienter Obermatrose inzwischen Landgang bis 06.00 Uhr früh zu.

Puster Sonnenschmidt musste, da er »nur« Matrose war, aber um Mitternacht an Bord sein. Aus Jux und Dallerei hatte ich mich in dieses Abenteuer gestürzt. Recht unbesonnen, wenn ich an die Konsequenzen denke, die mir bei einem Fehlschlag gedroht hätten. Wahrlich, diesmal war das kein Intelligenzbolzen!

Mein Freund Sonnenschmidt war ein lustiger, unbekümmerter junger Draufgänger. Er stand nach zwei Jahren bei der »Fahne« immer noch auf dem untersten Dienstgrad der Marine: Matrose. Jedes Mal, wenn er zur Beförderung anstand, passierte ihm ein neues Missgeschick.

Beim letzten war ich Augenzeuge. Es war der 1. Mai 1957. Antreten der fahrenden Einheiten auf dem Appellplatz. »Matrose Sonnenschmidt, vortreten!« Es sollte zur Beförderung nach vorne kommen.

Niemand rührte sich. *Puster* Sonnenschmidt fehlte.

Er kam erst am sehr späten Vormittag. Barfuss und in Unterwäsche. Ihn hatte nach einem durchzechten Abend die Müdigkeit überfallen. Irgendwo im Schutze einiger Bäume und Büsche hatte er sich ausgezogen. Als er, noch nicht ganz ausgenüchtert, verschlafen nach seinen Sachen suchte, konnte er diese nicht finden und musste nun in diesem peinlichen Zustand ins Objekt zurückkehren.

Ein Suchtrupp fand in dem vermuteten Gebiet die Uniform. Ordentlich zum Päckchen gebaut, die Bändermütze lag vorschriftsmäßig oben drauf.

Aus seiner Beförderung ist somit auch in diesem Jahr nichts geworden.

Für ein paar Tage war uns ein Absolvent der Maatenschule aus Parow zugeteilt worden. Ein breitschultriger, sportlicher, blonder Junge. An ihn erinnere ich mich aus zweierlei Gründen. Er war gebürtiger Ostpreuße. Der zweite Grund war sein Name: Heini Wendefeuer! Spaßeshalber machte ich daraus »Quermarkenfeuer«. Er hat das ertragen können.

Puster Sonnenschmidt an der Morsetaste.
Die Panzerblenden an den Bulleyes sind im Gefechtszustand geschlossen.

In Peenemünde grassierte zu der Zeit die »Lustseuche«, allgemein Tripper genannt. Von den damals bekannten Plagen Syphilis (Lues) und Tripper trieb nur der fast harmlos geltende Tripper sein Unwesen auf der Insel Usedom. Bei uns wurden diese Beschwerden inzwischen liebe- und vertrauensvoll »Syph« und »Trio« genannt.

»Trotz Tripper und Lues – ich tu es«, pflegte mein Freund Hellmut Krause zu sagen.

In der Sani-Baracke wurden die Geschädigten medizinisch behandelt. Die Räumbootsfahrer waren überproportional vertreten.

Man munkelte, dass leichte Damen aus Westberlin gezielt auf unsere Besatzungen angesetzt worden sind. Der Klassenfeind, die »Bonner Ultras«, eben alle feindlichen kapitalistisch-imperialistischen Mächte hatten es anscheinend auf uns und auf unsere Kampfkraft abgesehen.

Wäre dennoch ein schönerer Tod, als auf dem Schlachtfeld zu sterben ...

Um diesen Angriffen auf unsere Gesundheit und auf die Kampfkraft der Minenräumboote gegenzusteuern, sind Sanierstäbchen ausgeteilt worden. Kondome gab es wohl auch. Deren Einsatz in heikelster Situation wollte man aber nicht bedingungslos vertrauen. Also Sanierstäbchen. Die mussten nach dem Verkehr in die Harnröhre geschoben werden.

In regelmäßigen Abständen kamen nachts die »Feldscher« (Sanitätsunteroffiziere) zur »Schwanzkontrolle« auf die Boote. Aber auch die Kameraden wachten gegenseitig über ihre Gesundheit.

Ich kann mich an einen Vorfall erinnern. Eines Nachts, als wir vom »Seeblick« zum Zinnowitzer Bahnhof strömten, hörte ich von weitem: »Herrmann! Herrmann, halt still!« Jemand half einem kleinen Ari-Gast beim Einbringen des Sanierstäbchens. Da sich dieses Unternehmen im Dunkeln nur schlecht vollziehen ließ, machten sie das unter einer Straßenlaterne. Auch wenn Herrmann immer wieder zurückwich, bekam er schließlich seine Sanierung. Somit war die Kampffähigkeit eines weiteren Räumbootes gesichert.

In Fällen, da derartige Angriffe auf die Gesundheit nicht erfolgreich abgewehrt werden konnten, folgten ein bis zwei Wochen »Tripperburg«. Nach erfolgreicher medizinischer Behandlung bekam der gesundete Patient seinen »Jagdschein« ausgehändigt.

Wie dieser Schein ausgesehen hat, weiß ich nicht. Vermutlich gab es einen solchen überhaupt gar nicht. Es handelte sich wohl auch nur um die einfache Gesundschreibung. Den Kosenamen hat ihr wahrscheinlich der Marine-Volksmund verliehen.

Zur DSR

Die letzten Tage meines Dienstes in Peenemünde vergingen wie im Fluge. Ich hatte gar nicht registriert, dass meine Marine-Sanduhr bald abgelaufen war. Panik machte sich bei mir breit. Hastig versuchte ich, mich irgendwo im wasserseitigen Bereich des zivilen Sektors anzupreisen und unterzubringen. Nach dem letzten Minenräumen wurde es auch höchste Zeit.

Meinen Vorgesetzten blieb meine Situation nicht verborgen. Sie zeigten zunehmend Interesse daran, dass ich bei ihnen bliebe. Mir wurde sogar eine Beförderung in Aussicht gestellt. Vom Obermatrosen zum Stabsmatrosen! War ja irgendwie verlockend. Nicht die Beförderung. Das wäre mehr ein symbolischer Akt gewesen.

Ich hatte mich doch so sehr zwischen Zinnowitz, Heringsdorf und Wolgast eingelebt. Jetzt wäre ich als Längerdienender so etwas wie ein »King« gewesen. Unbeliebt war ich ja auch nicht gerade an Land ...

Ich sah aber auch die Gefahr, mich von dem bequemen Leben hier verleiten zu lassen. Dann würde ich nie die weite Welt sehen, sondern hinter den Usedomer Inseldünen versauern.

Während meiner letzten Marinetage besuchte ich Onkel Hans Meyer und Tante Ulla in Perleberg. Sie wohnten seit eh und je Bahnhofsplatz 5. Trotz meines unerwarteten wie überraschenden Besuchs waren sie erfreut, mich zu sehen. Bei ihnen blieb ich zwei bis drei Tage.

Hier war ein lustiges Haus, eine quirlige Familie mit vielen Kindern, wie ich das von zu Hause her kannte. Da spielte ein Esser mehr am Tisch keine Rolle. Ich besuchte auch Ullas Schwester, Tante Trude Sadelki mit Familie. Die Sadelkis wohnten ganz in der Nähe. Zu ihrer Familie gehörten die beiden Mädchen Gisela und Margot, die etwa in meinem Alter waren, und Sohn Klaus.

Margot begleitete mich zu einer großen Variete- und Tanzveranstaltung. Sie war ein bildhübsches und obendrein gescheites Mädel, dazu wohlerzogen und gesittet. Das bekam ich zu spüren, als ich beim Tanzen rangehen wollte »wie Blücher an der Katzbach«. Nein, ich war kein Blücher. Machte nichts. Ich fühlte mich an der Seite dieser, von allen jungen Männern im Saale angehimmelten Frau dennoch wie ein König.

Gebhard Leberecht von Blücher, 1742 in Rostock geboren. 1813 Befehlshaber der Schlesischen Armee. Held im Befreiungskrieg gegen Napoleon. Nach dem siegreichen Gefecht an der schlesischen Katzbach am 26. August 1813 entstanden die Redewendungen für forsches Auftreten: »Er geht ran wie Blücher« und »Wie Blücher an der Katzbach«. Seine preußischen Soldaten nannten ihn »Marschall Vorwärts«. Die russischen Verbündeten riefen »Marschall Pascholl«, was das Gleiche bedeutete. Ernst Moritz Arndt schrieb:

Am Wasser der Katzbach er's auch hat bewährt,
da hat er den Franzosen das Schwimmen gelehrt.

In Perleberg traf ich den Bruder eines ehemaligen Räumbootskameraden, der unbedingt Schauspieler werden wollte.

Er schilderte mir den misslungenen Start dieser Schauspielerkarriere. Mein Kamerad hatte sich mehrmals an Theatern beworben. Immer war er gut vorbereitet gewesen. Bei jedem Vorsprechen allerdings versagte ihm die Stimme.

Wie und ob er sein Leben schließlich ohne die Bretter, die ihm die Welt bedeuten sollten, gemeistert hat, ist mir nicht zu Ohren gekommen.

Onkel Hans war Kraftfahrer bei der SED-Kreisleitung, er fuhr den 1. Sekretär. An dem Morgen, an dem ich zum Bahnhof musste, nahm mich Onkel Hans im Chefwagen mit. Sein Chef schien nicht erbaut davon und erwiderte mein fröhliches »Guten Morgen« nur mürrisch. In mir kochte es. Ich war drauf und dran, dem Herrn Genossen an den Kopf zu schleudern, dass ich für solche wie ihn die Republik verteidigte. Ich hab's mir verkniffen. Eigentlich nur Onkel Hans zu Liebe.

Die Deutsche Seereederei hatte lange nichts mehr von sich hören lassen.

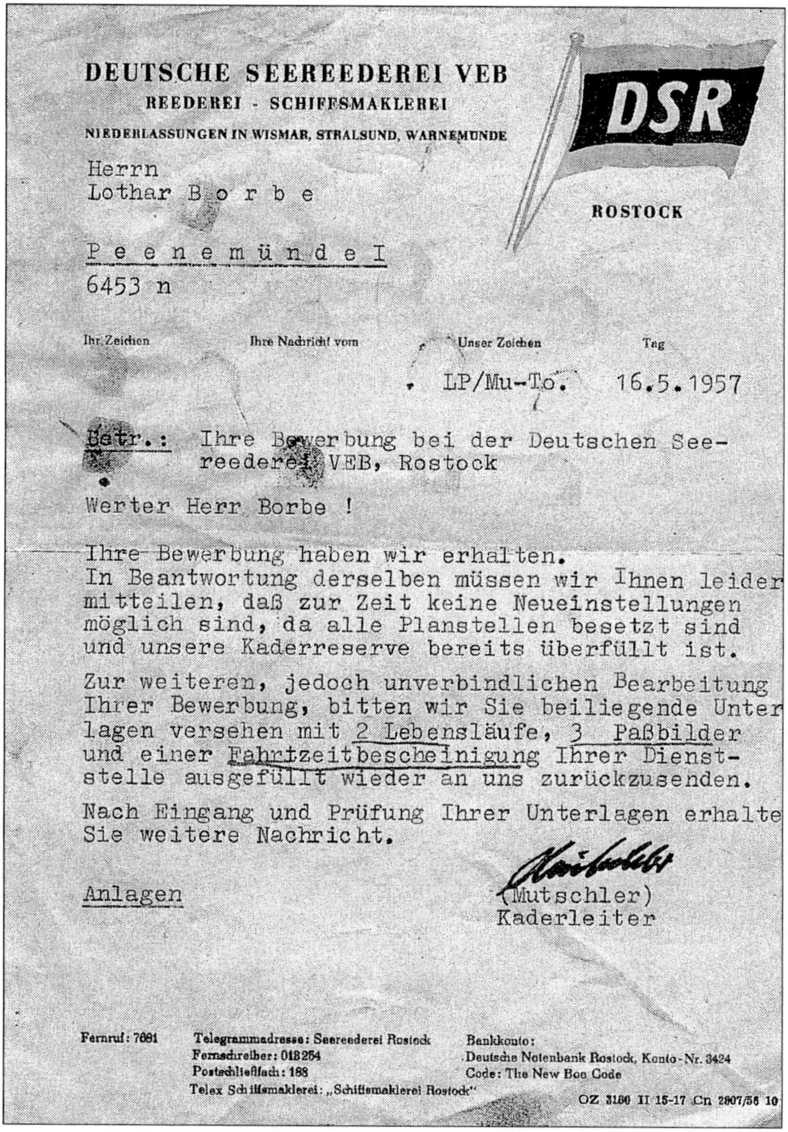

DEUTSCHE SEEREEDEREI VEB
REEDEREI - SCHIFFSMAKLEREI
NIEDERLASSUNGEN IN WISMAR, STRALSUND, WARNEMÜNDE

DSR
ROSTOCK

Herrn
Lothar B o r b e

P e e n e m ü n d e I
6453 n

Ihr Zeichen	Ihre Nachricht vom	Unser Zeichen	Tag
		LP/Mu-To.	16.5.1957

Betr.: Ihre Bewerbung bei der Deutschen Seereederei VEB, Rostock

Werter Herr Borbe !

Ihre Bewerbung haben wir erhalten.
In Beantwortung derselben müssen wir Ihnen leider mitteilen, daß zur Zeit keine Neueinstellungen möglich sind, da alle Planstellen besetzt sind und unsere Kaderreserve bereits überfüllt ist.

Zur weiteren, jedoch unverbindlichen Bearbeitung Ihrer Bewerbung, bitten wir Sie beiliegende Unterlagen versehen mit 2 Lebensläufe, 3 Paßbilder und einer Fahrtzeitbescheinigung Ihrer Dienststelle ausgefüllt wieder an uns zurückzusenden.

Nach Eingang und Prüfung Ihrer Unterlagen erhalten Sie weitere Nachricht.

Anlagen

(Mutschler)
Kaderleiter

Fernruf: 7681
Telegrammadresse: Seereederei Rostock
Fernschreiber: 018254
Postschließfach: 188
Telex Schiffsmaklerei: „Schiffsmaklerei Rostock"
Bankkonto:
Deutsche Notenbank Rostock, Konto-Nr. 3424
Code: The New Boe Code
OZ 3180 II 15-17 Cn 2807/56 10

Das letzte Schreiben war vom 16. 5. 1957. Ernüchternd.

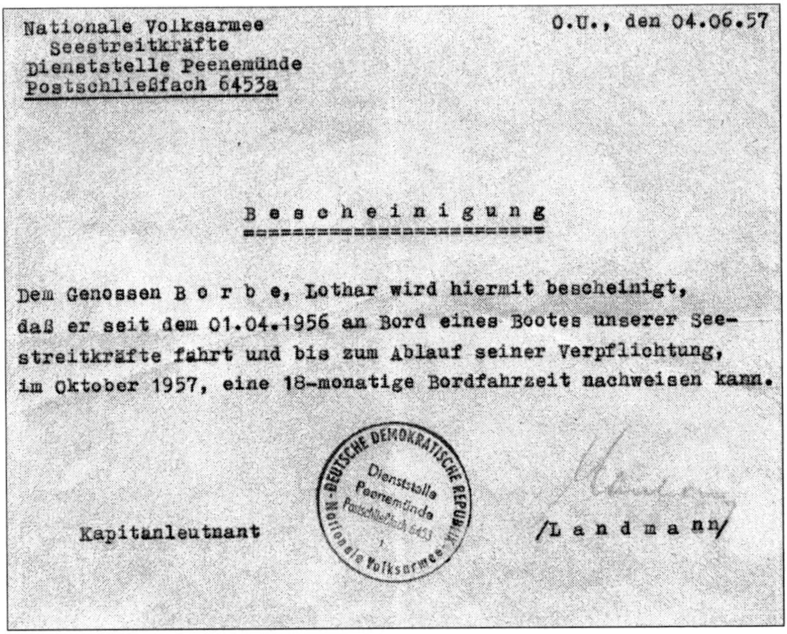

Nationale Volksarmee
Seestreitkräfte
Dienststelle Peenemünde
Postschließfach 6453a

O.U., den 04.06.57

B e s c h e i n i g u n g

Dem Genossen B o r b e, Lothar wird hiermit bescheinigt, daß er seit dem 01.04.1956 an Bord eines Bootes unserer Seestreitkräfte fahrt und bis zum Ablauf seiner Verpflichtung, im Oktober 1957, eine 18-monatige Bordfahrzeit nachweisen kann.

Kapitänleutnant

/L a n d m a n n/

Eine wichtige Bescheinigung

Da ich mir der Sache mit der DSR nicht sicher sein konnte, musste ich bei der Fischerei nachhaken. Sicher ist sicher.

Bei der Fischerei werden immer Leute gebraucht, dachte ich mir. Also, im Fischkombinat bewerben.

Von dort bekam ich ebenfalls abschlägigen Bescheid. Genügend Leute!

Mit Sonja aus Neuenhagen verkehrte ich nur postalisch.

Einmal hatte sie mich zu sich eingeladen hatte. Ich schaffte es nur bis Heringsdorf zu Rudi Ahrendt. Bei ihm wollte ich nur für eine Nacht meine Reise unterbrechen. Es wurden aber mehrere. Sonne, Strand und die vielen neuen Mädchen hielten mich hier fest.

Die Nächte verbrachte ich aber immer allein irgendwo draußen in Strandnähe. Rudi musste morgens zur Arbeit ausgeschlafen sein. Zudem hatte er eine feste Freundin. Das war Renate Urban, die ich auch von Boizenburg her kannte.

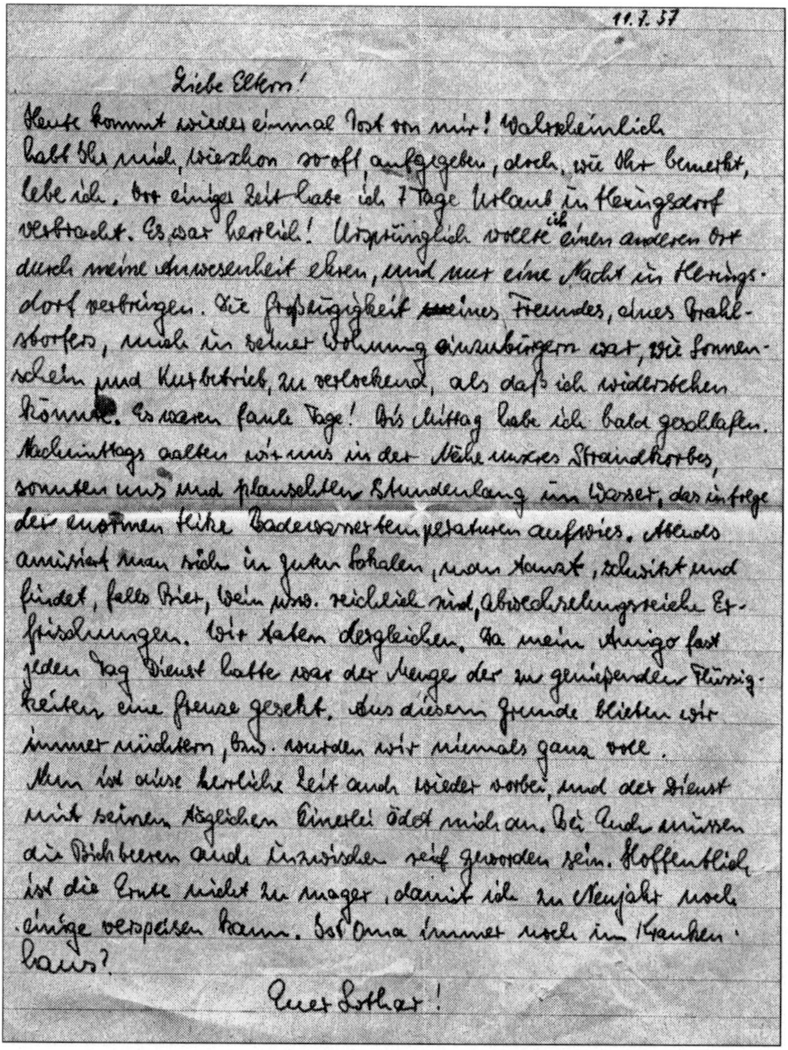
11.7.57

Liebe Eltern!

Heute kommt wieder einmal Post von mir! Wahrscheinlich habt Ihr mich, wie schon so oft, aufgegeben, doch, wie Ihr bemerkt, lebe ich. Vor einiger Zeit habe ich 7 Tage Urlaub in Heringsdorf verbracht. Es war herrlich! Ursprünglich wollte ich einen anderen Ort durch meine Anwesenheit ehren, und nur eine Nacht in Heringsdorf verbringen. Die Großzügigkeit ~~meines~~ Freundes, eines Strahlsdorfers, mich in seiner Wohnung einzubürgern war, wie Sonnenschein und Kurbetrieb, zu verlockend, als daß ich widerstehen könnte. Es waren faule Tage! Bis Mittag habe ich bald geschlafen. Nachmittags aalten wir uns in der Nähe unseres Strandkorbes, sonnten uns und plauschten stundenlang im Wasser, das infolge der enormen Hitze Badewassertemperaturen aufwies. Abends amüsiert man sich in guten Lokalen, man tanzt, schwitzt und findet, falls Bier, Wein usw. reichlich sind, abwechslungsreiche Erfrischungen. Wir taten desgleichen. Da mein Amigo fast jeden Tag Dienst hatte war der Menge der zu genießenden Flüssigkeiten eine Grenze gesetzt. Aus diesem Grunde blieben wir immer nüchtern, bzw. wurden wir niemals ganz voll.

Nun ist diese herrliche Zeit auch wieder vorbei, und der Dienst mit seinem täglichen Einerlei ödet mich an. Bei Euch müssen die Bickbeeren auch inzwischen reif geworden sein. Hoffentlich ist die Ernte nicht zu mager, damit ich zu Neujahr noch einige verspeisen kann. Ist Oma immer noch im Krankenhaus?

Euer Lothar!

Renate wohnte zu der Zeit in Westdeutschland. Ganz gegen den Trend folgte Rudi ihr nicht in den Westen. Renate kam zu ihm! Schließlich heirateten sie und arbeiteten gemeinsam an der Rostocker Universität. Professor Rudolf Ahrendt wurde auch durch die Fernsehserie »Visite« einem großen Publikum bekannt.

Er war sehr beliebt. Welche Ausstrahlung! Er gehört zu den edelsten Menschen, die mir in meinem Leben begegnet sind.

Als ich Sonja später doch einmal in Neuenhagen aufsuchte, da erklärte sie, dass sie inzwischen an einen Müller vergeben ist ...

Mir war das Suchen und Jagen inzwischen über geworden.

Ich wollte die Frau fürs Leben finden und nahm mir vor, innerhalb der nächsten zwölf Monate zu heiraten. Wenn ich von einer Seereise zurückkomme, dann wollte ich an der Pier erwartet werden!

Noch wusste ich nicht einmal, mit wem ich mich verheiraten sollte. Keines der lieben Mädel, die ich bis zu diesem Zeitpunkt und Vorsatz kannte, ist meine Frau geworden.

Von den Leistungen unserer Minenräumboote und deren Besatzungen habe ich ausgiebig berichtet. Außer meinen Zeilen kündet wenig von ihrem Ruhm. Für die Literatur zu langsam? Die schnellen Küstenschutz-Boote, die zum Werfen von Wasserbomben vorgesehen waren, machten dagegen mit ihren mehr als 20 Knoten Geschwindigkeit bei den »Dichtern« mehr Eindruck als unsere behäbigen, bedächtig wirkenden RPi:

Wir fahren mit unseren schnellen
und wenigen Booten hinaus,
und eilen dem Wind und den Wellen,
wie glitzernde Pfeile voraus.
Ja, vorwärts, wir lieben das Leben,
die Feuer der Herzen entfacht,
so ziehen der Heimat ergeben,
die stolzen Geschwader auf Wacht.

So ähnlich lautet der Text. Vermutlich stammt er auch aus der Feder des berühmten »Marinedichters« Heinz Naujokat.

Unsere Räumboote sind lediglich durch eine Sonder- bzw. Spendenmarke der FDJ geehrt worden.

Bei der Nationalen Volksarmee entstanden viele neue Lieder. Aber nach keinem konnte mehr marschiert werden. Alles Kunstlieder mit hohem Anspruch. Bis auf ganz wenige taugten sie nur noch für die Programme der Singegruppen, die sich auch überall in der NVA bildeten.

Zum Marschieren blieben uns noch eine Weile die alten Lieder. »Die Lola«, »Grüß mir die Heimat«, »Kleines Madel von der Ostsee« und auch »Spaniens Himmel«, »Bei Leuna sind viele gefallen« und »Auf, auf zum Kampf«.

Ich habe überhaupt das Gefühl, nach uns wurde kaum noch gesungen. Nie wieder habe ich Soldaten so gut und mit Begeisterung singen gehört, wie wir es taten.

Bernd Renner, mein Kammergenosse, überraschte mich eines Tages mit:

Rosemarie, Rosemarie,
lebe wohl, mein dunkelblondes Kind.
Wir fahren heut auf das Meer,
so jung wir sind.

Das Lied sei von ihm. So sagte er mir ...

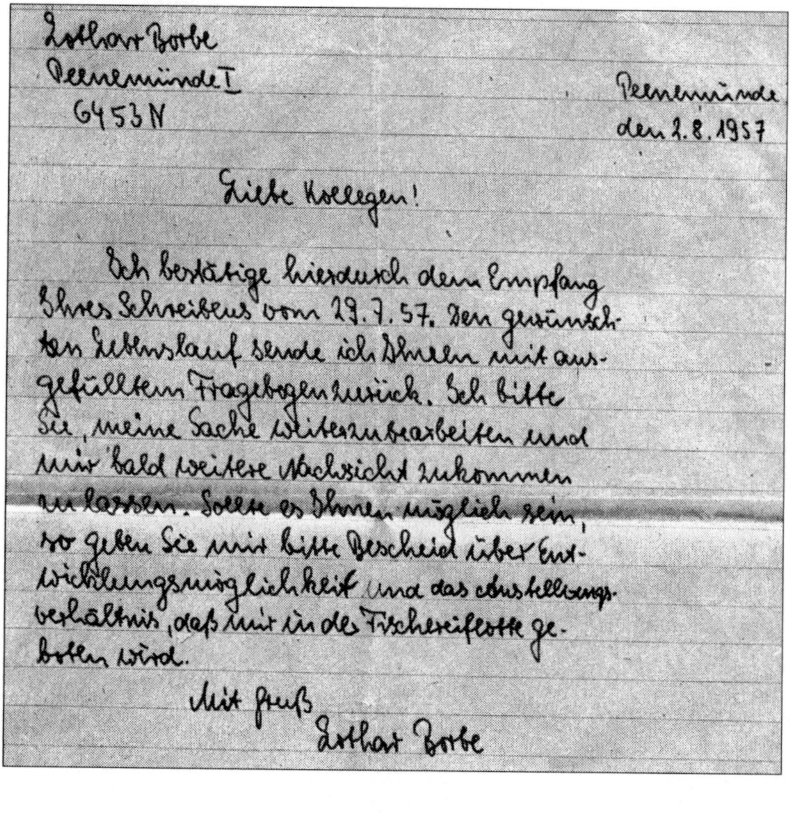

Lothar Borbe
Peenemünde I
G453N

Peenemünde
den 1.8.1957

Liebe Kollegen!

Ich bestätige hierdurch den Empfang Ihres Schreibens vom 29.7.57. Den gewünschten Lebenslauf sende ich Ihnen mit ausgefülltem Fragebogen zurück. Ich bitte Sie, meine Sache weiterzubearbeiten und mir bald weitere Nachricht zukommen zu lassen. Sollte es Ihnen möglich sein, so geben Sie mir bitte Bescheid über Entwicklungsmöglichkeit und das Anstellungsverhältnis, daß mir in der Fischereiflotte geboten wird.

Mit Gruß
Lothar Borbe

Lothar Bobe
Peenemünde I
6453 IV

Peenemünde,
den 2.8.1957

Lebenslauf

Ich bin am 9.2.1934 in Hamburg geboren. Mein Vater war Bäckergeselle in der Eilbeker Großbäckerei Busch. Ab 1941 besuchte ich die Volksschule. Im anglo-amerikanischen Bombenterror, im Juli 1943, wurde unsere Familie totalbeschädigt und evakuierte nach Neuhaus/Elbe zu den Eltern meiner Mutter. Mein Vater war seit 1939 Soldat. So hatte meine Mutter allein Not uns 5 Kinder zu versorgen. Es ist daher verständlich, daß meine Geschwister und ich schon recht früh zu Arbeit und Sparsamkeit angehalten wurden. Bis 1950 besuchte ich die Volks-, bzw. Grundschule und bestand meine Abschlußprüfung mit gut. Mein Wunsch, einen seemännischen Beruf zu ergreifen konnte damals noch nicht berücksichtigt werden. Auf Anraten meines Lehrers, und nach dem besonderen Wunsche meines Vaters, der 1948 aus englischer Gefangenschaft heimgekehrt war, ging ich auf die Oberschule in Boizenburg/Elbe. Hier vollzog sich in 4 Jahren

ein wesentlicher Abschnitt meiner Entwicklung.
Neben einer umfangreichen allgemeinbildenden
Lehre wurden wir für das Neue erzogen und
für die politischen Ereignisse interessiert.
Ich wurde Mitglied der FDJ und der Gesell-
schaft für deutsch-sowjetische Freundschaft.
Am I. Deutschlandtreffen und an den III. Welt-
festspielen habe ich teilgenommen. Gegen
Ende meiner Schulzeit trat wiederum die
Frage einer rechten Berufswahl an mich her-
an. Ich entschied mich wieder für den See-
mannsberuf. Nach bestandenem Abitur ver-
pflichtete ich mich zum Schutze und zur
militärischen Stärkung der Republik 3 Jah-
re in der Volkspolizei zu dienen. Ich durch-
lief in der Volkspolizei-See und später in den
Seestreitkräften die übliche Art der Ausbil-
dung und fahre seit April 1956 als Ruder-
gänger/Signäler auf einem Räumboot. Als
FDJ-Bootssekretär bin ich am gesellschaftli-
chen Leben interessiert und leiste meinen Bei-
trag bei der politischen Erziehung jüngerer
Genossen. Nach Ablauf meiner Verpflich-
tung werde ich 18 Monate praktische
Fahrzeit nachweisen können.

Lothar Zorbe

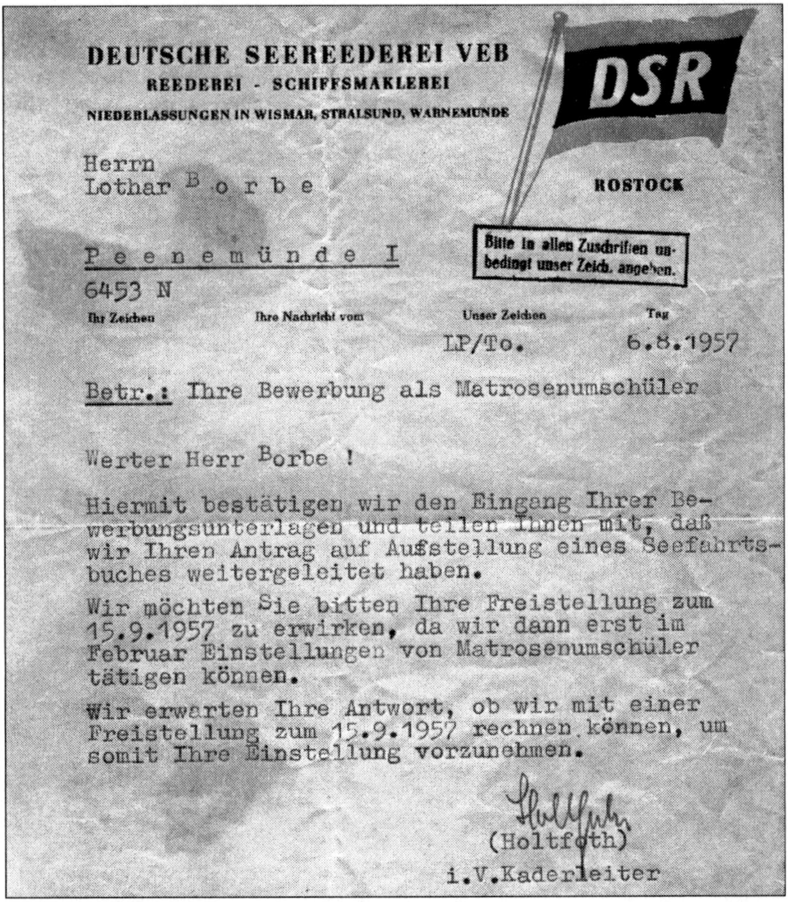

DEUTSCHE SEEREEDEREI VEB
REEDEREI - SCHIFFSMAKLEREI
NIEDERLASSUNGEN IN WISMAR, STRALSUND, WARNEMÜNDE

DSR

ROSTOCK

Herrn
Lothar Borbe

Peenemünde I
6453 N

Bitte in allen Zuschriften unbedingt unser Zeich. angeben.

Ihr Zeichen	Ihre Nachricht vom	Unser Zeichen	Tag
		LP/To.	6.8.1957

Betr.: Ihre Bewerbung als Matrosenumschüler

Werter Herr Borbe !

Hiermit bestätigen wir den Eingang Ihrer Bewerbungsunterlagen und teilen Ihnen mit, daß wir Ihren Antrag auf Aufstellung eines Seefahrtsbuches weitergeleitet haben.

Wir möchten Sie bitten Ihre Freistellung zum 15.9.1957 zu erwirken, da wir dann erst im Februar Einstellungen von Matrosenumschüler tätigen können.

Wir erwarten Ihre Antwort, ob wir mit einer Freistellung zum 15.9.1957 rechnen können, um somit Ihre Einstellung vorzunehmen.

Holtfoth
(Holtfoth)
i.V.Kaderleiter

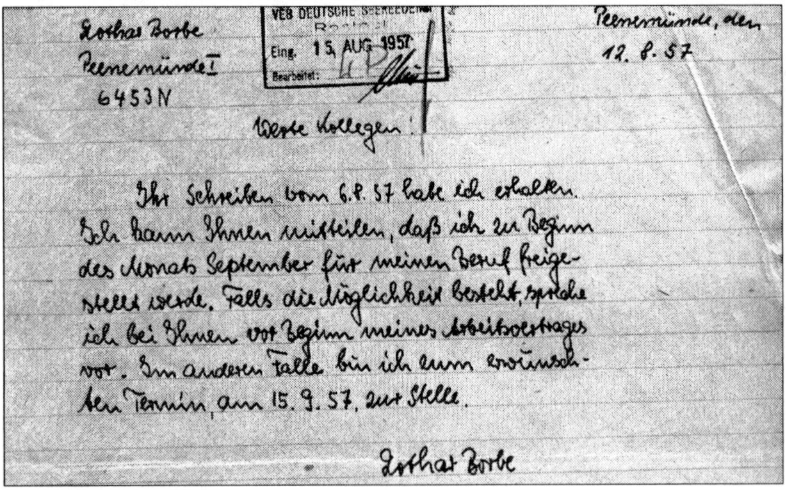

Lothar Borbe
Peenemünde I
6453 N

VEB DEUTSCHE SEEREEDEREI
Rostock
Eing. 15. AUG 1957
Bearbeitet: LP

Peenemünde, den
12. 8. 57

Werte Kollegen!

Ihr Schreiben vom 6.8.57 habe ich erhalten. Ich kann Ihnen mitteilen, daß ich zu Beginn des Monats September für meinen Beruf freigestellt werde. Falls die Möglichkeit besteht, spreche ich bei Ihnen vor Beginn meines Arbeitsvertrages vor. Im anderen Falle bin ich zum erwünschten Termin, am 15. 9. 57, zur Stelle.

Lothar Borbe

Von der Räumzulage konnte ich mir nun auch Zivilklamotten kaufen. Das wurde ja auch höchste Zeit!

Mein Pepita-Anzug Größe 48 passte wie maßgeschneidert. Dazu ein heller Trenchcoat, Hut, braune Halbschuhe. Als ich in dieser Ausstattung, wie ein Dandy ausstaffiert, ins Objekt zurückkam, erregte ich ein gewaltiges Aufsehen. Ich besaß doch keine Zivilerlaubnis! Die gab es sowieso nie.

Ich hatte aber Glück, dass selbst der Abteilungschef Mitgefühl zeigte und mich nur ermahnte, mir nicht noch in den letzten Tagen Ungemach einzufangen. Ich versprach ihm auch, das »nicht wieder zu tun«.

Ich hatte, um ehrlich zu sein, sowieso noch so viele unentdeckte »Bolzen« auf meinem Kerbholz. Sie würden ausreichen, mich einige Wochen »nachsitzen« zu lassen. Es ist aber nichts herausgekommen. Die meisten meiner »Bolzen« haben sich als wirkliche »Intelligenzbolzen« erwiesen.

Herrn
Lothar B o r b e

N e u h a u s / Elbe
Kirchstr. 16

20.8.1957

LP/Ho/Pu

Betr.: Ihre Einstellung als Matrosenumschüler

Erfreulicherweise können wir Ihnen mitteilen, daß wir bereit sind, Sie am 16.9.1957 in unserem Betrieb als Matrosenumschüler einzustellen. Wir bitten Sie, zum o.g. Termin in unserer Kaderabteilung, Rostock, Lange Str. 6, zu erscheinen.

Mitzubringen sind Gegenstände für den persönlichen Bedarf sowie alle Um- und Abmeldungen (G-Abmeldung, Abmeldung von den Massenorg.). Eine polizeiliche Abmeldung ist nicht erforderlich.

VEB Deutsche Seereederei

(Mutschler)
Kaderleiter

So konnte ich mich am 11. August 1957, auf den Tag genau drei Jahre nach Dienstbeginn »bei der Fahne«, von Peenemünde, von der Küstenabschnittsflottille I und von den »bewaffneten Organen« allgemein verabschieden.

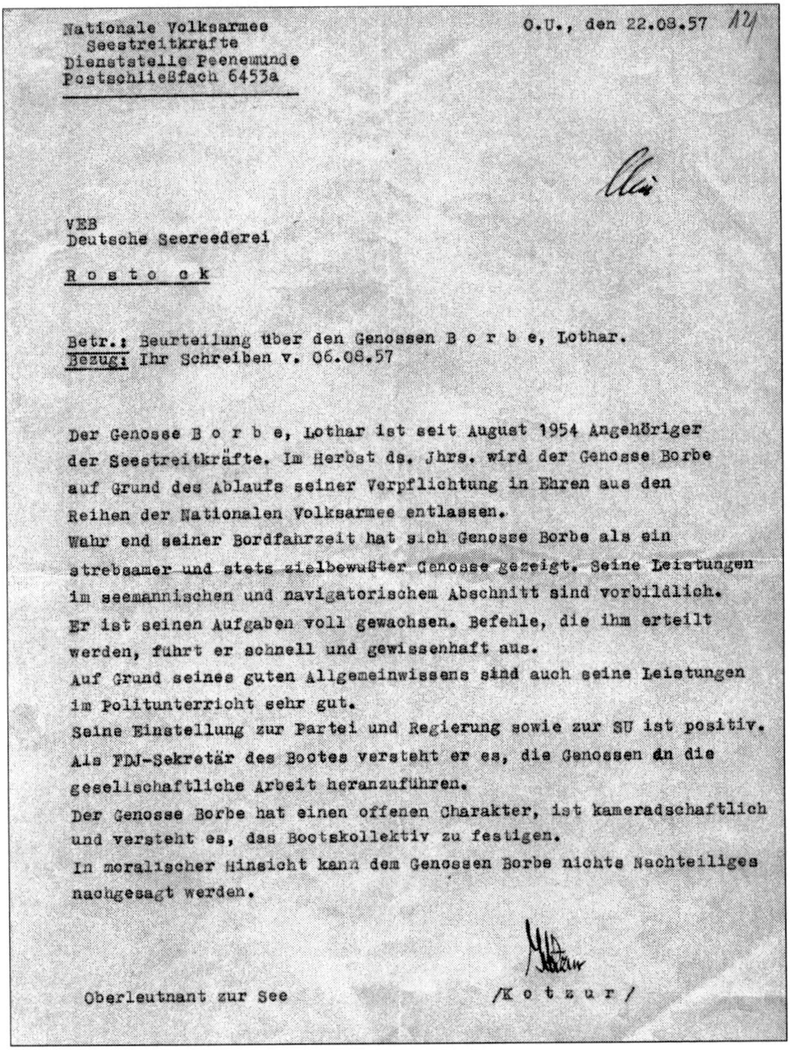

Nationale Volksarmee
Seestreitkräfte
Dienststelle Peenemünde
Postschließfach 6453a

O.U., den 22.08.57 12

VEB
Deutsche Seereederei

R o s t o c k

Betr.: Beurteilung über den Genossen B o r b e, Lothar.
Bezug: Ihr Schreiben v. 06.08.57

Der Genosse B o r b e, Lothar ist seit August 1954 Angehöriger der Seestreitkräfte. Im Herbst ds. Jhrs. wird der Genosse Borbe auf Grund des Ablaufs seiner Verpflichtung in Ehren aus den Reihen der Nationalen Volksarmee entlassen.
Wahr end seiner Bordfahrzeit hat sich Genosse Borbe als ein strebsamer und stets zielbewußter Genosse gezeigt. Seine Leistungen im seemannischen und navigatorischem Abschnitt sind vorbildlich.
Er ist seinen Aufgaben voll gewachsen. Befehle, die ihm erteilt werden, führt er schnell und gewissenhaft aus.
Auf Grund seines guten Allgemeinwissens sind auch seine Leistungen im Polituntерricht sehr gut.
Seine Einstellung zur Partei und Regierung sowie zur SU ist positiv.
Als FDJ-Sekretär des Bootes versteht er es, die Genossen an die gesellschaftliche Arbeit heranzuführen.
Der Genosse Borbe hat einen offenen Charakter, ist kameradschaftlich und versteht es, das Bootskollektiv zu festigen.
In moralischer Hinsicht kann dem Genossen Borbe nichts Nachteiliges nachgesagt werden.

Oberleutnant zur See /K o t z u r/

Meine Beurteilung

Am 15. September 1957 meldete ich mich in der Kaderabteilung der DSR im alten Wasserstraßenamt in der Langen Straße bei Gerda Holtfoth.

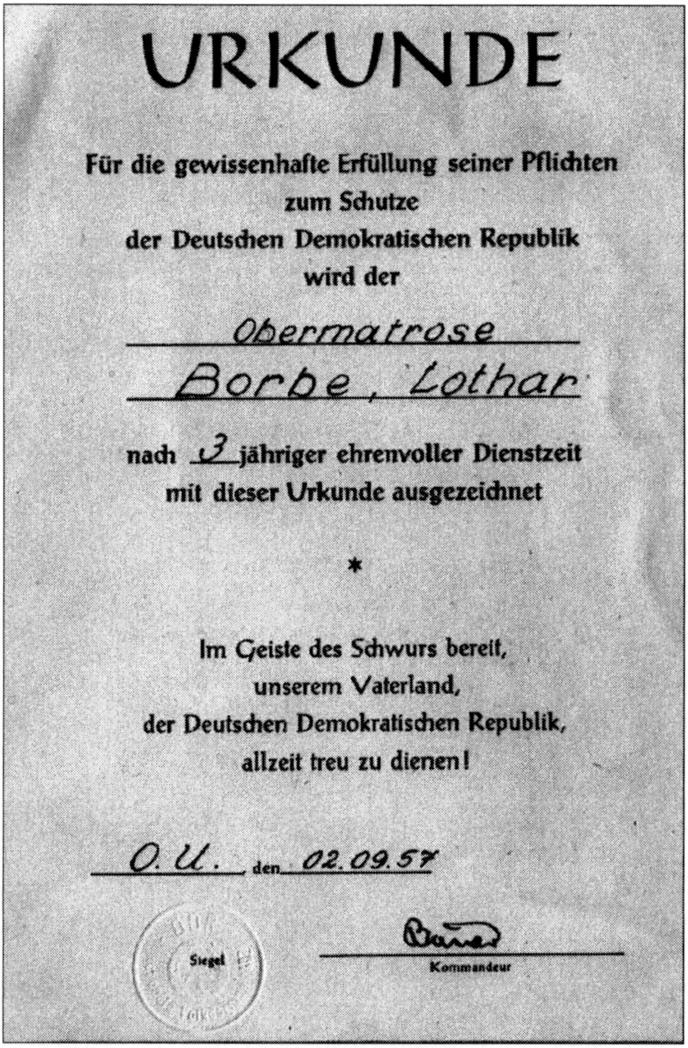

URKUNDE

Für die gewissenhafte Erfüllung seiner Pflichten
zum Schutze
der Deutschen Demokratischen Republik
wird der

Obermatrose

Borbe, Lothar

nach 3 jähriger ehrenvoller Dienstzeit
mit dieser Urkunde ausgezeichnet

*

Im Geiste des Schwurs bereit,
unserem Vaterland,
der Deutschen Demokratischen Republik,
allzeit treu zu dienen!

O. U. den 02.09.57

Siegel

Kommandeur

In Rostock trat Inge Toska in mein Leben. Sie war Sekretärin in der Kaderabteilung. Manch ein Schreiben aus dieser Abteilung trug ihr Kürzel »To«. Es ist uns erst später bewusst geworden, dass sie mich bereits lange vor unserer ersten Bekanntschaft »gekannt« hatte.

Sie ist meine Ehefrau geworden. Mit ihr erlebte ich endlich auch, wie einfach es doch ist, glücklich zu sein.

Glück – das ist, wenn man morgens erwacht mit einer Hand auf der Brust – und es ist nicht die eigene ...

Neuer Anfang

Tags darauf, am 16. September, begann in den Baracken der Matrosenschule der Deutschen Seereederei Rostock-Dierkow wieder ein neuer Lebensabschnitt. Mit zumeist ehemaligen Obermatrosen, Maaten, Obermaaten, Obermeistern, aber auch einigen jungen Offizieren der Seestreitkräfte bildeten wir eine sehr lustige Schulklasse.

Auch diesen Schritt auf den wahren Ernst des Lebens machten wir mit großem außerschulischen Eifer.

An unsere »Schulbubenstreiche« erinnere ich mich gern. Ebenso an die Kameraden aus dieser Zeit: an Gerhard Engel, Joachim Rudek, Herrmann Sack und Gottfried Bauer, an Joachim *Acki* Kern, Volkmar Holzapfel, Karl-Heinz Wilken und Jochen Täufel, an Witold Skuderis, Hartmut Fischer und Peter Kupke (war damals Lehrer), an Klaus Sadewasser, Fritz Hinderer, Karl-Heinz Zinck und Peter Weinhold, an Karl-Heinz Krüger, Manfred Adolph, an Konny Kaiser und Heinz Wagner, auch an Neutschel, Kruse, Bergen und Prepenz.

Die meisten sind der Seefahrt lange treu geblieben. Wie ich, wären sie selbst ohne einen Pfennig Lohn zur See gefahren. Wir waren Idealisten, Enthusiasten, Romantiker. Uns einte der unbändige Wille, zur See zu fahren. Und wir haben es nie bereut! Trotz der mäßigen Entlohnung von anfänglichen 315 DM! Brutto!

Die DDR-Währung nannte sich damals auch DM (Deutsche Mark der Deutschen Notenbank). Sie galt in der DDR vom 31. Oktober 1951 bis zum 31. Juli 1964. Danach, bis zum 31. 12. 1967, MDN (Mark der Deutschen Notenbank). Vom 1.1. 1968 bis zum 30. 6. 1990 M (Mark der Deutschen Demokratischen Republik).

Neben uns Umschülern lebten auch die ersten Matrosenlehrlinge der DSR in den Dierkower Baracken. Manch einen von ihnen, so Hans-Herrmann Diestel, Manfred Schild, Schwarck, Faulian, auch den Warnemünder Schwertfeger, habe ich später noch oft und mit Freude wiedergetroffen.

Meine Boizenburger Lehrer aber habe ich demgegenüber nach meinem Abitur kaum noch zu Gesicht bekommen.

Auf einer Zugfahrt von Peenemünde nach Boizenburg traf ich einmal den Mathe-Lehrer Walter Kuhn. Er hatte mein »mathematisches Talent« nicht vergessen und wunderte sich, wie ich mich dennoch bei der Marine durch die nautische Mathematik manövrierte.

Bei einem meiner Boizenburg-Besuche »gestand« mir mein alter Lehrer *Schipper* Mewes, dass in meiner 1954er Abi-Klasse die letzten interessanten Schüler der Boizenburger Oberschule gewesen sind.

Ob uns die militärischen Vorgesetzten aus Stralsund und Peenemünde in ähnlicher Weise in Erinnerung behalten haben? Ich bin mir sicher, auch bei der Marine haben wir »Zeichen« gesetzt.

Alle Versuche, auch *Pauker* Vick anzutreffen, scheiterten. Aber immer, wenn ich in Boizenburg war, schrieb ich ihm eine Nachricht auf die Schiefertafel, die neben seiner Wohnungstür hing.

Viele Jahre später habe ich durch seinen Sohn, MR Dr. Jochen Vick aus Erfurt, Boizenburger Abiturient des Jahres 1950, diese Antwort erhalten:

Erfurt,den 16.o4.2oo5

Lieber Herr Borbe!

Sie werden mich sicherlich für sehr undankbar halten,daß ich erst jetzt dazukomme,mich für Ihre sehr schöne Liebesgabe,Ihr neues Buch "auf der Penne",zu bedanken.Sie haben mir damit eine sehr große Freude bereitet.Mein spätes Bedanken hat einen Grund (mein Vater sagte dazu immmer:Gründe gibt es nicht-es gibt nur mehr oder minder plausible Ausreden...)Also bleiben wir bei letzterem. Ich war eine zeitlag krank.Wenn man in die fortgeschrittene Jugendzeit kommt (das Alter beginnt viel später) muß man gelegentlich seiner Gesundheit leic hte Tribute zollen.Und fü r den Laien ist es immer wieder versönlich,wenn ein Medizinmann auch mal erkrankt und nur ein gewöhnlicher Sterblicher ist.Inzwischen ist aber wieder alles ausgestanden.Die alten Leiden sind natürlich weiter am Ruder.Auf die meist rethorisch gestellte Frage:"Wie geht es Ihnen?" antworte ich sterotyp:"Dank für die Nachfrage.Seit wir uns das letzte Mal sahen,ist nichts Neues hinzugekommen."und dieser status quo ante ist ja auch zu akzeptieren.Ich vergleiche mich mit meinen zahlreichen Leiden immer mit einem Mehrfamilien-Hausbesitzer, der einige stinkige Mietparteien im Hause hat,sie aber auf legalem Wege nicht herausklagen kann und sich so arrangieren muß.

Doch genug der philosophischen Exkurse.Über Ihr Buch habe ich mich riesig gefreut (den Gebrauch eines solchen Adverbs hätte Vater dick mit roter Tinte unterstrichen) und so will ich lieber ihn zitieren: "Ick heff mi döver dull gehögt"-eine Sentenz,die man nicht ins Hochdeutsche übersetzen kann,knapp ausdrückt:mit großem inneren Behagen,Schmunzeln und viel Freude gelesen.Plastisch stand wieder meine schöne Jugend-und Schulzeit vor mir.Das Alter hat ja den großen Vorzug,daß viele negative Aspekte durch das Sieb des Erinnerns fallen und gottlob nur die schönen Dinge vor allem haften bleiben.Natürlich erlebte vor allem meine Klasse die gewaltigsten Umbrüche,ja auch Verwerfungen.Wir waren ja ein bunt zusammengewürfelter Haufen,Einheimische,Zugereiste und Umsiedler=Flüchtlinge. Zunächst gab es ja nur eine Mittelschule und dann ab 1947 die ersten zaghaften Anfänge einer Oberschule.Die Lehrkräfte rekrutierten sich aus befähigten Mittelschullehrern aus Boizenburg und zahlreichen "Quttjes" - Zugereisten,unter denen natürlich eine gewaltige Fluktuation herrschte.An manchen Tagen betrat man morgens den Klassenraum und war schier gespannt,welch neues Gesicht wohl nun wieder das Katheder besteigen werde.Und dazu die Politik,die ja nahezu alles zu beherrschen suchte.Auch hier hatte mancher so seine Schwierigkeiten.Ich nicht ausgenommen,war ich doch über 3 Jahre auf der NPEA Schulpforta Alumnus (übrigens eine der besten deutschen Lehranstalten,wie Ihnen noch heute unisono alle alumnes portenses quondam bestätigen werden.

Der "Bulle" bekam natürlich schnell Wind von meiner bräunlich tingierten Vergangenheit,was einem näheren freundschaftlichen Verhältnis natürlich im Wege stand.Übrigens wurde mein Vater natürlich beim"Bullen" mit seiner Aversion in Sippenhaft genommen.

Nichtsdestotrotz waren auch wir jung.Auch wir spielten Handball und gewannen gegen die POS (hieß das damals schon so?) Hagenow und es gibt ebenfalls wie in Ihrem Buch ein Bild unserer Klasse, natürlich vestärkt durch einige Jüngere,nach einem Sieg über die Rivalen aus der Kreisstadt mit 12:7.Und zu unserer Zeit gab es in dem Internat,in dem sie 4 Jahre verbrachten,die gemeinsame Unterkunft für Jungen und Mädchen.Die Trennung kam offensichtlich erst 195o zustande.Ob zu meiner Zeit mehr Mädchen als Jungen im Internat waren,vermag ich nicht mehr mit Sicherheit zu sagen.Das Refugium hieß jedoch allgemein: das "Backfischaquarium",was wohl mehr dafür spricht,daß die Weiber in Überzahl waren.Aber was waren das auch für exorbitante Exemplare!Alle nahezu mit Modelmaßen-und schlagkräftig! Und nicht nur mit dem Maul!Ruthchen Priebe hat einmal einem aus unserer Oberprima,der ihr offensichtlich zu nah an die Wäsche wollte,ein paar prächtige Backpfeifen verabfolgt,was in der nächsten Schülerzeitung folgendermaßen kommentiert wur (u.a.)..."Die Hiebe von der Priebe Ruth,die tun Euch allen einmal gut!"Ich bin zu meinem großen Glück an eine weniger gewalttätige Aphrodite geraten,die mir den goldenen Apfel überreichte,und wir haben uns treu und ehrlich 3 lange Jahre geliebt,bis daß das Abitur uns schied.Natürlich wußten auch wir über illegale Zugangswege zum Backfischaquarium und um geheime Schlüssel.Dieses Wissen wurde dann an die nachfolgenden Generationen unter dem Siegel der Verschwiegenheit weitergegeben.Gott,waren das schöne Zeiten.

Genug der Schwelgerei.Also zu Ihrem Buch,der sehr erweiterten 1.Auflage,gratuliere ich Ihnen herzlich und wünsche ihm eine weite Verbreitung.Ich habe auch schon Reklame dafür gemacht:ich hatte etwas mit der Leiterin des Boizenburges Heimatmuseums telephonisch zu besprechen und sie u.a.auf Ihr Buch hingewiesen.Sie will unbedingt zur Signierstunde anläßlich der 75o-Jahrfeier Sie aufsuchen.

Viele der seit 195o tätigen Lehrer habe ich nicht mehr als Schüler erlebt.Ich kanne sie nur vom Hörensagen aus den Reden meiner Eltern. Ich lege Ihnen noch ein paar Photos bei,zu denen ich keinerlei Kommentare über Jahrgang oder Personen machen kann.Vielleicht gelingt es Ihrem detektivischen Scharfsinn,etwas zu eruieren.

Ganz herzlich möchte ich mich bedanken für die liebevolle Würdigung meines alten Herrn,die einen breiten Raum in Ihrem Buch einnimmt. Vater hatte unzählige Schnäcke auf Lager.Einer kursierte jahrelang: Zu einem pubertierenden Schüler,dem der erste Flaum gewaltig sproß, was dem aesthetischen Empfinden meines Vaters widersprach,sagte er kurzerhand:"Du möst Di ok mal rasieren-Du süst ut as'n beruhriepten Gösselnoors!"Ins Hochdeutsche kann man das nicht übersetzen,oder halten Sie einen "berauhreiften Gänsekükenarsch"für literarisch praktikabel?

Und nun noch ein kleiner Epilog auf meine so geliebte Heimat- und Geburtsstadt.Sie haben Boizenburg ja nur als verlorene und verlassene Grenzstadt,einen der westlichen Zipfel der sowjetischen Besatzungszone und später benamsten DDR erkennengelernt. Ich aber kenne Boizenburg noch im vollen Glanze.Die Elbewerft und die Wandplattenfabrik boten vielen guten Lohn und Brot.Handel und Wandel blühten.Man kann mit Fug und Recht behaupten.Boizenburg wurde zu einem Vorort Hamburgs!Zwar gehörten wir natürlich territorial zu Mecklenburg und waren auch mit Herz und Hand die eifrigsten Patrioten-unser Nebenleben spielte sich aber eindeutig in Hamburg ab.Niemand kam auf den Gedanken,etwa in Schwerin ins Theater zu gehen oder dort einen Einkaufsbummel zu unternehmen. Dazu fuhr man ins gleichweit entfernte Hamburg.Nach Schwerin fuhr nur,wer auf einem Ministerium etwas zu richten hatte,wie der Wiener sagt,und davor hütete man sich in Boizenburg.Und ich kann mich an meine grünste Jugendzeit,noch durch keine gesicherten geographischen Kenntnisse getrübt,erinnern,daß Schwerin weit,weit hinter dem Monde lag,Hamburg hingegen greifbar nahe.Und die Hamburger dankten es uns. Ihre gestreßten (das Wort gab es natürlich noch nicht) Bewohner suchten zurRestitution ihrer angeschlagenen Nervenkostüme Oasen der Gemütlichkeit und der Ruhe-und die fanden sie in Boizenburg. Die Stadt war sauber und gepflegt,hatte ein herrliches Flair,bot beste Ausflugmöglichkeiten in die nähere und weitere Umgebung per pedes,Fahrrad,Eisenbahn,Bus und vor allem mit dem Dampfer,dertäglich von Hamburg bis nach Hitzacker verkehrte.Und man konnte natürlich auch die etwas weitere Umgebung besuchen,die Lüneburger Heide. Ratzeburg und Mölln.Und so kam es,daß Boizenburg,ein 7.ooo-Seelen-Nest,allein über 7 große Hotels verfügte,Paul Hesses "Mecklenburger Hof" mit einem großen Saal,Herold's großes Hotel,das Erste Haus am Markt (zu Ihrer Zeit später das VPKA),Kisselbach's Hotel "Stadt Hamburg" mit großer Kegelbahn,die Pension "Bertha",Nagel's Hotel und das Schützenhaus,an dem Sie täglich mehrmals vorbeigingen,mit seinem großen Saal für 7oo Personen und der Veranda,die 15o faßte, und natürlich nicht zu vergessen das **"Kurhaus am Schloßberg"**,wohl Boizenburgs erste Adresse,das spätere Internat,in dem Sie vier prägende Jahre Ihres Lebens verlebten.1927 erwarb die Stadt das gesamte Areal des bis dato privaten Schloßberges und gestaltete es um zum Stadtpark,einem wahren Kleinod mit dem herrlichen Baumbestand,mit Boquetten von Rosen und einheimischen und exotischen Bäumen und Sträuchern,der alte Burggraben eine Augenweide,und auf ihm tummelten sich zahlreiche exotische Enten.Und die Hoteliers warben mit ihren "civilen" Preisen.So kostete im Jahre 1931 eine Übernachtung mit Frühstück zwischen 2.-RM und in den 4-Sterne-Hotels 3,5o.-RM.Ich habe diese Zeiten noch miterlebt,Und in den Straßen und Gassen wurde neben dem behäbigen mecklenburger Platt stets auch das etwas singende Hamburger Platt gesprochen.Es war eine idyllische Welt. Ihr Internat wurde also primär als Kurhotel gebaut.Die Besitzer der Elbewerft wohnten zu dieser Zeit direkt am Eingang zur Werft.

Und dann gab es noch das Boizenburger Fährhaus am Ende des Hafens, der von der Einmündung der dem Orte den Namen gebenden Boize in die Elbe durch den Hafendamm getrennt war.Zugang zum Fährhaus hatte man offiziell über einen Weg,der von den 4 Aposteln zur Elbe führte, den aber niemand benutzte.Man ging einfach durch das Gelände der Schiffswerft,vorbei an schweißenden Arbeitern und unter hängend transportierten gewaltigen Lasten.Wer sich die Rübe stieß,hatte selb er Schuld,doch gab es nie bemerkenswerte Unfälle.Entschädigt wurde man dafür aber nach kurzem Weg durch den Aufenthalt am Fährhaus.Unter uralten Kastanien saß man draußen und konnte die Ruhe und Stille genießen.Und dann konnte man den regen Schiffsverkehr auf der Elbe beobachten,die fleißigen Schlepper,die 5 - 6 bis zur Laufplanke schwer beladene Kähne mühsam stromaufwärts schleppten.Ihnen begegneten wiederum Schlepper,die beladen waren mit Gütern aus der Tschechei,meist von Aussig kommmend.Und dann die Aufregung,wenn die Dampfer der Lauenburgischen Flotte anlegten und die Menschenmassen ausgeschifft wurden.Das war schon ein Vorgriff auf die Traumschiffserien im Späteren Fernsehen.Fährmann Schulz trug dann eine ordentliche Hafenkapitänsuniform mit einer Schirmmütze,die der eines Admirals in nichts nachstand.Ansonsten bewirtete er seine Gäste im Buscherump. Und der Zuspruch zu seiner Gaststätte war enorm.Es hatte sich in kürzester Zeit herumgesprochen in ganz Norddeutschland,daß Mutter Schulz einen unübertreffbaren Platenkuchen buk,der durchaus eine ernsthafte Konkurrenz zur Wiener Sachertorte war.Und auch das Essen war vorzüglich.Zwar gab es keine französisch etikettierten Spezialitäten,über deren Ingredientien man nichts Näheres in Erfahrung bringen konnte und man zumeist überrascht war,was man bei der Servierung erhielt.Nein,es gab deftige Mecklenburger Hausmannskost und man bekam das,was man bestellt hatte.in Topqualität.Schulz selbst ruderte seine Gäste auch über die ca.3oo m breite Elbe,damit sie ins Hannöversche kamen,im Boizenburger Jargon "jauer Sid" genannt.Und ging man durch das Wiesenvorland bis an den hohen Deich,natürlich in Ida Neunert's Krug,einem gastronomischen Gourment-Tempel,der Schulz allerdings keinerlei Konkurrenz machte.Im Gegenteil.man schusterte sich die Gäste gegenseitig zu.Und im Winter saß man am gemütlich warmem Ofen im Hafenkrug.Und wenn die Elbe zugefroren war-sie fror nie zu,sondern in ihrem Oberlauf,bereits in der Tschechei,bildeten sich kleine Eisschollen,die auf ihrem ferneren Lauf gewaltig an Größe zunahmen,sich an den Brückenpfeilern der Lauenburger Elbbrücke stauten und aufeinander schoben.Fährmann Schlütz schlug den meist über einen Meter hohen Platten dem Knaben gleich,der Diesteln köpft,die aufragenden Kronen ab,und schuf so einen begehbaren Weg,der sich von einem Elbufer zum anderen schlängelte und täglich mit Sand abgestumpft wurde. Und nun konnten die Boizenburger trockenen Fußes ins Hannöversche gelangen,und nun spielte die Hannöverschen Bauern am Wochenende mit den Boizenburger Ackerbürgern immer umschichtig in Hannover oder Mecklenburg Dopelkopf und Skat um die Zehntel.

Friedrich Torberg,der kongeniale Übersetzer von Ephraim Kishon ins Deutsche und selbst ein bedeutender Schriftsteller,bemerkte ebenso wie sein Freund v.Herzmanovsky,daß man den Untergang des Individuellen in der Neuzeit auch daran erkennen könne,daß es keine Originale mehr unter den Menschen gäbe.Kisch hat ihnen ja so liebevoll in seinen Prager Erinnerungen ein Denkmal gesetzt. Aber auch Boizenburg hatte noch in meiner Jugendzeit solche Originale:die beiden Damen Lohse,fossile Rudimente aus der Praebiedermeierzeit,ein unverwechselbares Pärchen,die eine lang,dürr,die andere klein und dick.Sie waren ein weiblicer Prototyp und Vorgriff auf Pat und Paterchon und Dick und Doof;oder Herr Wiegel mit der Kanone,keine Angst,kein martialischer Kriegstreiber oder Revoluzzer.Nein,Wiegel reinigte die Boizenburger Plumpsklos,von denen es eine ganze Menge gab.Er war der Outlaw Boizenburgs.Er litt fast unter einem pathologischen Waschzwang-aber er mochte sich baden und duschen,bis daß das Fell abging und seien Corpus anschließend mit einem Liter Eau de Cologne übergießen-er stank dennoch nach kurzer Zeit wieder penetrant nach Scheiße.Oder"Düwels Meiers Mudder",eine vom Alter und dem Morbus Bechterew fiedelbogenartig gebeugter wirklich einer Hexe aussehenden Alten,die mit einem hochrädrigem Kinderwagen-an ihren Leib hat sich mit Sicherheit auch in jungen Jahren niemand zwecks Erhaltung der Menschheit herangetraut-durch Boizenburg fuhr,immer uaf der Lauer liegend,um Pferdeäppel einzusammeln.. Die karrte sie dann in ihren Garten im Ellerholz,und dort düngte sie ihre uralten Apfel-und Birnbäume,die ihr die Zuwendung und Liebe mit dem köstlichsten Obst dankten.Und es ging die Mär,daß sie jedes Jahr mehrere Säcke an den Großherzoglich-Mecklenburgischen Hof lieferte-sie war also Hoflieferantin.Ob Dörchleuchting wohl jemals erfahren hat,wodurch das Aroma der Äpfel und Birnen enstandnen war, die er mit so großem Genuß verzehrte!Düwels Meiers Mudder hatte auch noch einen Vater,der wohl zeitlebens in einem Alkoven gelegen hat. Niemand hat ihn je zu Gesicht bekommen außer dem "Rostocker Perfesser" Richard Wossidlo,der Mecklenburger Sagen,Märchen und Gebräuche sammelte.Er besuchte also seinen Bekannten,den Lehrer Hans Vick,und ging dann zum Interview zu Düwels Meiers Vadder.Nach 15 Minuten Interview war der Herr Professor wieder bei uns.Es wa r nicht möglich, ohne Gasmaske länger in Düwels Vadders Zimmer sich aufzuhalten,das seit Jahrzehnten nicht gelüftet worden war und Wossidlo die verquollenen Fensterruten nicht zu öffnen vermochte.Da der Uralte aber so plastisch zu plaudern verstand,unternahm Wossidlo noch mehrere Anläufe,bis auch unsere Wohnung penetrant nach Höllenfürstendüften stank und meine Mutter sich energisch weitere Besuche des Rostocker Professors verbat-natürlich nur ihrem Hans gegenüber.

Doch nun habe ich mich arg verplaudert.Ich könnte noch stundenlang über das alte Boizenburg plaudern,aber ichwill Ihnen mit Ihren herrlichen Buch über Ihre Kindheit in Neuhaus keine Konkurrenz machen.also Schluß damit und verzeihen Sie einem alten Herrn,daß er so in seinen Reminiscentien herumkramte.

Den Rest des Briefes schreibe ich auf der Rückseite.Ich befürchte daß es sonst ein Päckchen wird,und die heutigen Postgebühren würden meinen bescheidenen Rentenetat überschreiten und das Elaborat käme nie bei Ihnen an.

Noch ein kurzer Hinweis auf 2 Personen,die sie erwähnen:

Lotti Frömke heißt eigentlich Lieselotte Guhl,Sie ist die ältere Schwester von Jochen Guhl,der ja später dem Boizenburger Lehrkörper angehörte.Nach ihrem Abgang aus der Boizenburger Mittelschule-sie war also nie auf der Oberschule-heiratete sie bald Jochen Frömke,den Sohn eines Boizenburger Ackerbürgers.Sie lebt heute auf einem Bauernhof in Streitheide.Ihr Mann ist schon vor einigen Jahren gestorben.Sie war eine allseits sehr beliebte Mitschülerin und wurde stets zu unseren späteren Klassentreffen als willkommener Gast eingeladen.

Paul Basedow - wohnt jetzt in Neetze bei Lüneburg - hat mit der Boizenburger Oberschule überhaupt nichts zu tun.Er ist um einige Jahre älter als wir,ging nach der Mittleren Reife ab und arbeitete bei der Fa.Knaack "as Kaffschriewer",wie Vater sagte.Paul suchte immer Anschluß an die Oberschüler.1948 ca.ging er nach Rostock an die ABF,um sein Abitur nachzumachen.Als wir 195o die Alma Mater in Rostock bezogen,schlug Pauls große Stunde,war er doch schon ein alteingesessener Rostocker und konnte uns Küken bemuttern.Das dauerte aber nur einige Tage,und die sorgsam gesponnenen Fäden rissen wieder ab.Paul ging dann bald nach Bayern.

Über die Lehrer Hohenner und Oskar Tennigkeit kann Ihnen Günther Glaubitz noch Vieles berichten.Er war nach seinem Abiturversuch in Bützow über einen Monat lang Gast bei Hohenner,der ja auch vom "Bullen" geschaßt wurde.

Hohenner war ein Umsiedler.Ich kenne ihn seit 1946.In dem Haus in der Klingberstraße 11 war Parterre ein großes Lager von Apotheker Nägeli mit Glaswaren,Pipetten,Erlenmeyerkolben,Petry-Schalen u.a, und das verwaltete Hohenner.Marterielle Sorgen hatte er keine,denn er hatte die Tochter eines Großbaueren aus Stiepelse geheiratet,so daß die Ernährung gesichert war (zur Erinnerung:1 Kilo Butter kostete damals unter der Hand 25o Mark!)Da er natürlich in keiner Weise ausgel astet war,gab Hohenner Günther Glaubitz,Ulla Koop,Gönny und mir Privatunterricht,wohl auch,um als Lehrer nciht ganz aus der Übung zu kommen.Er war ein ausgezeichneter Paedagoge.Günther und ich waren oft bei ihm zu Hause und mir imponierte er unermßlich:er hatte eine sehr große Eisenbahnanlage,die durch mehrere Zimmer führen konnte und eine sehr wertvolle Briefmarkensammlung.

Oskar Tennigkeit,Sohn eines renommierten Boizenburger Schlachters in der Baustraße mit dem etwas ausgefallenen Vornamen Nickel,war etwa seit 1948/49 bei uns als Lehrer.Woher er kam,wie ausgerechnet der"Bulle" den Oskar mit eeiner Einstellung an die Boizenburger Oberschule holte-ewige Rätsel,über die bereits die Geschichte gewachsen ist.Und wie kam Oskar dazu,ausgerechnet u.a.Russischlehrer zu werden? Und ich sehe ihn immer noch vor mir,seinen etwas schweren,wie erdverhafteten Schritt,vor der Klasse stehend,festgefügt in der Erden, seine blitzenden Brillengläser,sein ernergisches,wie gespaltenes Kinn, fast nicht wie ein Irdischer,mehr wie ein Vorbild für Mozarts Comthuren im Don Giovanni,und dabei von einer unbeschreiblichen Herzensgüte. Und solch ein Überirdischer sollte uns Blagen russisch lehren.

Nun ist das doch noch wieder eine ganze Seite geworden – und sollte doch nur 3 Zeilen ausnehmen. Herzliche Grüße von Haus zu Haus, auch in der stillen Erwartung, Sie + Ihre Gattin einmal persönlich kennen zu lernen. Ihr [illegible]

Die Lebenswege meiner Kameraden, die sich mit mir ab dem Jahre 1954 in Parow und auf der Schwedenschanze Seebeine wachsen ließen, sind unterschiedlich verlaufen.

Gegen Ende ihrer dreijährigen Offiziersausbildung ist ihnen noch ein viertes Jahr »aufgedrückt« worden. Danach folgte noch eines in der Produktion. Wie ist das möglich?

Der 1. Seeoffizierslehrgang (1. SOL) dauerte kaum zwei Jahre!

Ich vermutete, dass es für meine Kameraden damals keine Einsatzmöglichkeit gab. Bei einigen alten Offizieren könnte auch die Angst mitgespielt haben, dass diese gebildeten und hochmotivierten Absolventen ihnen schnell ihre Posten streitig machen würden.

Deshalb schob man diese »lästigen Konkurrenten« erst einmal in die Produktion ab. Offiziell hieß es, man wolle den jungen Offizieren die enge Verbindung von Armee und Arbeiterklasse bewusst machen.

Die wahren Gründe für diese Ausbildungsverlängerung und der Einsatzverzögerung waren aber noch andere. Andere jedenfalls, als ich vermutet hatte.

Im Herbst des Jahres 1957 besuchte eine Militärdelegation der DDR die Volksrepublik China und brachte »wichtige« Erfahrungen der chinesischen Volksbefreiungsarmee mit. In China hatten alle Offiziere einen Monat im Jahr Dienst als einfache Soldaten zu machen, um die Verbindung zwischen Offizieren und Mannschaften zu verbessern und »spießbürgerliche und überhebliche Gewohnheiten zu überwinden«. Das wollte man besonders an den jungen Offizieren des 7. SOL ausprobieren.

Geschadet hat dieses Jahr niemandem. Im Gegenteil. Durch diesen Einsatz hatten die meisten zum ersten Mal die Möglichkeit, das richtige Leben kennenzulernen. Am eignen Leib haben sie erfahren, wie einem Produktionsarbeiter zu Mute ist, unter welchen oft primitiven Bedingungen er sein Tagwerk zu verrichten hatte und wie kärglich der Lohn war, den er dafür erhielt.

Zugleich erlebte er Produktionsausfall infolge fehlenden Materials, mangelnder Arbeitsorganisation und schlechter Werkzeuge. Er lernte Schluderei und Normenschummelei kennen.

Das Bild des Arbeiters in der Produktion entsprach nun gar nicht mehr dem des strahlenden, klassenbewussten Siegers der Geschichte und des bewussten Erbauers des Sozialismus.

Von der Obrigkeit ungewollt, war es aber eine wichtige Schule des Lebens.

Manche nutzten dieses Produktionsjahr als Sprungbrett für einen neuen Beruf. Zum Beispiel Dieter Stange aus dem 2. Zug. Als er aus gesundheitlichen Gründen aus der Marine ausscheiden musste, erinnerte er sich an sein »Lehrjahr« in einer thüringischen Brauerei. Diese hatte ihn auch noch in guter Erinnerung und schulte ihn um. Vom Seeoffizier zum Brauer und Mälzer! Er wurde später sogar Brauerei-Direktor!

Generell haben alle meine Kameraden an ihren zeitweiligen Arbeitsplätzen Eindruck gemacht. Ihnen ist bei ihrer Verabschiedung mit Ehrungen in Form von Geldprämien und Auszeichnungen gedankt worden.

Ewald Richter zum Beispiel bekam nach dem Einsatz auf der Peenewerft von seinem Brigadier Heinz Lugowski als Abschiedsgeschenk ein Akkordeon.

Nicht alle, die mit mir angefangen hatten, konnten schließlich die militärische Laufbahn einschlagen.

Einige wenige, so auch ich, hatten diese Entwicklung aus freien Stücken und gern abgebrochen.

Andere zwangen Krankheiten und der damit verbundene Verlust der Seetauglichkeit zum Ausscheiden aus der Marine.

Sie nahmen dann noch einmal ein Studium auf und wurden Lehrer, Ingenieur, Wissenschaftler.

Bei manchem, der mit Leib und Seele Seeoffizier war, schlug das »Kader-Pendel« in eine falsche Richtung.

Wegen irgendwelcher politischer »Verfehlungen« in ihrer Familie – Westbesuche, Westkontakte über Briefe, politische Unzuverlässigkeit von Eltern, Großeltern oder Geschwistern, heimliches Verlassen der DDR – waren sie nun nicht mehr würdig, Offizier zu werden. Selbst wenn Oma oder Opa mit Erlaubnis der DDR-Behörden, also ganz offiziell, in die Bundesrepublik verzogen waren, musste ihr Enkel seinen Dienst in der Armee quittieren.

Von unseren anfangs etwa zweihundert Mann, auf zwei Kompanien verteilt, blieb schließlich nur eine einzige Kompanie übrig. Letztendlich konnten sich nur wenig mehr als einhundert Mann den blauen Offiziersrock anziehen.

Nach 25 Dienstjahren beendeten viele von ihnen ihre Militärzeit und begannen in Wirtschaft und Verwaltung eine zweite Karriere. Für diejenigen, die bis zur »Offiziersrente« bei der »Fahne« bleiben wollten, endete dieser Traum jäh im Jahre 1990. Manch einer meiner Kameraden wäre mit Sicherheit bald Admiral geworden.

Und hat mein Lebensschiff einmal ein Leck,
dann hilft kein SOS – dann bin ich weg!
Dann ruft Freund Hein mir zu: »Lebewohl, Good bye,
du warst ja nur ein Seemann, weiter nichts – Ahoi!«

Manchmal begegnet man irgendwo dem einen oder dem anderen Mitkämpfer aus der Marinezeit. Erst jetzt, im höheren Lebensalter, treffen wir uns in regelmäßigen Abständen zum »Zugtreffen« in Stralsund oder in Rostock beim »Rees an Backbord«.

Darin kursieren auch immer wieder die Geschichten von einigen legendären »Heerführern« aus den Anfangsjahren der Marine.

Ich erinnere nur an den »Prinzen von Rügen«.

Und auch an einen »Käpt'n Brass«. Er hatte seiner Tochter ausdrücklich verboten, je mit einem Seemann anzubändeln. Eines Tages zeigte sie sich aber doch mit einem schüchternen Jungen in Matrosenuniform. Er sei aber kein Seemann, versuchte dieser sich zu verteidigen. Er sei Schreiber in der Schreibstube. »Raus! Dann doch lieber einen Seemann.«, polterte der alte Käpt'n.

Markante Persönlichkeiten aus meiner Zeit in Peenemünde sind *Diesel-Schorsch* Georg Niesobski, *Fifi* Mangold, Leutnant Labecki, Leutnant Voigt, die Obermeister Saager und Sadewasser. Dazu gehören auch so tolle Kommandanten wie Walter Thiele, Georg *Schorsch* Giese und Erhard Wechsler.

Die Obermatrosen und Maate Karl Prestin, Klaus Landgraf, Jürgen Pankow, Peter Bauer, Peter Schlabinger, Peter Metzmacher sind mir auch im späteren Leben gelegentlich über den Weg gelaufen.

Hartmut Fischer, Jochen Große und Manfred Hinz aus der 1. Kompanie im 7. SOL bin ich später bei der DSR wieder begegnet. Wie auch Gerd Peters aus meinem Zug.

Nach weiteren, so nach dem »ewigen« Matrosen *Puster* Sonnenschmidt, nach meinem ersten Kommandanten Hans Schmidt, nach dem langen Krah, nach Klaus Vogel, Bernd Renner, Gerhard Sabin und Schober suche ich noch heute. Auch den *dicken Bratsche* und meinen Schiffskoch Kracht hätte ich gern einmal wiedergesehen.

Von den Kameraden aus den anderen Zügen meines Lehrgangs, die ich bisher noch nicht erwähnt habe, muss ich unbedingt Dr. Otto Stüllein nennen. Im Rostocker Sprecherrat des »Komitees für Gerechtigkeit« hatten wir uns nach der Wende zu gemeinsamer Arbeit zusammengefunden.

Ich erinnere mich auch gerne an meine damaligen Kameraden Dr. Günter Nobis, Dr. Hans Fischer, Rolf Wetter, Hans Fischer, Hans Gartz, Heinz Mühl, an Schwichtenberg, Fricke, Eisenbrand.

Gern denke ich auch an den pfiffigen Malte Kerber aus dem 2. Zug, der mir im Jahre 1981 als Dr. Malte Kerber wiederbegegnet war. Er ist auch heute immer noch aktiv, unter anderem als Sänger, Rezitator und Texter im Ernst-Busch-Chor zu Berlin.

So wie ich – oder so ähnlich – haben auch meine Kameraden gelebt und diese Zeit erlebt. Der offizielle, dienstliche Teil wird mit meinen Erfahrungen nahezu identisch sein, wenn auch von jedem unterschiedlich wahrgenommen und bewertet. Im außerdienstlichen, privaten Abschnitt wie Landgang und Urlaub mögen gewisse Abweichungen aufgetreten sein. Im Grunde waren wir uns alle ziemlich gleich.

Reservist

Im August 1957 schien für mich das Kapitel Schwedenschanze und Marine ein für alle Mal beendet. So dachte ich.

Auch in diesem Falle hatte ich die Rechnung ohne den Wirt gemacht. In meinem konkreten Fall hieß das: ohne die Partei- und Staatsführung im Allgemeinen und ohne die Leitung der Wustrower Seefahrtsschule im Besonderen. Nach dem Dienst in der Räumbootsflottille und einer Fahrzeit als Matrose bei der DSR habe ich in Wustrow mein Kapitänspatent »gemacht«.

Dort hatten jene, die in der Schulleitung über uns verfügen konnten, festgelegt, nach jedem Studienjahr einen Monat Ausbildung zum Reserveoffizier anzuhängen. So kam es, dass die Schanze mich bereits im Sommer 1960 wieder sah.

Während der Sommerferien 1961, als in Berlin die Mauer gebaut wurde, befanden wir uns im Bordpraktikum auf dem Fracht- und Ausbildungsschiff »Heinrich Heine« im Mittelmeer. Da gab es keine Gelegenheit mehr, auch in diesem Jahr den Reservedienst zu absolvieren.

Die ergab sich aber im Sommer 1962 nach bestandener Abschlussprüfung zum »Kapitän auf Großer Fahrt«.

Niemand hatte die Schanze noch auf seiner Rechnung. Was scherten uns Beförderung und Offiziersepauletten! Wir wollten wieder an Bord. Endlich Geld verdienen. Wir mussten es auch.

Die Mehrzahl war inzwischen verheiratet oder in irgendeiner Form fest vergeben. Bei einigen, so auch bei mir, gehörten bereits Kinder zur Familie. Da kam eine weitere Unterbrechung im beruflichen Werdegang denkbar ungelegen.

Wegen des Ausfalls im Jahre 1961 hatte man uns für dieses Jahr sogar ein doppelt so langes Programm aufgebürdet. Acht Wochen also!

Mit entsprechender »Motivation« und Ernsthaftigkeit zogen wir dann auch – zum hoffentlich allerletzten Male – auf die Schwedenschanze.

Wieder hatten wir als Matrosen und Obermatrosen nach verschiedenen Pfeifen zu tanzen. Wieder hieß es »Ausscheiden!« und

»Ruhe im Glied!«. Wieder gab es den Spieß, den Kompaniechef, den Lehrgangsleiter, den Politoffizier, den … und den …

So mancher Obermatrose mit Kapitänspatent in der Tasche trottete nun wieder als Schütze Arsch durchs Objekt und traf auf die mitleidigen Blicke mancher Offiziere, mit denen er im Jahre 1954 in Parow angefangen hatte. Sie waren inzwischen »was geworden«, das man ihnen an ihrem »Federschmuck« auch ansehen konnte.

Unter unseren Bändermützen schimmerte kein bisschen Kapitän hervor.

Meine alten Kameraden sahen inzwischen alle so schick aus wie Detlef Schulze.

Dass wir uns diese Zeit dennoch »kommode« einzurichten gedachten, lag auf der Hand.

Der DPA (Deutscher Personalausweis) war gleich am ersten Tag eingesammelt worden und lag sicher irgendwo im Objekt verwahrt. Bestimmt hatte man diese Dokumente in der VS-Stelle unter Siegel gehalten. Die Zivilsachen mussten nach Hause geschickt werden.

Längst hatten wir aber einen zweiten Koffer mit Zivilklamotten bei Freunden in Stralsund eingelagert. Der unerlaubte Ausflug nach Rostock zur Familie war damit bereits vorprogrammiert und materiell abgesichert.

Ich hielt sogar noch einen weiteren Trumpf in der Hand. Meinen Personalausweis hatte ich, wie beim ersten Mal schon, zu Hause »vergessen«. Das brachte Sicherheit bei illegalen Ausflügen in Zivil, falls man doch einmal von einem Polizisten angehalten werden sollte. Da die Dienststelle nicht eher Ruhe gab, bis sie nicht auch den letzten Personalausweis in den Händen hatte, kam sie nicht darum herum, mich mit Dienstauftrag nach Hause zu schicken, um diesen zu holen. Ich habe wieder einmal richtig gelegen.

Die meisten »Gammelbrüder« aus unserer ehemaligen A6 II hatten ihre Zivilklamotten bei den Eltern unseres Mitschülers Eike Poggendorf eingelagert.

Wenn am Wochenende Freizeit angesagt war, galt diese für uns nun auch bis Montag zum Dienst. Das nutzten wir aus. Geografisch war dieses Vergnügen lediglich auf den Standortsbereich Stralsund beschränkt. Unser Sehnen und Trachten ging aber über diese Grenze hinaus. Wir wollten nach Hause, nach Rostock, zu Frau und Kindern.

Einige meiner Klassenkameraden hatten ganz in der Nähe des Objektes ihre Motorräder geparkt.

Bobby (Robert) Nossenheim, Jochen Grosse, Herwig Eisenschmidt und ihre Mitfahrer waren die ersten, die sich in der Veranda bei Poggendorf ihrer Uniformen entledigten.

Wenn wir Fußgänger dort eintrafen, hatten die Motorisierten bereits ihre Verwandlung vollzogen. Dann sah man da, wo sonst in der Woche die Zivilklamotten rundum abgelegt lagen, die Uniformen meiner Kameraden, militärisch exakt in Päckchen gebaut, in einer Reihe liegen.

Ich gehörte mit Fritz Hinderer und Jürgen Pankow, weil unmotorisiert, immer zu den Letzten, die bei Poggendorfs ankamen. Dann machten auch wir unsere Metamorphose und gingen selbstbewusst zum Bahnhof. Montags zum Dienst waren alle immer wieder da. Als gestandene Seeleute, die schon ein wenig von der Welt gesehen hatten, ließen wir uns nicht von jedem ins Bockshorn jagen. Neben einer gerade noch erlaubten Dickfelligkeit zeigten wir trotz allem auch Humor und bewiesen Kreativität. Das verschaffte uns eine Menge angenehmer Erinnerungen.

Gerne erinnert man sich an Oberleutnant Elster, *Oberelster*.

Wir hatten ein MPi-Schießen beendet. Auf dem Schießstand hoppelte so in der Höhe der Schießscheiben ein Hase herum. *Oberelster* muss in diesem Moment nicht nur der Hafer gestochen haben. Er wird sich auch bewusst gewesen sein, ein paar Schuss Munition übergespart zu haben.

Er sieht den Hasen, schnappt sich eine MPi und brettert eine Salve in Richtung Hasen. Der schüttelte sich nicht einmal und hoppelte friedlich weiter.

Ein Spaßvogel nahm sich dieses Ereignisses an. Am nächsten Morgen klebte eine Karikatur am Schwarzen Brett. Darauf stand eine Elster mit Gewehr im Anschlag. Der Vogel zielte auf einen Hasen. Der zeigte der Elster mit seiner Pfote einen Vogel ...

Auch mit Grüßen und mit »Ruhe im Glied« hatten wir ein besonderes Reservistenerlebnis.

Eines Tages führte Siegfried Ohl die Backschafter unserer Kompanie vom Speisesaal in die Unterkunft zurück.

Uns entgegen kam der Dienststellenleiter. In diesem Falle war es (1958-64) Kapitän zur See Heinrich Ißleib. In einer solchen Situation hatte der Oberbackschafter oder auch jeder andere Kommandierende einer kleinen Einheit diese mit einem »Ahhhch-tung!« in den Exerzierschritt zu befehlen, dem Chef entgegenzueilen und eine kurze Meldung zu machen. Bei jedem anderen Offizier genügte die Hand an die Mütze.

Siggi, ein Warnemünder Jung, hatte nie regulär gedient. Dieses ganze militärische Getue war ihm fremd und nicht so geläufig wie uns alten Hasen, die aber hinter ihm her zu traben hatten. Nun sieht er da was auf sich zukommen. »Wat sall ick maken?«, fragte er aufgeregt. »Einfach nur grüßen«, rieten wir ihm. So tat er auch. Und so ein großer Kapitän zur See legt sich ja wohl auch nicht wegen so einer Mickrigkeit auf. Der nicht!

Aber Leutnant Klein, einer aus dem 3. Zug von damals, wollte sich wohl wichtig machen im Angesicht seines großen Vorgesetzten? Jedenfalls rief er von der anderen Straßenseite: »Genosse Matrose, wissen Sie nicht, wie man dem Chef Meldung macht?« Wir zu Siggi: »Sägg ne!« »Ne!«, sagte nun Siegfried Ohl auf unseren Rat hin. Der Genosse »Wichtig« hatte mich aber längst erspäht: »Genosse Borbe, aber Sie müssen das doch wissen.« »Weiß ich auch, Genosse Leutnant«, rief ich nun mit meiner lauten, kräftigen Stimme, damit auch der Genosse Chef das hören sollte, »aber ich darf im Glied nicht reden!«

Das hat gesessen! Wir konnten uns nicht mehr halten vor Lachen. Prustend schleppten wir uns in unsere Unterkunft. Nicht mal der Gleichschritt wollte vor Schütteln noch klappen. Die Marschordnung löste sich unter schallendem Gelächter auf und prustend schlichen wir in offener Formation, »auf Brustwarzen«, wie man zu sagen pflegt, in unsere Unterkunft. Umzugucken wagte sich keiner. Das lange Gesicht von Leutnant Klein hätte ich aber gar zu gerne noch gesehen.

Ich hatte immer noch Senk-Spreiz-Füße. Hier holte ich auch die Idee mit den Einlagen wieder aus meiner Trickkiste.

Irgendwann hatte der Spieß mich doch auf dem Kieker. Und das gerade an dem Tag, als für mich lieber Besuch aus der Heimat in Stralsund war. Glücklicherweise hatte ich mir beim Orthopäden schon wieder meinen Blanko-Bestellschein besorgt. An diesem Tag »musste« ich also meine bereits seit langem fertigen Einlagen abholen.

»Lassen Sie auf Ihrem Bestellzettel vom Schuhmacher die Uhrzeit eintragen. Danach finden Sie sich unverzüglich im Objekt ein!«

Die Maßgabe vom Spieß war eindeutig. Guter Rat war teuer und gefragt.

Als ich nach vier Stunden wieder bei meiner Einheit eintraf, kochte der Spieß. Ich konnte aber nicht früher kommen. Man hatte mir doch wahrhaftiger Weise vier Stunden Einlaufübung verordnet. Das war auf dem Zettel vermerkt ...

Ein anderes Mal. Wieder Landgang bis Montag zum Dienst. Meine Frau logierte wieder im Bahnhofshotel. Geld war ja immer knapp. So versuchte ich, das an sich schon preiswerte Doppelzimmer in ein noch preiswerteres Einzelzimmer zu tauschen. Wir wollten doch sowieso nicht getrennt schlafen ...

»Das geht nicht«, sagte die Empfangsdame in der Rezeption, »das halten die Betten nicht aus«.

Wir mussten im teuren Doppelzimmer nächtigen. Das zweite Bett blieb natürlich unbenutzt. Das sagte ich der Rezeption, damit sich die Zimmermädchen das Bettenmachen ersparen sollten. Und das musste ich grinsend auch noch loswerden: »Ihre Betten halten das aus.«

Nach jeder Reserveübung ist befördert worden. Nach dreimal vier Wochen sollten alle Absolventen der Wustrower Seefahrtsschule zusätzlich zu ihrem Kapitänspatent einen militärischen Offiziersrang erhalten haben.

Alle bisher Ungedienten wären dann als Reserve-Unterleutnant zur See in die Handelsflotte entlassen worden. Wer bereits militärisch vorgebildet, also wie ich mindestens drei Jahre gedient hatte, der war dann mit einem Schlag Leutnant!

Befördert wurde allerdings nur derjenige, der sich während der Reserveübungen nichts zu Schulden kommen lassen hatte beziehungsweise nicht erwischt worden war.

Die meisten Seefahrtsschüler sind dann folgerichtig nach nur drei Monaten bei der »Fahne« als Unterleutnant entlassen worden. Ich dagegen habe es nur bis zum Meister (Feldwebel) der Reserve gebracht! Schuld war die Deutsche Reichsbahn.

An irgendeinem normalen Landgangstag war ich auf die wahnwitzige Idee gekommen, schnell einmal nach Rostock zu fahren. Ich hatte es satt, in Stralsund meine Freizeit zu vergammeln. Zu Hause lag ein tolles Weib allein im Bett. *Wenn die Hormone brüllen, ist der Verstand im Arsch* – sagt eine alte »Bauernregel«.

Also nahm ich einen späten Zug nach Rostock. In Uniform. Zum Umziehen war keine Zeit mehr. Mit dem ersten Zug sollte es zurück gehen.

Der Frühzug fuhr auch pünktlich vom Rostocker Hauptbahnhof ab. Unterwegs musste er aber immer und immer wieder halten. Ich wurde unruhig. Kurzfristig überlegte ich, beim nächsten Halt auf offener Strecke einfach auszusteigen und zu versuchen, meine Rückreise per Anhalter fortzusetzen. Autos fuhren ja zur Genüge in meine Richtung. Es war Hochsaison. Wenn der Zug dann wieder weiterzuckelte, hoffte ich immer wieder, dass ich es doch noch zum Dienst schaffen würde.

Ich habe es nicht geschafft!

Ich musste einen Grund für mein Zuspätkommen finden.

Landgangsüberschreitung war ein unverzeihliches Vergehen.

Das Verlassen des Standortsbereiches kam einer Desertion gleich, war also noch schlimmer.

Der Besuch meiner Frau schied deshalb bei meiner Begründung von vornherein aus. Schließlich ist mir nichts Dümmeres eingefallen, als zu sagen, dass ich in Stralsund bei einer Freundin genächtigt hätte. Und da habe der Wecker nicht geklingelt …

Böse Vorwürfe von Unmoral und so weiter. Wegen dieser »moralischen Entgleisung« keine Beförderung zum Offizier.

Wenn ich heute gelegentlich mit der Bahn die Strecke Rostock-Stralsund befahre, dann zeige ich immer gern auf die Stellen am Wegesrand, an denen ich zwar meine Leutnantssterne verlor – aber eine schöne Geschichte gewann!

Geschafft!

Jeder Tag meines bewussten Lebens hatte sich darum gedreht, Seemann zu werden. Auf die Erfüllung dieses Traumes habe ich lange warten, Umwege gehen müssen.

Meine großen Pläne boten keinen Raum für Bescheidenheit. Minenräumboote oder Fischdampfer waren mir nicht genug. Ich wollte die Welt sehen. Ich habe mir meinen Traum erfüllt.

Lebenswege

Lothar Borbe

Geboren am 9. Februar 1934 in Hamburg. Nach den verheerenden anglo-amerikanischen Luftangriffen im Juli 1943 erfolgte die Übersiedelung nach Neuhaus/Elbe im Amt Neuhaus. Dort bis 1950 Volks- und Grundschule. Danach Oberschule in Boizenburg/Elbe. Abitur 1954.

Im Jahre 1957 Beendigung des Wehrdienstes und Beginn einer langjährigen Fahrenszeit bei der Deutschen Seereederei Rostock. 1959-62 Seefahrtsschule Wustrow. Erwerb des Kapitänspatentes »Auf Großer Fahrt«. Wegen meiner »Westkontakte« und meiner umfangreichen Westverwandtschaft erfolgte im Jahre 1980 die Streichung des Sichtvermerkes und der Entzug des Seefahrtsbuches. Entlassung. Das war Berufsverbot. Meiner Inge, Parteimitglied seit 1953, widerfuhr das gleiche Schicksal. Sie starb bald darauf.

Von 1982 bis 1991 arbeitete ich als Genossenschaftsbauer auf der LPG »Am Meer des Friedens« in Elmenhorst bei Rostock. Ich war Hilfs- und Hofarbeiter, Treckerfahrer und Melker.

Nach der Wende rehabilitiert.

Journalistische Aktivitäten während der Wende, unter anderem als ehrenamtlicher Redakteur in der Wendezeitung »Plattform«.

Im Jahre 1991 Mitarbeit bei der Organisation der ersten Rostocker Hanse Sail im Hanse Sail-Büro und danach als Mitglied im Hanse Sail-Verein.

... dann ruft Freund Hein mir zu: »Lebewohl, Good bye:
Du warst ein braver deutscher Seemann -
Allerhand!
Ahoi!

Harald Franke

1954 Abitur in Harzgerode.

1954 – 1958 Offiziersschule Stralsund.

1959 Kommandant auf dem U-Jäger »201 M« einer Grenzbootsgruppe.

1965 – 1968 Besuch der Militärakademie »Friedrich Engels« in Dresden mit dem Abschluss als Dipl. rer. mil.

1969 bis 1978 Leiter der Unterabteilung Operativ der 6. Grenzbrigade Küste. 1978 bis 1987 Stabschef der 6. GBK. Danach Leiter des Sekretariats des Stellvertreters des Ministers und Chefs der Volksmarine.

1990 Ausscheiden aus dem aktiven Militärdienst.

Dr. Gerhard Heidekrüger

Geboren am 1. Februar 1936 in Angermünde. Dort bis 1950 Grundschule. Daran anschließend Besuch des Albert-Einstein-Gymnasiums. 1954 Abitur.

Nach dem Abitur vier Jahre Studium an der Seeoffiziersschule Stralsund. 1958 aus angeblich »kaderpolitischen« Gründen Abgang ohne Abschluss.

Danach Tätigkeit im Stickstoffwerk Piesteritz bei Wittenberg, dem Wohnsitz seiner Gattin.

1963 erneuter Anlauf zum Studium. Zunächst zwei Jahre am Pädagogischen Institut in Halle. Danach Fortsetzung des Studiums an der Martin-Luther-Universität mit dem Ziel der Aufnahme einer Tätigkeit als Assistent an dem genannten Institut.

1970 Abschluss des Studiums als Diplommathematiker. Von 1970 bis 1972 Arbeit in der Lehrerausbildung an der aus dem Institut hervorgegangenen Pädagogischen Hochschule in Halle. In dieser Zeit Forschungstätigkeit zu Grundlagen der nichtlinearen Optimierung mit Veröffentlichungen in Fachzeitschriften. 1972 Promotion zum Dr. rer. nat. Von 1992 bis zum Jahresbeginn 2005 freiberufliche Tätigkeit in der Weiterbildung bei verschiedenen Bildungsträgern.

Professor Dr. Dieter Heinze

Geboren am 6.6.1936 in Neugersdorf/Sachsen. Dort bis 1950 auch Volks- und Grundschule besucht. Ab 1950 Oberschule in Löbau/Sa. 1954 Abitur. Danach freiwillig zur Marine (Volkspolizei-See).

Seine ausgeprägte Neigung zu wissenschaftlicher Arbeit ließ sich auf Dauer nicht unterdrücken. Deshalb im Jahre 1958 Entlassung aus der Volksmarine.

Ein Jahr Arbeit als ungelernter Dreher in Neugersdorf. Ab September 1959 Studium der Elektrotechnik an der TH Ilmenau. 1965 Diplom in der Spezialisierung (Fachrichtung) Elektromotorische Antriebe.

1965 bis 1971 Diplomingenieur für Grundlagenarbeit im VEB Ingenieurtechnisches Zentralbüro Böhlen. Hier auch nebenamtliche Tätigkeit als Dozent an der Ingenieurschule für Gastechnik in Markkleeberg und Folgeeinrichtungen.

1972 Wechsel an die neu gegründete Ingenieurhochschule Leipzig. Hier bis zur Wende Lehrer im Hochschuldienst (LHD), wissenschaftlicher Assistent und wissenschaftlicher Oberassistent. Promotion 1974 und Habilitation 1992 (nach DDR-Nomenklatur Dissertation A und Dissertation B).

Im Jahre 1992 erfolgte Berufung an die neu gegründete Hochschule für Technik, Wirtschaft und Kultur Leipzig (HTWK) auf eine Professur »Konstruktion/CAD«, die bis zum Rentenalter ausgeübt wurde.

Dieter Heinze hatte das Glück, bis zu seiner Altersrente im Jahre 2001 auf dem 1967 begonnenen Fachgebiet, nämlich dem »Einsatz der Rechentechnik für Ingenieure (CAD)«, in Forschung und Lehre arbeiten zu können.

Hans-Theo Lenck

Geboren am 31. 10. 1936 in Katzhütte/Thüringen.

1954 Abitur in Rudolstadt.

1954 – 1958 Seeoffiziersschule in Stralsund.

1958 – 1959 Produktionsjahr in der Volkswerft Stralsund in der Richtkolonne.

Einsatz als Kampfschwimmer.

1963 – 1967 I. WO auf dem Vermessungsschiff »Hydrograph«.

1967–1979 Zugführer und Kompaniechef an der Offiziershochschule der Volksmarine in Stralsund.

Am 31. 8. 1979 aus gesundheitlichen Gründen Ausscheiden aus dem aktiven Militärdienst als Fregattenkapitän der Reserve.

1979 – 1983 Direktstudium an der Ernst-Moritz-Arndt- Universität Greifwald Deutsch/Geschichte. Abschluss: Diplomlehrer.

1983 – 1986 Lehrer im Hochschuldienst an der Offiziershochschule der Volksmarine.

1983-1988 Außerplanmäßige wissenschaftliche Aspirantur an der Ernst-Moritz-Arndt-Universität Greifswald, Fachrichtung Gesellschaftswissenschaften.

Ab 1. August 1986 Direktor des Kulturhistorischen Museums Stralsund.

Siegfried Moschner

1936 im Waldenburger Bergland (Schlesien) geboren. Nach dem Kriege Jugend und Schule in Wittenberge. Er nutzte die für Arbeiterkinder großartigen Entwicklungsmöglichkeiten in der DDR, machte im Jahre 1954 das Abitur und besuchte im Anschluss daran die Seeoffiziersschule Stralsund mit dem Abschluss als Seeoffizier.

Das Pflichtjahr in der sozialistischen Produktion absolvierte er als Produktionsarbeiter in der Neptunwerft Rostock.

Da seine Schwester 1956 illegal die DDR verließ, hatte er daraufhin eine »unsaubere Kaderakte« und war für hohe, verantwortungsvolle Funktionen in den bewaffneten Organen nicht mehr geeignet.

Im Militärsport durfte er aber weiterhin tätig sein. Er war erfolgreicher Mannschaftsleiter beim ASK »Vorwärts« Rostock und mehr als 30 Jahre im Militärsport der Volksmarine tätig. Ein fünfjähriges Fernstudium an der DHfK Leipzig schloss er mit dem Diplom ab. Nach einem Russisch-Intensivkurs in Naumburg folgten sechs Monate Studium Militärsport der Sowjetarmee in Leningrad.

Ein überraschender Höhepunkt ereignete sich im Jahre 1978. Er wurde für drei Monate in der Marine des Irak eingesetzt, um Offiziere und Unteroffiziere für den Marinesport auszubilden und Erfahrungen zu vermitteln.

Bis zum Jahre 1990 waren Anleitung, Kontrolle, fachliche Weiterbildung und sportliche Ertüchtigung der Sportoffiziere der Volksmarine sein Betätigungsfeld.

Er machte sich einen Namen als aktiver Ringer und mehrmaliger Meister der Volksmarine in dieser Disziplin wie auch als Sportorganisator. Die großen Massenübungen der NVA bei Zentralen Sportfesten in Leipzig trugen seine Handschrift.

1989: VERDIENTER MEISTER DES SPORTS.

Bei der Wende mit Dienstgrad Fregattenkapitän arbeitslos. Die Folge waren Gelegenheitsarbeiten und Umschulungen. Er erwirbt Lizenzen für Rückensport, Volleyball und Koronasport. Auch heute immer noch geistig und körperlich fit und aktiv tätig als Übungsleiter für Koronasport und Frauenvolleyball. Er findet dennoch auch Zeit für seine Hobbys Schreiben, Malen, Schnitzen, Fotografieren und für das Reisen zu seinen Traumzielen Alaska, Neuseeland, Patagonien, Vietnam, Afrika.

Dr. Gerd-Erich Neumann

Am 28. Februar 1936 im hinterpommerschen Arnswalde, heute Choszczno (Polen), geboren. Der Krieg verschlug die Familie im Januar 1945 in den Harz. In Ballenstedt erwarb er 1954 das Abitur. Daran schloss sich von 1954 bis 1958 die Ausbildung zum Seeoffizier in Stralsund an.

Während der 35-jährigen Dienstzeit Werftarbeiter, verschiedene Flottendienststellungen, Diplomabschluss und Promotion zum Dr. rer. pol.

Zwölf Jahre Lehrstuhlleiter an der Offiziershochschule, an der er einst selbst sein Studium begann. Mit der Truppenreduzierung im Jahre 1989 schied er aus dem Wehrdienst als Kapitän zur See aus.

Der Dienst in der Volksmarine, insbesondere die Erfahrungen bei Flottenbesuchen in der Sowjetunion, in Griechenland und Libyen bestimmten fortan sein soziales Engagement. Zunächst Bildungsstättenleiter beim Kreisvorstand des FDGB.

Mit der »Wende« arbeitslos, aber nie ohne Beschäftigung. Von 1990 bis 2001 war er ehrenamtlicher Vorsitzender des Landesverbandes des Arbeitslosenverbandes Mecklenburg-Vorpommern und seit der Gründung des Arbeitslosenparlaments des Landes

Mecklenburg-Vorpommern Mitglied im Sprecherrat des mit dem »Regine-Hildebrandt-Preis 2000« ausgezeichneten Erwerbslosenbeirates.

Von 1990 bis 2004 wirkte er als Abgeordneter in der Bürgerschaft der Hansestadt Stralsund in verschiedenen Ausschüssen an der Umgestaltung des Gemeinwesens und bei der Entwicklung der Region Vorpommern mit.

Mit 63 Jahren ging er nach über 45 Versicherungsjahren in den »Unruhestand«. Dr. Gerd-Erich Neumann widmet sich jetzt besonders der Arbeit in der Volkssolidarität.

Gerd Peters

1934 in Berlin zur Welt gekommen. 1950-1952 Lehre als Stahlschiffbauer auf der Yachtwerft Karl Mathan in Berlin-Köpenick.

Seit 1949 aktiv im Segelsport. Nach der Gesellenprüfung ab Januar 1953 Berufsschullehrer für Schiff- und Bootsbauer an der Betriebsberufsschule der Yachtwerft Berlin. Ab 1.9. 1953 Instrukteur für Seesport der GST-Kreisleitung Berlin-Mitte.

Von 1954 bis 1958 Seeoffiziersschule Stralsund. 1958 bis 1960 Kommandant auf Minenräumbooten der 1. Flottille in Peenemünde. Danach Einsatz auf dem Segelschulschiff der GST »Wilhelm Pieck«. Besuch der Seefahrtsschule Wustrow und Erwerb des Kapitänspatentes »Auf Großer Fahrt«. Fahrenszeit auf verschiedenen Schiffen der DSR. Die Typ IV-Schiffe MS »Dresden« und MS »Berlin« sowie das Urlauberschiff »Völkerfreundschaft« fuhren unter seinem Kommando.

Bis 1988 bekleidete er wichtige Leitungsfunktionen in der DSR als Nautischer Inspektor und Chefinspektor sowie als Leiter der Pressestelle.

Seit 1972 nebenberufliche Tätigkeit als Fernsehmoderator. Er stand in mehr als 100 Sendungen vor der Kamera, war Autor maritimer Sendungen des Ostseestudios Rostock, schrieb Filmszenarien für Spielfilme des DDR-Fernsehens. Als Moderator der Fernsehserie »Aus dem Logbuch der Seefahrt« und als Mitautor der legendären Fernsehserie »Zur See« machte er sich über die Landesgrenzen hinaus einen Namen.

Seit 1.1.1989 freiberuflicher Schiffahrtsjournalist und Fernsehmoderator.

Gerd Peters ist Mitglied im wissenschaftlichen Beirat des Schiffahrtsmuseum Rostock, Mitglied der Schifferkompanie zu Stralsund, Mitglied und Pressesprecher der Deutschen Gesellschaft für Schiffahrts- und Marinegeschichte.

1995 erste Buchveröffentlichung. Eine Anzahl maritimer Bücher aus seiner Feder qualifizieren Gerd Peters als einen der profiliertesten Kenner der deutschen Seefahrtsgeschichte.

Gerhard Priewe

1935 in Danzig geboren. Nach Kriegsende Vertreibung. Schule und Abitur in Güstrow. Während der Ausbildung auf der Seeoffiziersschule durch vielfältige sportliche Aktivitäten in Erscheinung getreten.

Schließlich als Ringer gemeinsam mit Siegfried Moschner in der DDR Oberliga-Mannschaft der SG Motor Stralsund aktiv. In den Folgejahren zwölf Mal »Meister der Volksmarine« im Ringen, Klassisch wie Freistil.

Nach Abschluss der Offiziersschule und des Produktionsjahres auf der Neptunwerft wurde er von der Militärabwehr der VP-See übernommen. Er brachte es nach einem juristischen Diplom in Potsdam-Babelsberg und der Seekriegsakademie in Leningrad sogar bis zum Chef dieser Einrichtung.

Zwischenzeitlich war er einige Jahre als Dozent für Rechtsphilosophie und im diplomatischen Dienst in Äthiopien tätig.

Ende 1989 als Kapitän zur See Entlassung aus der Armee. Bereits im Februar 1990 als Kapitän zur See reaktiviert und im Ministerium für Verteidigung und Abrüstung unter Rainer Eppelmann mit der Ausbildung neuer Abwehroffiziere und der Leitung der Terrorbekämpfung in der NVA betraut. Im Herbst 1990 gemeinsam mit den Admiralen Theodor Hoffmann und Hans Hofmann in Ehren entlassen.

Es folgten vier Semester Arbeits- und Zivilrecht an der Fernuniversität Hagen. 1991 bis 1993 war er verantwortlicher Betreuer der russischen Großsegler bei der Hanse Sail. In den folgenden Jahren engagierte er sich im IFO (Institut für Öffentlichkeitsarbeit) Rostock als Chronist, Autor und Lektor. Mehr als 60 Ortschroniken in Mecklenburg-Vorpommern und Brandenburg tragen seine Handschrift.

1996 war er Initiator und Mitautor der Buchreihe NORDLICHTER, die im Jahre 2005 unter dem Titel HELLE KÖPFE fortgeführt wurde.

Er ist Gründungs- und Vorstandsmitglied der Herder-Gesellschaft in Mecklenburg/Vorpommern und macht immer wieder mit zeitgeschichtlichen Publikationen sowohl als Autor als auch als Herausgeber auf sich aufmerksam.

Ewald Richter

Am 19. 2. 1935 in Hermsdorf/Sudetenland geboren. Aufgewachsen und Schule in Pasewalk. 1954 Abitur.

Von 1954 bis 1958 Seeoffiziersschule in Stralsund. 1958 Ernennung zum Unterleutnant zur See. November 1958 bis November 1959 Produktionsjahr im VEB Peenewerft Wolgast als Schiffbauhelfer und Kran-Anschläger.

Ab November 1959 Dienst auf dem Küstenschutzschiff 502, ab 1961 unter dem Namen »Karl Liebknecht«. Navigationsoffizier. Ab August 1963 I. W.O., später Oberoffizier für Seeaufklärung im Stab der 6. Flottille in Dranske auf Rügen.

1968 – 1972 Fernstudium an der Ingenieur-Hochschule Zwickau. Abschluss: Ing. EDV.

Von 1972 bis September 1978 Lehroffizier an der Offiziershochschule der Volksmarine, Lehrstuhl Taktik der Seestreitkräfte. September 1978 bis September 1985 im Stab der Offiziershochschule, Abteilung Militärwissenschaft.

1972 Sprachkundigenbefähigung Russisch an der Lehranstalt Naumburg. 1976 Hochschulteilexamen Mil.päd./Mil.psych. an der Militärakademie »Friedrich Engels« in Dresden. 1980 – 1985 Fernstudium an der Wilhelm-Pieck-Universität Rostock. Abschluss: Dipl. Ing. oec. für Seetransport.

Ausscheiden aus dem Militärdienst. Von Oktober 1985 bis September 1987 Wissenschaftlicher Mitarbeiter in der Abteilung Ausbildungsplanung an der Offiziershochschule.

Von 1987 – 1989 Kreissekretär der Gesellschaft für Deutsch-Sowjetische Freundschaft (DSF) im Stadt- und Landkreis Stralsund mit 24.000 Mitgliedern. September 1989 bis Februar 1992 Mitarbeiter im Rat des Kreises und ab 1991 Leiter der Wohngeldstelle.

Ab 1. März 1992 Vorruhestand, danach Altersrentner. Von 1992 bis 1995 Mitarbeit an der Chronik der Stadt Franzburg und ab 1993 an der Chronik der Marine-Offiziersmesse Stralsund/Dänholm e.V.

Detlef Schulze

Geboren am 13. Dezember 1935 in Quedlinburg. Durch die Dienstzeit seines Vaters mehrfacher Wohnungswechsel. Kindheit in Magdeburg, Wittenberg und Gardelegen. 1954 Abitur in Gardelegen. Dann Seeoffiziersschule Stralsund. Am 7. Oktober 1958 erfolgreicher Abschluss mit erstem Offiziersdienstgrad Unterleutnant. Ableistung des praktischen Jahres als Schiffbauhelfer auf der Peene-Werft Wolgast. Danach Einsatz als Wachoffizier und Kommandant auf Schiffen der Volksmarine. Ab 1.12.1966 im Stab der 4. Flottille in Warnemünde.

Im Fernstudium Berufsabschlüsse als Ing. oec., Ing. für Militärkybernetik/Nachrichten und das Patent A 5 (Nautischer Offizier auf Großer Fahrt).

30. 9. 1979 Beendigung des Dienstes in der Volksmarine und Beginn einer Tätigkeit im VEB Deutfracht/Seereederei unter anderem als Inspektor im Flottenbereich Mittelmeer/Afrika.

Ab 1. 12. 1990 Hilfsarbeiter bei Malermeister W. Schlonz Rostock, ab 1. 5. 1991 Sachbearbeiter und Kraftfahrer im Malerbetrieb Schlonz und Hübner, ab 1.1.1993 Leitender kaufmännischer Angestellter im Malerbetrieb Schlonz und Hübner und ab 1.11.1994 Leitender kaufmännischer Angestellter bei TMW Hübner GmbH in Sildemow.

Seit Januar 1998 Rentner.

Klaus-Dieter Sieler

Geboren 26. 6. 1936 in Mutschau/Kr. Weißenfels.

1954 Abitur in Weißenfels.

1954 – 1958 Seeoffiziersschule Stralsund.

1958 – 1959 Produktionsjahr in der Volkswerft Stralsund.

1959 – 1965 Einsatz TS-Brigade,

Kommandant eines TS-Bootes.

1965 – 1968 Militärakademie »Friedrich Engels« in Dresden.

1968 – 1973 Flottillenoffizier für Torpedoeinsatz im Stab der 6. Flottille in Dranske.

1974 –1986 Leiter der UA Org.-Auffüllung der 6. Flottille.

1986 – 1991 Zivilbeschäftigter, Wissenschaftlicher Mitarbeiter.

Jürgen Treptow

Geboren am 3. 2. 1935 in Stargard/Hinterpommern.

1954 Abitur in Altentreptow.

1954 – 1958 Offiziersschule Stralsund.

Ein Jahr in der Produktion, dann Flotteneinsatz.

1960 Ende des aktiven Wehrdienstes.

Tätig als Kriminalist in Neubrandenburg.

Lothar Winter

Geboren am 11. Oktober 1935 in Neu-Rudßen, Kreis Schlossberg/Ostpreußen (heute Dobrowolsk, Rayon Kaliningrad). 1944 Flucht über Westpreußen, Sachsen und Böhmen. Nach Kriegsende im Jahre 1945 Internierungslager in der damaligen Tschechoslowakei. Ende 1946 Rückführung nach Deutschland. Grundschule und Oberschule in Gotha. 1954 Abitur.

1954 – 1958 Seeoffiziersschule Stralsund. 1958 Ernennung zum ersten Offiziersdienstgrad Unterleutnant zur See.

1958 – 1959 praktisches Jahr in der Produktion. Schmelzer am Elektro-Ofen und am Siemens-Martin-Ofen im Stahl- und Walzwerk Riesa.

Ab 1959 Einsatz als Lageoffizier im Kommando der Volksmarine. Danach bis 1965 Kommandant und Gruppenchef auf dem Erprobungsschnellboot »Forelle« der Rosslauer Schiffswerft und auf dem sowjetischen Torpedoschnellboot Typ 183. Im Herbst 1965 Versetzung auf ein Küstenschutzschiff »Projekt 50« (NATO-Bezeichnung: Fregatte Typ »Riga«). Von 1966 bis 1975 Kommandant auf den KSS (Küstenschutzschiff) »Friedrich Engels« und »Karl Marx«.

Von 1966 bis 1969 Fernstudium und ein halbjähriges Direktstudium an der Seefahrtsschule Wustrow zum Erwerb des Abschlusses »Kapitän auf Großer Fahrt«.

1975 bis 1979 Lehrer an der Offiziershochschule der Volksmarine Stralsund im Fachbereich »Seemännische Schiffsführung«.

1979, nach Ablauf der 25-jährigen Verpflichtung, auf eigenen Wunsch Versetzung in die Reserve mit dem Dienstgrad Fregattenkapitän. Beginn der Tätigkeit als Lehrer im Hochschuldienst an der Ingenieurhochschule für Seefahrt Warnemünde/Wustrow, nach 1990 an der Universität Rostock. Von 1982 bis 1983 Einsatz in der Deutschen Seereederei zum Ausfahren und Erwerb des Patentes A 6.

Ende 1992 Kündigung aller Mitarbeiter. Von 1993 bis 1995 befristetes Arbeitsverhältnis an der Universität Rostock zur Sicherung der universitären Seefahrtsausbildung der Studenten, die noch zu den alten Bedingungen immatrikuliert worden waren.

Von 1995 bis 2000 Mitarbeit in europäischen Forschungskonsortien zur Erarbeitung von Forschungsthemen der Europäischen Transportkommission.

Im Jahre 2000 Eintritt ins Rentenalter. Bis zum Jahre 2002 Prüfungsvorsitzender beim Deutschen Seglerverband für den Sportsee- und Sporthochseeschifferschein. Danach noch zeitweilig tätig als Instrukteur im »Maritime Simulation Centre« Warnemünde bei der Fortbildung von Kapitänen und Schiffsoffizieren.

Helmut Zeugner

Geboren 2. 4. 1936. 1954 Abitur in Zerbst.

1954 – 1958 Offiziersschule Stralsund.

1958 – 1959 Einsatz in der Volkswerft Stralsund als Produktionsarbeiter.

Danach Bordeinsatz in der 4. Flottille Warnemünde und in der 1. Flottille Peenemünde.

Am 1. März 1964 aus gesundheitlichen Gründen Entlassung aus der Nationalen Volksarmee.

1965 Industriekaufmann auf der Volkswerft Stralsund. Vier Jahre Fernstudium an der Ökonomie-Fachschule und Einsatz als Ökonom im IBK.

Zu einem meiner Kameraden

Seine Karriere verlief wie bei den meisten. Er war gesund und erklomm ohne Hemmnisse alle Beförderungsstufen bis zum Fregattenkapitän. Mit Erreichen des 50. Lebensjahres bekam seine Biografie einen jähen Bruch. Seinen 50. wollte er mit allen Verwandten feiern. Sie kamen auch alle. Aus Ost und aus West waren sie angereist, um mit ihm im Rostocker Haus der Armee (Ständehaus) Geburtstag zu feiern, auch um stolz zu sein auf einen aus ihrer Familie, der es aus einfachsten Verhältnissen zum Marineoffizier gebracht hatte.

Er hatte nur versäumt, diesen »Westkontakt« zu melden ...

Das politische »Schnellgericht«, das darauf gegen ihn aktiviert wurde, entschied unbarmherzig: Degradierung zum Matrosen und Ausschluss aus der Armee. Unehrenhaft.

Westkontakte und Westverwandtschaft wogen schwerer als Mord. Mord verjährte. Westverwandtschaft aber nie! Das ferne Berlin hatte dieses Urteil gesprochen. Seine direkten Vorgesetzten, selbst der Leiter der Militärabwehr, der diesen Vorgang zu untersuchen hatte, plädierten für eine gemäßigte Bestrafung. Ohne Erfolg.

Anfang 1990 ist er durch Theodor Hoffmann, Minister für Nationale Verteidigung, rehabilitiert worden.

Auch die »Gegenseite« war zu solchen, beziehungsweise ähnlichen Maßnahmen fähig. Ein westdeutscher Zehnkämpfer, Fahnenjunker der Bundeswehr – ich glaube, es handelte sich um Werner von Moltke – bekam von seinen Vorgesetzten keine Erlaubnis, zu den Ausscheidungswettkämpfen für die gemeinsame deutsche Olympiamannschaft in die DDR zu fahren. So musste er seine Chance auf eine Olympiateilnahme begraben.

Ein anderes Beispiel.

In Piräus verbot der Kommandant eines Kriegsschiffes der Bundesmarine seiner Besatzung einen Fußballvergleich mit dem Dampfer »Thälmann-Pionier« der DSR, der zur gleichen Zeit im Hafen lag. Den Bundesmarine-Offizieren war sogar untersagt, ein DDR-Handelsschiff zu betreten.

Das alles war in den sechziger Jahren.

Resümee

Dritter Teil meiner Lebenserinnerungen – »bei der MARINE«. Ein Abschnitt, der im Wesentlichen die drei interessanten Jahre zwischen 1954 und 1957 umfasst. Wie bereits in meinen beiden vorangegangenen »Lebensbüchern« beschreibe ich auch in diesem die Wirklichkeit so, wie ich sie erlebt habe. Jeder Name, jede Person ist echt. Jede der geschilderten Begebenheiten entspricht der tatsächlichen Wahrheit. Nichts ist hinzugedichtet. Ich habe einfach alles aufgeschrieben, woran ich mich erinnern kann. Fast alles. 95 Prozent immerhin.

Allerdings, die fehlenden fünf Prozent hätten's in sich!

Auch zu diesem Buch habe ich von vielen Hinweise bekommen. Grund genug, mich bei allen dafür zu bedanken.

Mein Dank für sachdienliche Texte und seltene Fotos, für Ideen und Ratschläge geht an Joachim Rudek, Walter Thiele und Detlef Schulze, an Karl und Sigrid Prestin, Dr. Hans Montag, Karl-Heinz Langnickel, Dr. Robert Rosentreter und Dieter Flohr (alle Rostock), an Klaus-Wilfried Schulz (Potsdam) und Harri Rohwer (Schwerin), an Dr. Gerhard Heidekrüger (Beesenlaublingen) und Lothar Winter (Nienhagen), an Manfred Maul, Dr. Gerd-Erich Neumann und Ewald Richter (alle Stralsund), an Peter Schlabinger und OMR Dr. Helmut Theodor (Berlin), an Käte Krause (Reinshagen) und Manfred Bartel (Ludwigslust). Dank auch an Erna und Hans-Ulrich Keubke (Atelier für Porträt- und Historienmalerei Schwerin).

Besonders danke ich Gerhard Priewe, Ewald Richter und Joachim Rudek. Sie haben die Mühe auf sich genommen, mein Manuskript einer gründlichen Prüfung zu unterziehen und mir wertvolle wie wichtige Hinweise gegeben.

Ich bedanke mich bei all meinen Kameraden, die ich das Glück hatte kennenzulernen. Die meisten habe ich in meinen Erinnerungen namentlich erwähnt. Bestimmt wird mir hier und da ein Name entfallen sein. Auch diesen nicht genannten Männern und Frauen danke ich für die gemeinsam gegangenen Wege.

Meinen Freunden und Förderern Brigitte und Jochen Tepper in Bad Sülze bin ich zu besonderem Dank verpflichtet.

Gelegentlich vorkommende Abweichungen von der sogenannten »Rechtschreibreform« sind nicht nur gewollt. Sie sind vorsätzlich! Ansonsten haben meine Frau und ich uns bemüht, so wenig Fehler wie möglich zu übersehen.

Wenn aber dennoch mehr als Druck-, Flüchtigkeits- oder Schreibfehler, also grobe Unrichtigkeiten, gefunden werden, dann haben wir's einfach nicht besser gewusst!

Erika Welter, meine Ehefrau, hat mit Geduld und Akribie an diesem Manuskript gefeilt und manch wirren Gedanken glatt gebügelt und lesbar gemacht.

LITERATUREMPFEHLUNGEN

Margret Steckel »NIE WIEDER NIRGENDWO«
ISBN 3-922131-84-0
Westkreuz-Verlag Berlin/Bonn

Joachim H. Rudek »Unter Wasser«
Mecklenburg-Vorpommern und seine U-Boot-Geschichte
ISBN 3-937515-19-4
Verlag Reinhard Thon, Schwerin.

Autorenkollektiv »HELLE KÖPFE«.
Nordlichter aus Mecklenburg und Vorpommern
ISBN 3-00-016436-7
Verleger Ingo Körber

Gerhard Priewe »Gneven Vorbeck – mein schönes Land«
ISBN 3-910179-59-2
Verleger und Herausgeber:
Gerhard Priewe
Kurt-Tucholsky-Str. 4
18059 Rostock

Siegfried Moschner »Spartacus lebt«
ISBN 3-937515-34-8
Verlag Reinhard Thon

Karl-Heinz Flegel »Ich sprenge einen Hai«
ISBN 3-00-015551-1

Dieter Flohr »Volksmarine«
ISBN 3-89954-138-3
BS-Verlag Rostock.

Robert Rosentreter
»Im Seegang der Zeit«
ISBN 3-935319-32-0

»Schonerbrigg Greif«
ISBN 3-935319-25-8
Ingo Koch Verlag Rostock

»Hansezeit und Hanse Sail«
ISBN 3-356-01043-3
Hinstorff-Verlag Rostock

Theodor Hoffmann »Kommando Ostsee«
ISBN 3-8132-0471-5
Verlag E.S. Mittler & Sohn Hamburg

Gerd Peters
»Der Nord-Ostsee-Kanal«
»Typ IV. Die legendären Frachtschiffe der DSR«
»Vom Urlauberschiff zum Luxusliner«
ISBN 3-7822-0920-6
Alle Bücher sind in der Köhler Verlagsgesellschaft Hamburg erschienen.

Peter Rath »Hanse Sail«
Herausgeber Hanse-Sail Verein
Warnowufer 65
18057 Rostock

Erna und Klaus-Ulrich Keubke/Ralf Mumm
»Das Mecklenburger Militär und seine Uniformen 1701-1918«

Klaus-Ulrich Keubke/Manfred Kunz
»Militärische Uniformen in der DDR 1949 bis 1990«
Beide Atelier für Portrait- und Historienmalerei Schwerin.
Tel. 03 85/61 32 66 sowie keubke@t-online.de

Edelgard und Klaus Feiler
» Die verbotene Halbinsel Wustrow«
ISBN 3-86153-323-5
Chr. Links Verlag

Lothar Borbe »an ELBE, MEMEL und KRAINKE«
ISBN 3-936735-94-8

Lothar Borbe: „An Elbe, Memel und Krainke“

Wichtige Erinnerungen

„Ich habe nun einen Teil meines Lebens zu Papier gebracht. Ich habe es so aufgeschrieben, wie ich mich erinnern konnte. Wohl mag es hier und da nicht mit den Erinnerungen anderer, die zur selben Zeit an denselben Orten gewohnt haben, übereinstimmen“, gibt der Autor Lothar Borbe den Lesern seines Buches „An Elbe, Memel und Krainke“ mit auf den Weg.

Ein Stück ganz persönlicher Kindheitserinnerungen, ein Stück ganz persönlicher Familiengeschichte offenbart Lothar Borbe hier der Öffentlichkeit.

Und doch werden gerade die älteren Leser mit diesem Buch auch auf eigenes Erleben zurückblicken können. Obwohl der Autor selbst erst 1934 in Hamburg geboren wurde, beginnen die Aufzeichnungen bereits mit dem Jahr 1875 in Akmenischken, wo der Großvater herstammt.

Interessante Einblicke gewährt Borbe anhand eigener (Familien-)Erlebnisse z.B. in den 2. Weltkrieg, Kriegsgefangenschaft, die Nachkriegszeit und Erlebnisse mit Vertriebenen aus dem Sudetenland. Geografisch bewegt sich das Buch zwischen Hamburg, Memelland, Neuhaus/Elbe, Dömitz und Boizenburg. Die vielen beigefügten alten Fotos, Briefe und Dokumente machen das Buch nicht nur authentisch, sondern auch zu einer Fundgrube für Gleichaltrige und jeden, der sich mit deutscher Geschichte auseinander setzen möchte.

Lothar Borbe berichtet, erzählt und dokumentiert. Ein Buch, das zum Nachdenken anregt und - an einigen Stellen - auch zum Schmunzeln bringt.

Das Buch kann in jeder guten Buchhandlung bestellt oder online unter *www.nora-verlag.de* bezogen werden. Im direkten Verkauf ist „An Elbe, Memel und Krainke“ in der Tabak-Börse B. Schröder, Warnow-Park, erhältlich. KeG

19,90 Euro
288 Seiten, Paperback,
ISBN 3-936735-94-8
Nora Verlagsgemeinschaft
Dyck & Westerheide Berlin

Kerstin Griesert im »Ostsee Anzeiger« vom 15. Dezember 2004

Dazu auch Werner Hüls:

»Lothar Borbe, geb. 1934 in Hamburg, wollte vor allem die Geschichte einer Familie beschreiben. Daraus ist viel mehr geworden, ein Beitrag zur Geschichte der »kleinen« Leute, die irgendwie immer unter den »großen« Ereignissen der Weltgeschichte zu leiden und für die Irrtümer und Fehler der »Großen« zu zahlen haben ...

Lothar Borbe erweist sich als ein ausgezeichneter, origineller Erzähler mit einem phänomenalen Gedächtnis«

(Aus »Bleckeder Zeitung« vom 27. Oktober 2004)

Lothar Borbe »auf der PENNE«
ISBN 3-86557-023-2
Die Bücher sind 2004 und 2005 beim NORA-Verlag Berlin erschienen.

Pennälerleben ulkig und ernst

Lothar Borbe: Auf der Penne

Ein Klassentreffen 1997 in Boizenburg war für Lothar Borbe aus Rostock Anstoß, nach seinen Kindheitserinnerungen („An Elbe, Memel und Krainke") über seine Oberschulzeit in Boizenburg 1950-54 zu berichten. Die persönlichen Erinnerungen sind in sorgfältig recherchierte Zeitgeschichte eingebettet und reich illustriert. So entstand ein interessantes und mit flotter Feder geschriebenes Buch.

246 S., 116 Fotos u. Abb. Preis: 19,90 Euro. ISBN 3-86557-023-2. NORA Verlagsgemeinschaft 2005, Torstraße. 145, 10119 Berlin, Tel. 030-20 454-990, Fax -991

Von Ute Hartig, »MECKLENBURG MAGAZIN« 29. April 2005

Meine Mitschülerin Margret Steckel hat unsere gemeinsamen Boizenburger Schuljahre in ihrem Roman »NIE WIEDER NIRGENDWO« beschrieben.

Anlage zum Buch »auf der PENNE«, Erinnerung an Boizenburg, Seite 20:

Quousque tandem abutere, Catilina, patientia nostra?

Die gesangliche Darstellung der berühmten Worte des Cicero an den Verschwörer Catilina wurde von Lateinlehrer Wilhelm Gladrow an der Oberschule Boizenburg in Form eines Kanons in den Unterricht gebracht, geriet aber leider in Vergessenheit. Die Wiederbelebung erfolgte durch Günter Pflüger, Krefeld, indem er die Melodie aus dem Gedächtnis per Telefon Otto Adolphi in Kletzke bei Neubrandenburg und Günter Manow in Berlin vorsang, die sie dann ihrerseits in Noten setzten und damit vor dem Vergessen bewahrten.

Dietmar Gast, der agile Leiter der Bigband des Rostocker Jugend-Musikkorps, hat ein Auge auf den Manow'schen Part geworfen und alles für gut befunden. Allen sei herzlich gedankt.

Anlage zum Buch „auf der PENNE, Erinnerungen an Boizenburg", von Lothar Borbe, Seite 20, NORA Verlagsgemeinschaft Berlin, ISBN 3-86557-023-2

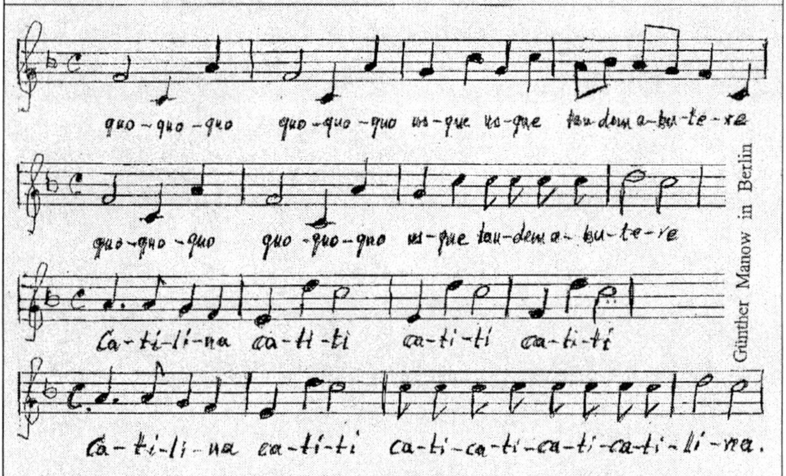

Foto: Harri Rohwer, Schwerin
Lothar Borbe bei einer Signier- und Autogrammstunde
am 18. Juni 2005 vor der Elbe-Buchhandlung Boizenburg
zum 750. Stadtjubiläum.

Erika Welter / Lothar Borbe »Meine Entdeckung Amerikas«
Selbstverlag 2002
Tel.: 03 81/1 20 86 12, E-mail: welterborbe@aol.com

In diesem Buch schildert Erika Welter, die Ehefrau von Lothar Borbe, ihre erste Begegnung mit den Vereinigten Staaten von Amerika. Auf der Grundlage ihres Tagebuches von 1998 beschreibt sie, wie sie die Neue Welt erlebt, »entdeckt« hat.

In diese Schilderung einbezogen sind die Erfahrungen der ersten Reise von Lothar Borbe in die USA im Jahre 1988 zum 75. Geburtstag seiner Mutter in Los Angeles. Damals stand noch die Berliner Mauer. Deshalb nötigen die langwierigen bürokratischen Vorbereitungen neben Staunen auch wohl ein Schmunzeln ab.

Die Begegnungen mit den teilweise unbekannten Verwandten, mit vielen Freunden, die Verbindung schöner Landschaftsbilder von San Francisco, San Ramon, Napa und Sonoma, Las Vegas und Honolulu mit Auswanderergeschichten und historischen Bezügen machen aus diesem Buch mehr als nur eine einfache Familiengeschichte.

In Vorbereitung

Voraussichtlich im Jahre 2007 erscheint im NORA-Verlag
»auf OSTASIENFAHRT – ein Seetagebuch«

Das Buch beschreibt das letzte große Kapitel deutscher Handelsschiffahrt mit deutschen Besatzungen unter deutscher Flagge, mit Hafenliegezeit und Landgang.

Es ist die Schilderung einer Ostasienreise als Ausbildungsoffizier der Deutschen Seereederei Rostock mit dem Zehntausendtonner M/S »Berlin« im Jahre 1977. Die »Berlin« ist ein Schiff der legendären Typ IV Serie der Warnemünder Warnow Werft, ein Schwesterschiff des Traditionsschiffes »Typ Frieden«.

Ein Buch aus dem wahren Seemannsleben mit den Beschwernissen des Bordalltags auf einer Sechsmonatsreise durch Nord-Ostsee-Kanal und Suezkanal.

Singapur, Hongkong, Haiphong, Shanghai sind nur einige der Häfen, in denen der Leser mit den DDR-Seeleuten an Land geht. Er erlebt manch Erheiterndes, nimmt an Bordfesten teil. Unausweichlich ist bei einer solchen Lektüre auch Seemannsgarn, das auf der »Berlin« wie auf jedem Schiff mal fein, mal grob gesponnen wurde.

Persönliche Briefe zwischen Schiff und Heimat lassen in die Seele des Seemanns blicken und beleuchten auch Leben und Leiden einer Seemannsfrau.

Viele Dokumente aus jener Zeit, darunter Protokolle, Auszeichnungsvorschläge, Patenschulen, Patenbetriebe, Patenschaften, Selbstverpflichtungen, Sportfernwettkämpfe, Bordfeste, Wettbewerbsprogramme, bringen Aufklärung, wie das Leben in der DDR-Handelsflotte aussah.